GOLDMANN

W0335981

RB
MA. '96

Buch

Claire Conrad und ihre Assistentin Maggie Hill sind nicht nur ein bizarres Detektivpaar, sondern auch ein brillantes. Zusammen mit dem britischen Butler Boulton geraten sie in einen mysteriösen Mordfall in der New Yorker Modeszene. Auslöser ist eine merkwürdige Botschaft: »Cybella hat nicht Selbstmord begangen.« Als die Überbringerin dieser Nachricht auch noch erstochen aufgefunden wird, werden Claire und Maggie aktiv. Cybella, so stellt sich heraus, war ein Topmodel mit undurchsichtiger Vergangenheit. Bei ihren Nachforschungen zwischen Rotlichtbezirk und der glitzernden Fassade der Haute Couture decken Claire und Maggie den Hintergrund der beiden Morde auf, die einem tödlichen Gemisch aus sexuellen Sehnsüchten und Abhängigkeiten entspringen. Und plötzlich befinden sie sich selbst mitten in der Schußlinie.

Autorin

Melodie Johnson Howe ist eine ehemalige erfolgreiche Schauspielerin, die sich ganz aufs Schreiben verlegt hat und mit ihrem Mann in Los Angeles lebt. *In Schönheit sterben* ist ihr zweiter Roman mit dem faszinierend-originellen Gespann der Privatdetektivinnen Maggie Hill und Claire Conrad. Ihren Erstling, *Schattenfrau,* begrüßte die amerikanische Presse mit einhelligem Enthusiasmus: »Ein Diamant unter den Detektivgeschichten«, urteilte *Publishers Weekly*.

Von Melodie Johnson Howe außerdem im Goldmann Verlag:

Schattenfrau. Roman (5146)

Melodie
Johnson
Howe

In Schönheit sterben

Kriminalroman

Ins Deutsche übertragen
von Birgit Moosmüller

GOLDMANN VERLAG

Die Originalausgabe erschien unter dem Titel
»Beauty Dies«
bei Viking Penguin, New York

Umwelthinweis:
Alle bedruckten Materialien dieses Taschenbuches
sind chlorfrei und umweltschonend.
Das Papier enthält Recyclinganteile.

Der Goldmann Verlag
ist ein Unternehmen der Verlagsgruppe Bertelsmann

Deutsche Erstveröffentlichung 10/95
Copyright © 1994 by Melodie Johnson Howe
Copyright © der deutschsprachigen Ausgabe 1995
by Wilhelm Goldmann Verlag, München
Umschlaggestaltung: Design Team München
Umschlagfoto: Giorgio Balmelli, Zürich
Satz: Uhl + Massopust, Aalen
Druck: Elsnerdruck, Berlin
Krimi 5881
Redaktion: Astrid Rost
AB · Herstellung: Heidrun Nawrot
Made in Germany
ISBN 3-442-05881-4

1 3 5 7 9 10 8 6 4 2

Für Bones Howe, Kathleen Boddicker,
Erica Marlette und Geoffrey Howe

Danksagung

Bedanken möchte ich mich bei meinem Agenten, Chuck Verrill, weil er fest daran geglaubt hat, daß Maggie und Claire auferstehen würden; bei Pam Dorman für ihre Unterstützung; bei meiner lieben Freundin Leonore Salzbrunn; mein besonderer Dank gilt außerdem T.E.D. Klein.

You will put on a dress of guilt
and shoes with broken high ideals.
Roger McGough

Du wirst ein Kleid aus Schuld anziehen
und Schuhe mit zerbrochenen hohen Absichten.

1

»Wie wär's mit einem Diamantring, Lady? Feinste Ware.«

Im kalten Licht des Frühlingsmorgens glänzte das dunkle, zornige Gesicht des Mannes vor Schweiß. Er streckte mir die Hand hin. Ich starrte auf einen Bergkristallklunker von der Größe eines Glasauges.

»Ein Diamantring, Lady. Zwanzig Dollar.«

Diamonds are forever, dachte ich. Neils Ring war so leicht über meinen Finger geglitten, aber ich hatte Ewigkeiten gebraucht, ihn wieder loszuwerden.

»Wie wär's, Lady? Zwanzig Dollar.«

Als ich mich von dem Mann abwandte, rempelten wir mit den Schultern aneinander.

»Fuck you!« sagte er leise.

Dasselbe hatte Neil zu mir gesagt, als ich ihn verließ. Nur hatte er meinen Namen dazugesagt, Maggie Hill. Meinen *Mädchen*namen.

Heute war Dienstag, mein letzter Tag in New York City, und ich konnte es kaum erwarten, in die Isolation zurückzukehren, die Los Angeles seit unserer unschönen Trennung für mich bereithielt. Zwei ganze Wochen hatte ich nicht mehr an meinen Ex-Mann gedacht. Das lag daran, daß ich eine neue Frau mit einem neuen Job war.

Schnell ging ich die Madison Avenue entlang; das

Päckchen, das ich im Auftrag von Claire Conrad abgeholt hatte, fest umklammert. Es enthielt zwei Paar Ziegenlederhandschuhe, die extra für sie angefertigt worden waren. Ein schwarzes Paar und ein weißes Paar. Sie trug nicht deswegen Handschuhe, weil sie eine Lady war, sondern weil sie als Privatdetektivin arbeitete und die Polizei nicht durch ihre Fingerabdrücke irritieren wollte.

Claire und ich hatten uns erst ein paar Wochen zuvor in Los Angeles kennengelernt, wo mein vorheriger Arbeitgeber sich das Gehirn aus dem Kopf geblasen hatte. Meine neue Stellung umfaßte die Pflichten einer Sekretärin und eines Laufburschen. Mit anderen Worten – ich war ihre Assistentin. Da ich außerdem die zweifelhafte Ehre genieße, in jungen Jahren einen Roman verfaßt und veröffentlicht zu haben, war ich zusätzlich damit beauftragt, Claire Conrads Erfolge zu dokumentieren – inklusive ihres letzten Falls, bei dem sie dank ihrer außergewöhnlichen Intelligenz, ihrer erschreckenden Scharfsichtigkeit und meiner Hilfe bewiesen hatte, daß der Selbstmord meines Arbeitgebers in Wirklichkeit Mord war. Ich schrieb langsam. Ich wollte diesen Job behalten. Mit Fünfunddreißig wurde ich allmählich ein bißchen zu alt für Zeitarbeit. Sogar schon ein bißchen zu alt für einen Neuanfang als neue Frau.

Ich latschte an Schaufenstern vorbei, in denen alte Kissen und seidene Herrenbademäntel ausgestellt waren, und natürlich die allgegenwärtigen dürren Schaufensterpuppen, angetan mit Frühjahrskostümen, die so weiß waren wie die Kleidchen, die die kleinen Mädchen zur Erstkommunion trugen. Im Glas der Fenster sah ich auch mein eigenes Spiegelbild: das dunkelbraune Haar, die fragenden dunkelbraunen Augen, das trotzige Kinn und die scharfe, gerade Nase, deren Spitze leicht abfiel, als wollte sie die

Aufmerksamkeit des Betrachters auf meinen Mund lenken. Im Gegensatz zu meinem übrigen, ziemlich markant geschnittenen Gesicht waren meine Lippen voll und sinnlich. Die meisten Männer sahen mir erst einmal auf den Mund statt in die Augen.

Ich blieb vor meinem Lieblingsschuhgeschäft stehen. Da waren sie. Ein Paar schwarzweiße *Spectator*-Pumps. Mit sehnsüchtigem Blick bewunderte ich, wie das glänzende schwarze Lackleder mit sanftem Schwung das makellose weiße Leder umrundete. Verzückt betrachtete ich die kleinen Löcher, die in den Rand des Lackleders eingestanzt waren, so daß das weiße Leder durchlugte. Wunderschön war auch der sexy Schwung des Absatzes.

Im College hatte ich ein Stück von Odets gelesen. Darin beschrieb ein Mann seine Gefühle für eine Frau, indem er sie mit einem Paar schwarzweißer *Wingtips* verglich, Schuhen, die er sich nie würde leisten können, die immer unerreichbar bleiben würden. Es war mir nie in den Sinn gekommen zu versuchen, diese unerreichbare Frau zu sein. Eine solche Frau gehört zu dem perfekten Mann. Ich wollte bloß die Schuhe, *Spectator*-Pumps. Was für Möglichkeiten sie bargen! Wenn ich hineinschlüpfte, was würde ich dann wohl sehen? Was würde ich alles beobachten? Wie üblich ging ich nicht in das Geschäft, fragte nicht nach dem Preis und probierte die Schuhe auch nicht an. Ich sehnte mich bloß nach ihnen. Es tut der Seele gut, sich nach etwas zu sehnen.

An der Dreiundsechzigsten bog ich rechts ab und schlenderte auf das Parkfaire Hotel zu.

»Miss?«

Eine junge Frau mit müden blauen Augen trat schnell vor mich hin. Ein gelblich-grüner Bluterguß zog sich über ihre linke Wange.

»Miss?« Sie wischte sich die Nase am Ärmel ihrer billigen roten Jacke ab.

Ich wandte mich nach rechts, aber sie folgte mir. Ich bewegte mich nach links. Sie ebenso.

»Miss?« Ihr Haar war weißblond gebleicht.

Ich ging weiter auf das Hotel zu. Der Portier, der ohne Beine ein perfektes Quadrat abgegeben hätte, blickte in Richtung Park Avenue, wo kleine grüne Knospen an den Bäumen der zentralen Verkehrsinsel neues Leben verhießen. Die junge Frau streckte mit neuer Hoffnung die Hand nach mir aus. Endlich Frühling.

»Miss?«

Ich blieb stehen und wandte mich ihr zu. »Hören Sie«, sagte ich, »es ist erst neun Uhr morgens, ich habe noch nicht einmal meinen Kaffee getrunken, und jemand hat bereits ›Fuck you‹ zu mir gesagt. Außerdem habe ich mein ganzes Geld im Hotelzimmer gelassen. Versuchen Sie es doch bei jemand anderem.«

»Es war kein Selbstmord«, sagte sie, während sie in ihren roten Cowboystiefeln beharrlich neben mir hertrottete.

Ich stand vor dem Hotel.

»Cybellas Tod war kein Selbstmord.«

Der Portier wandte uns sein rotes Gesicht zu. Sein langer, beiger Mantel flatterte im Wind. Mit kühlen Augen musterte er die junge Frau.

»Guten Morgen, Miss Hill«, sagte er und trat zwischen das Mädchen und mich. »Wie ich höre, verlassen Sie uns heute.«

»So ist es, Frank.« Wir sprachen miteinander, als würde das Mädchen gar nicht existieren.

Ich schob mich durch die Drehtür in das weiße Marmorfoyer. Es war nicht viel größer als ein durchschnittliches Wohnzimmer in Beverly Hills. Ich blieb einen Moment lang stehen, um mir das Haar aus dem Gesicht zu streichen. Dann drehte ich mich um und warf einen Blick zurück.

Frank fuchtelte mit seinen kurzen, dicken Armen vor der jungen Frau herum – sie war vielleicht dreiundzwanzig – und scheuchte sie auf die andere Straßenseite. Dort blieb sie stehen, stemmte sich mit verschränkten Armen gegen den Wind und starrte trotzig zum Hotel herüber. Sie trug einen kurzen, knallengen weißen Lederrock. Rote Netzstrümpfe brachten ihre langen, dünnen Beine kühn zur Geltung. Ihr ausgemergeltes Gesicht zeigte wilde Entschlossenheit.

»Wir mußten sie heute morgen schon aus dem Foyer werfen.« Desanto, der Manager des Parkfaire, kam auf mich zu, herausgeputzt in Frack und Nadelstreifenhose. Er sah aus wie ein übereifriger Bräutigam, der auf eine Braut wartete, die klugerweise nicht erschien. »Sie wollte Claire Conrad sprechen«, sagte er mit einem verächtlichen Schnauben.

»In welcher Angelegenheit?«

»Ich habe mir nicht die Mühe gemacht, das herauszufinden.«

Ich wandte mich von der Drehtür und dem Anblick der jungen Frau ab. Laß die Finger davon, Maggie, sagte ich zu mir selbst. Bald bist du wieder in L. A. Ich steuerte auf den Fahrstuhl zu.

Mit halb geschlossenen Augen streckte Desanto den Kopf so weit zurück, daß sein Kinn am Hals festgewachsen schien, und marschierte neben mir her. Es war nicht ganz einfach, in dieser Stadt alleine irgendwohin zu gehen.

»Sie reisen gegen Mittag ab?«

»Das habe ich Ihnen doch schon gesagt, Mr. Desanto.«

Ich drückte auf den Fahrstuhlknopf. Desanto war es gewohnt, direkt mit Claire zu verhandeln, und jetzt mußte er mit mir vorliebnehmen. Er betrachtete das wohl als Abstieg.

»Ich wollte nur sichergehen. Mr. Orita trifft heute abend ein, und ich habe ihm gesagt, er könne die Conrad-Suite haben. Es ist seine Lieblingssuite.«

Desantos Augen schossen von mir zu einem mit Schnitzereien reichverzierten Tisch in der Mitte des Raumes. In einer orientalischen Vase von der Größe eines Kleinkindes stand ein riesiger Strauß gefährlich aussehender Blumen. Knochige Stiele und scharfrandige, an rote Fingernägel erinnernde Blütenblätter streckten sich nach der Decke und berührten fast den alten, gnädig blickenden Kristallüster. Eine Frau in schwarzer Uniform war damit beschäftigt, den Strauß systematisch durchzusehen und alle welken Blüten durch frische zu ersetzen. Desanto beobachtete aufmerksam jede ihrer Bewegungen. Plötzlich zog er sein Kinn wieder ein und stürmte los, um die Dame zu begrüßen, die ich insgeheim als Madame Kuh bezeichnete. Gerade ließ sie sich in ihrem Stammsessel neben dem Marmorkamin am Ende des Foyers nieder. Sie war eine plumpe, mit reichlich Schmuck behangene Frau mittleren Alters. Ihr Gesicht war lang und traurig, ihre Augen groß und blau. Sie sah aus, als hätte ihr reicher Mann sie zum Grasen auf die Weide gestellt. Ich mußte an das junge Mädchen denken, das ihre mageren Arme verschränkt hatte, um die Kälte des Morgens abzuwehren. Nicht jeder wurde auf dieselbe Weide gestellt. Laß die Finger davon, Maggie.

Die Fahrstuhltür ging auf. Ich trat beiseite, um vier Männer und eine Frau aussteigen zu lassen, alle in geschäftsmäßig korrekter Kleidung und mit Aktenmappen. Vier zu eins, kein gutes Verhältnis. Der Fahrstuhl schoß mich in den fünfzehnten Stock hinauf.

Am Ende des Ganges gab sich die Conrad-Suite mit einem Messingschild an der Tür zu erkennen. Ich meldete mich mit dem verabredeten Klopfzeichen: zweimal kurz, dreimal lang. Boulton öffnete mir die Tür zu dem schwarzweißen Marmorfoyer. Mit seiner grauen Jacke, seiner Weste und der dunklen Nadelstreifenhose wirkte er von Kopf bis Fuß wie ein englischer Butler.

»Haben Madam ihren Morgenspaziergang genossen?« fragte er mit einer leichten Verbeugung. Seine Jacke war nicht zugeknöpft, und ich konnte ein Stück der Pistole in seiner Schulterhalfter sehen.

»Als Spaziergang würde ich es nicht gerade bezeichnen«, antwortete ich.

Boulton strich sich das haselnußbraune Haar aus der hohen, intelligenten Stirn. Wenn er nicht gerade sprach, waren seine Lippen ernst, fast schon traurig. Ich mochte sie.

»Wo ist Claire?«

»Madam ist im Salon«, antwortete er mit seinem förmlichen englischen Akzent.

»Für mich wird es immer das Wohnzimmer bleiben«, sagte ich.

Ein leichtes Lächeln.

»Wie ist sie aufgelegt?« fragte ich.

»Ein bißchen deprimiert – wie immer, wenn sie einen Fall abschließt. Vor allem, wenn es sich um Versicherungsbetrug handelt. Machen Sie keinen Lärm. Ach, übrigens, ich habe mir erlaubt, für Sie zu packen.«

»Danke.«

»Wenn Sie mir die Bemerkung verzeihen – ich dachte, Sie

seien die Art Amerikanerin, die nur ganz sportliche Unterwäsche trägt. Der durchsichtige weiße Spitzen-BH war eine angenehme Überraschung. Das Frühstück wird in Kürze serviert.« Abrupt machte er auf dem Absatz kehrt und eilte den kurzen Gang zum Eßzimmer hinunter.

Ich liebte es, Boulton zuzusehen. Mir gefiel die Art, wie er sich bewegte, und mir gefiel die Grazie seines schlanken, kompakten Körpers. Problematisch wurde es erst, wenn ich ihm direkt gegenüberstand. Dann hatten seine Grazie und Intelligenz etwas Kaltes, Stählernes, das mich beunruhigte. Mein Ex-Mann arbeitet in L. A. als Polizist. Ich kenne mich mit Machos und ihren Pistolen bestens aus. Auch wenn Boulton Engländer war und aussah, als wäre er gerade einem Theaterstück entstiegen - diese Männer waren alle gleich. Ich finde, eine Frau sollte versuchen, wenigstens einmal in ihrem Leben einen Mann zu begehren, der keinen Revolver trägt. Also blieb ich auf Abstand.

Ich öffnete die Tür zum Wohnzimmer und versuchte, nicht mehr daran zu denken, wie Boulton allein im meinem Zimmer stand, die Hand an meinem BH. Claire Conrad thronte auf ihrem Queen-Anne-Sessel. Nicht auf dem, den sie im Conrad Cottage in L. A. hatte, sondern auf ihrem New Yorker Sessel. Er war mit weißem Leinen bezogen und hatte die gleichen geschwungenen Beine, die gleichen Klauenfüße, den gleichen geraden Rücken und die gleichen geschwungenen Seiten wie der in L. A. Ich hatte das Gefühl, daß auf der ganzen Welt Hotelsuiten reserviert waren, in denen Queen-Anne-Sessel darauf warteten, daß die berühmte Detektivin ihren Rücken in ihre weichen Kissen schmiegte.

Heute war Schwarz an der Reihe. Die Farbe paßte zu Claires Laune. Sie trug eine schwarze Hose, ein schwarzes

Seidenhemd und eine schwarze Wickeljacke. Ihr Gehstock aus Ebenholz lehnte an ihrem Stuhl wie ein treuer Hund.

»Ihre Handschuhe«, sagte ich und legte sie auf einen kleinen Tisch neben ihr. Als Antwort starrte sie auf die Spitzen ihrer Schuhe.

Ich setzte mich an meinen Schreibtisch, ein graulackiertes Etwas, das schönere Beine hatte als ich. Der Raum war in verschiedenen Weiß- und Cremetönen gehalten. Zwei mit silbrig schimmernder weißer Seide bezogene Sofas waren vor einem grauen Marmorkamin plaziert. Der Kaffeetisch bestand aus einer Glasplatte mit einem Eisenfuß. Vorhänge aus gelblichweißem Damast schmückten die Fenster, die sich alle der Park Avenue zuwandten.

»Das Frühstück wird in Kürze serviert«, sagte ich. Endlich fand mich der durchdringende Blick ihrer dunkelblauen Augen. Silberweißes, nach hinten gekämmtes Haar umrahmte ihr schönes, feines Gesicht wie die Flügel eines Vogels. Die tiefen Linien, die ihre Stirn durchfurchten und sich von ihren Mundwinkeln nach unten zogen, lenkten keineswegs von ihrer Eleganz ab, sondern verstärkten sie nur noch zusätzlich. Als ihre Biographin hätte ich eigentlich wissen müssen, wie alt sie war, aber ich wußte es nicht. Ich schätzte sie auf gut Fünfzig. Eines Tages würde ich sie nach ihrem genauen Alter fragen müssen. Einen Moment lang glaubte ich, daß sie etwas sagen würde, aber sie starrte mich nur an. Der Klang von Autohupen und Sirenen drang durch die großen Fenster und störte sanft die Ruhe des Raumes. Irgendwo zwischen der Straße und dem fünfzehnten Stockwerk hatte der Verkehrslärm seine Aggressivität verloren. Erstaunlich, was man mit Geld alles kaufen kann. Ich warf einen Blick auf meine Liste und hakte die Handschuhe ab. Als nächstes war der Bentley an der

Reihe. Ich mußte die Autovermietung anrufen, um sicherzustellen, daß sie jemanden zum Flugplatz schickten, um den Wagen abzuholen. Dann mußte ich Graham Sitwell von der New Yorker Versicherung anrufen und ihm mitteilen, daß Claire den Fall als abgeschlossen betrachte und er doch bitte das Geld schicken möge. Gerade, als ich nach dem Telefonhörer griff, erschien Boulton auf der Bildfläche.

»Frühstück, Madam«, verkündete er.

Claire stand auf und streckte ihre eins achtzig, ehe sie Boulton folgte. Ich bildete die Nachhut. Düster marschierten wir hintereinander den Gang entlang zum Eßzimmer, einem kleinen Raum mit verspiegelten Wänden und einem blaßgoldenen Teppich. Kristallene Wandleuchter mit seidenen Schirmen, die nie gerade hingen, sorgten für edle Beleuchtung.

Claire ließ sich am Kopfende des Tisches nieder. Ich setzte mich zu ihrer Rechten. Boulton legte die *New York Times* neben sie hin und begann, den Kaffee zu servieren. Gerta kam mit zwei Platten durch die Schwingtür aus der kleinen Küchenkombüse.

»Guten Morgen.« Sie servierte uns Kaviar und Sauerrahmomelettes.

»Wie geht es Ihnen, Gerta?« fragte ich sie. »Es ist schön, mal wieder mit jemandem zu reden.«

»Wir fahren nach Hause«, antwortete sie mit ihrem starken ungarischen Akzent. Sie sah Claire an, seufzte so laut, daß wir es alle hören konnten, und sah dann wieder mich an. »Wenn wir nach L. A. zurückkommen, wird hoffentlich ein neuer Auftrag auf sie warten. Dann wird diese traurige Stimmung bald ein Ende haben.« Gerta schob mit ihrer ausladenden Hüfte die Schwingtür auf und kehrte in die Küche zurück, gefolgt von Boulton.

Claire nahm die Zeitung und begann zu lesen. Schweigend aßen wir unsere Omelettes und tranken unseren Kaffee. Lediglich das Klirren von Kristall und Porzellan und das Rascheln der *New York Times* waren zu hören. Sehr kosmopolitisch.

Claire lehnte sich in ihrem Stuhl zurück. Ihre klugen Augen richteten sich auf mich. »Schönheit stirbt, Miss Hill.« Aus ihrer Stimme klang ein Hauch Melancholie.

»Wie bitte?«

»Es ist interessant, wie viele andere Eigenschaften mit der Schönheit sterben. Stil, Grazie, Eleganz, Hoffnung. Die Gesellschaft verbindet eine Menge Hoffnung und Zuversicht mit der Schönheit. Mit ihr stirbt auch die Hoffnung.«

Ich dachte eine Weile über ihre Worte nach und sagte dann: »Es war doch nur ein Fall von Versicherungsbetrug. Und wenn Sie mir diese Bemerkung verzeihen – Sie haben doch immerhin eine Menge Geld verdient, indem Sie diesen bedauernswerten Buchhalter dingfest gemacht haben. Eigentlich sollten nicht Sie niedergeschlagen sein, sondern er.«

»Ich? Niedergeschlagen? Wovon reden Sie eigentlich?«

»Wovon reden *Sie* denn?«

»Cybella.«

Ich stellte meine Kaffeetasse weg. Sie warf mir die Zeitung herüber, die bei den Todesanzeigen und Nachrufen aufgeschlagen war.

Die Seite war voll von den Leistungen alter toter Männer und sehr junger toter Männer, über deren erfolgreichen Lebensläufen die Buchstaben AIDS schwebten. In der linken unteren Ecke der Seite war das Photo einer sehr schönen

Frau abgedruckt. Darunter stand: SCHÖNHEIT TOT: CYBELLA MIT 53 GESTORBEN. Das Photo war aufgenommen worden, als sie etwa in meinem Alter war, Mitte Dreißig. Sie hatte einen langen, anmutigen Hals, schönes, dunkles Haar, hohe Wangenknochen und ein energisches Kinn. Ihr Mund wirkte voll, aber nicht weich. Dunkle, unvergeßliche Augen starrten in meine. Ihre Schönheit wirkte zeitlos – es war nicht die flüchtige Schönheit eines Zwei-Minuten-Videos auf MTV.

In dem Nachruf ging es im wesentlichen darum, daß Cybella, geborene Nancy Grange aus Buffalo, New York, in den sechziger Jahren *das* Top-Model gewesen war. Später hatte sie sich als Schauspielerin versucht, aber ihre kühle Schönheit war auf der Leinwand zu Eis erstarrt. An Depressionen leidend, hatte sie sich in ihrem Manhattaner Apartmenthaus vom zehnten Stock des Treppenhauses gestürzt. Sie hinterließ eine Tochter namens Sarah Grange, ebenfalls ein Model.

Ich dachte an das Mädchen, das draußen vor dem Hotel wartete. Und ich dachte an ein anderes junges Mädchen, mich selbst, wie ich damals vor dem Spiegel stand und versuchte, meine Wangen einzusaugen und meinen Hals zu strecken, um auszusehen wie Cybella. Ich hatte ihren Namen vergessen, aber nicht ihr Gesicht.

»Ich bin ihr nur ein einziges Mal begegnet, Miss Hill, vor vielen Jahren, bei einem Empfang, der mir zu Ehren in Paris gegeben wurde«, sagte Claire. »Sie war Gast des Kultusministers, eines lüsternen alten Knilchs. Als Cybella hereinkam, konnte man eine Veränderung im Raum spüren. Einen Schauer. Die Schönheit war eingetreten.«

Ich sah zu Claire hinüber. »Ihr Tod war kein Selbstmord.«

»Und das haben Sie aus diesem harmlosen Nachruf geschlossen? Vielleicht sollte ich lieber über Sie schreiben, und nicht umgekehrt.«

»Nein, nein.« Ich war bereits aufgestanden. »Augenblick bitte. Ich bin gleich wieder da.«

Ich rannte aus dem Eßzimmer und den Gang hinunter. Am Fahrstuhl angekommen, hämmerte ich auf den Knopf, bis die Tür aufging.

Als ich mich durch die Schwingtür schob, schlug mir der kalte Wind ins Gesicht. Sie stand auf der anderen Straßenseite, rauchte eine Zigarette und wartete auf mich. Ich quetschte mich zwischen zwei am Randstein geparkten Limousinen hindurch, sah nach links und nach rechts und spurtete über die Fahrbahn.

»Okay«, fing ich an, »drei Fragen. Woher wußten Sie, daß Claire Conrad in diesem Hotel wohnt?«

Sie faßte in die Tasche ihrer Jacke und reichte mir einen zerknitterten Zeitungsausschnitt. Ein Bild von Claire, Boulton und mir, wie wir aus dem Parkfaire kamen. Darunter stand: DIE PHOTOSCHEUE CLAIRE CONRAD WEILT IN DER STADT. Im Hintergrund war der Name des Hotels zu sehen. Boulton und ich wurden nicht erwähnt.

»Sogar ich bin in der Lage, die *Daily News* zu lesen«, sagte sie.

»Woher wissen Sie, daß Cybellas Tod kein Selbstmord war?«

»Haben Sie einen Videorecorder?«

»Ja.«

»Dann habe ich hier einen Beweis.« Sie nahm eine Videokassette aus ihrer Plastiktasche.

»Wie heißen Sie?« fragte ich.

»Jackie.«

»Jackie wie?«

»Jacqueline Kennedy Onassis Murphy. Meine Mutter hatte Träume.«

»Ich kann Sie zu Claire Conrad hinaufbringen, aber sie wird Sie wahrscheinlich hinauswerfen.«

»Ich werd's überleben.« Sie schnippte ihre Zigarette auf die Straße.

Laß die Finger davon, Maggie, sagte ich mir noch einmal. Bald werden wir wieder in Los Angeles sein. Ich werde meinen Honda fahren, mein einziger Kontakt zur Außenwelt wird das Autoradio sein, und die Sonne wird warm auf meine Arme und mein Gesicht scheinen. Laß die Finger davon.

Ach, verdammt. Ihre Mutter hatte Träume.

2

Boulton öffnete die Tür.

»Jackie, das ist Boulton«, verkündete ich. »Er wird Sie gleich durchsuchen. Wo ist Claire?«

»Im Salon.« Er trat zwischen Jackie und mich und schob sie gegen die Dielenwand. Effizient und fachmännisch glitten seine Hände an ihrem Körper hinunter.

»Hey, was zum Teufel soll das?« fragte sie.

Ich schloß die Wohnzimmertür hinter mir.

Claire saß wieder in ihrem Queen-Anne-Sessel. Sie hatte die langen Beine ausgestreckt und begutachtete die Spitzen ihrer schwarzen Halbschuhe.

»Da ist eine junge Frau, die behauptet, Cybellas Tod sei kein Selbstmord gewesen. Das hier sei der Beweis.« Ich hielt das Video hoch.

Langsam wanderte ihr Blick von ihren Schuhen zu der Kassette. Ihre Miene sagte mir, daß sie ihr Schuhwerk wesentlich interessanter fand.

»Wie ich zum Hotel zurückkomme«, erklärte ich schnell, »taucht wie aus dem Nichts dieses Mädchen auf und sagt:

›Cybellas Tod war kein Selbstmord.‹ Ich denke mir, das ist doch nur wieder so eine Verrückte. Dann komme ich hier rauf und lese in der Zeitung von Cybellas Selbstmord.«

Ich deutete auf die Tür. »Das Mädchen steht draußen in der Diele.«

»Das einzige, was Sie mitbringen sollten, waren meine Handschuhe, Miss Hill.«

»Sie brauchen sich doch nur anzuhören, was sie zu sagen hat.«

Ich öffnete die Tür. Boulton, der Jackie fest am Arm gepackt hatte, führte sie herein.

»Lassen Sie Ihre Klienten immer durchsuchen?« fragte sie, während sie versuchte, sich aus seinem Griff zu winden. Claires Blick heftete sich auf mich. »Klienten? Klienten!«

Immerhin hatte ich jetzt ihre volle Aufmerksamkeit. »Sie haben vorher so eindrucksvoll von Cybella gesprochen.« Ich wählte meine Worte sehr vorsichtig. »Erinnern Sie sich, wie die Atmosphäre im Raum plötzlich anders wurde, als Cybella eintrat? Ich weiß noch genau, daß ich als Achtjährige unbedingt aussehen wollte wie sie. Cybella hat uns beide beeinflußt. Sollten wir uns da nicht die Zeit nehmen, uns dieses Video anzusehen?«

»Nein!« fauchte Claire.

»Vielleicht haben wir es ausnahmsweise doch einmal mit einem Fall zu tun, in dem eine schöne Frau nicht durch eigene Hand ums Leben gekommen ist.«

»Miss Hill, wir dürfen unser Flugzeug nicht verpassen.«

»Ihr Tod war kein Selbstmord«, sagte Jackie.

»Halten Sie den Mund!« fuhr ich sie an.

»Das brauche ich mir von Ihnen nicht sagen zu lassen! Wofür halten Sie sich eigentlich?«

Boulton packte sie noch fester am Arm, und Jackie schnappte nach Luft. Claire lehnte sich in ihrem Sessel zurück und schloß die Augen. Wenn Claire die Augen schließt, hört sie entweder aufmerksam zu oder tut so, als würden die Menschen um sie herum überhaupt nicht mehr existieren. Ich brauchte nicht lange zu raten, was es diesmal war.

»Zeigen Sie Ihr Video der Polizei«, sagte ich zu Jackie.

»Der Polizei? In welcher Welt leben Sie eigentlich?«

»Kommen Sie.«

Boulton begann, sie durch die Diele in Richtung Ausgang zu zerren.

»Nein!« Sie stemmte sich mit beiden Beinen dagegen und wand sich in seinem Griff. »Wenn man ein Treppenhaus hinunterstürzt, fällt man nicht in einer geraden Linie. Man prallt erst ein paarmal gegen das Treppengeländer und die Wand, ehe man auf dem Boden aufschlägt.«

Claire öffnete die Augen und hielt die rechte Hand hoch. Der Lapisklunker, den sie als Ring bezeichnete, schimmerte dunkel an ihrem Ringfinger. Boulton ließ Jackie los.

»Sie haben gesehen, wie sie über das Geländer gestoßen wurde?« fragte Claire.

»Ich habe nicht gesagt, daß ich es gesehen habe.«

»Wie heißen Sie?« fragte Claire.

»Jackie.«

»Jackie wie?«

Ich hielt die Luft an.

»Jacqueline Kennedy Onassis Murphy.«

»Ihre Mutter hatte Träume«, fügte ich rasch hinzu.

»Ein bißchen mehr Realitätssinn wäre hilfreicher gewesen.« Claire musterte Jackie. »Wenn Sie nicht dabei waren, als Cybella gestorben ist, wie haben Sie dann von ihrem Tod erfahren?«

»Aus der Zeitung.«

»Und woher wußten Sie, wo ich zu finden bin?«

»Das hat sie auch aus der Zeitung«, sagte ich. Jackie nahm den Zeitungsausschnitt heraus, schwenkte ihn und steckte ihn wieder in ihre Tasche.

»Was machen Sie beruflich, Miss Murphy?« fragte Claire.

»Ich bin Schauspielerin. Ich trete im Peep Thrills auf. In einer Einzelkabine. Nur ich und der Kunde. Hellhäutige Blondinen sind besonders gefragt.« Sie warf den Kopf zurück und fuhr sich mit den Fingern durchs gebleichte Haar, als befände sie sich in einer Clairol-Werbung, bei der etwas furchtbar schiefgegangen war.

»Und ich sage das nicht, weil ich Rassistin bin. Seien wir doch mal ehrlich – sexuelle Phantasien kennen keine Rassengleichheit.« Sie ließ Claire Zeit, diese Feststellung zu verdauen; gleichmütig starrte sie sie an. Claire starrte zurück: Hier hatten sich zwei Weiße getroffen.

»Mich bloß anzusehen, kostet eine Münze«, fuhr Jackie fort, die Hände an den Hüften, den Rücken leicht durchgebogen, den Busen stolz vorgereckt. »Für eine weitere Münze kann der Kunde durchs Telefon mit mir reden, während ich auftrete. Er kann mir sagen, was ich tun oder verkörpern soll. Oder was er gerne mit mir anstellen würde, während ich spiele, was er sich wünscht. Wie gesagt, ich bin Schauspielerin.«

»Wie haben Sie Cybella kennengelernt?« fragte Claire.

»Ich habe mich letzte Woche mit ihr getroffen. Wir haben zusammen Kaffee getrunken. Sie wollte wissen, wieso ihre Tochter dieses Video gemacht hat.«

»Ihre Tochter?« Claire lehnte sich im Stuhl zurück. »Ich werde das noch bereuen. Legen Sie die Kassette ein, Miss Hill.«

Jackie setzte sich aufs Sofa; Boulton stellte sich hinter sie. Ich öffnete den Schrank, legte die Kassette in den Videorecorder ein, setzte mich dann wieder an meinen Schreibtisch und drückte auf die Fernbedienung. Der Bildschirm flimmerte grau und wurde dann farbig. Ich blinzelte. Man sah eine Großaufnahme von etwas Rundem, Rosigem. Es dauerte eine Weile, bis mir klar wurde, daß der rosige Hügel aus Haut bestand. Zarter Haut. Weiblicher Haut. Die Kamera wich zurück und zeigte Jackies Brüste, die von einem roten Abendkleid kaum verhüllt waren. Neben ihr auf einem Bett saß eine bildhübsche Brünette in Jackies Alter. Sie hatte ein großflächiges, wie gemeißelt wirkendes Gesicht mit hohen Wangenknochen und kaffeebraunen, leidenschaftslosen Augen. Sie trug schwarze Strümpfe, einen Hüftgürtel, Slip und BH. Mit übereinandergeschlagenen Beinen blickten die beiden Frauen in die Kamera, als warteten sie darauf, zum Tanzen aufgefordert zu werden.

»Die in Rot bin ich!« Jackie deutete auf ihr Bild. »Ich durfte das Kleid tragen. Es war so hübsch.«

Claire brummte: »Die junge Frau neben Ihnen ist Cybellas Tochter, Sarah Grange?«

Jackie nickte, ohne den Blick von sich selbst abzuwenden.

Die Kamera rückte wieder näher an die beiden Frauen heran. Jackie spielte ihre Rolle mit viel Gusto: Genüßlich öffnete sie Sarahs BH und ließ ihn langsam von den kleinen, festen Brüsten gleiten. Sarah verhielt sich passiv. Angesichts der Tatsache, daß sie in einem Pornovideo mitmachte, wirkte ihre Miene unangemessen arrogant. Ein verächtliches Lächeln umspielte ihre Lippen, als sie sich langsam umdrehte und begann, Jackie das rote Kleid auszuziehen.

Weibliches Fleisch kam zum Vorschein. Busen auf Busen. Leckende Zungen. Grabschende Hände. Streichelnde Finger. Jackie keuchte dramatisch. Die Kamera zeigte eine Großaufnahme von Sarahs Gesicht, während sie in gespielter Ekstase stöhnte. Ich beschloß, daß es für meine neue Karriere am besten war, nicht zu Claire hinüberzusehen.

Jackie lehnte sich nach vorn und betrachtete sich mit narzißtischer Faszination. Boulton blickte zu mir herüber; in seinen Augen lag ein Ausdruck seltsam widersprüchlicher Sexualität. Man kann sich keinen Porno ansehen, ohne seinerseits ein Teil davon zu werden, selbst wenn man sich abgestoßen fühlt. Die Macht der Pornographie besteht darin, einen zum Voyeur zu machen, zum Spanner, der im Dunkeln in erleuchtete Fenster späht, durch nicht ganz zugezogene Vorhänge, durch den Spalt einer offenstehenden Tür. Mit anderen Worten: Sie bringt einen dazu, sich zu fühlen wie die Assistentin einer Detektivin.

Ich wandte mich wieder dem Bildschirm zu. In schneller Abfolge zeigte die Kamera nasse Brustwarzen, blondes Haar, einen Ellbogen, schwarzbestrumpfte Beine, Oberschenkel, Pobacken, Sarahs feuchte Lippen. Ich hörte, wie

Claire vor sich hinmurmelte, während Jackie und Sarah alles mögliche miteinander taten, außer die Emanzipation der Frau zu diskutieren. Plötzlich flimmerte der Bildschirm wieder grau. Ich drückte auf die Fernbedienung.

Claire drehte sich langsam um, starrte mich an und wandte sich dann wieder Jackie zu. »Mein liebes Fräulein, Ihr Video stellt keinerlei Verbindung zwischen Sarah Grange und Cybellas Tod her.«

»Wissen Sie, wer Sarah Grange ist? Sie ist eines der New Yorker Top-Models. Sie ist ein paar Millionen wert. Sie brauchen bloß herauszufinden, warum sie bei diesem Video mitgemacht hat, und schon haben Sie Ihre Verbindung.«

Claire lehnte sich zurück und klopfte mit ihrem Gehstock gegen die Spitze ihres Schuhs. Jackie verstummte. Schleim lief ihr aus der Nase auf die Oberlippe.

»Geben Sie ihr ein Kleenex, Miss Hill.«

Ich nahm eine Box von meinem Schreibtisch und reichte sie Jackie. Sie schneuzte sich.

»Heuschnupfen«, meinte sie cool.

»Glauben Sie bloß nicht, daß Sie mich für dumm verkaufen können, junges Fräulein«, sagte Claire. »Wer hat das mit dem Video arrangiert?«

»Wie meinen Sie das?«

»Wer hat Ihnen gesagt, daß Sie in dem Video mitmachen sollen? Wer hat die Kamera gehalten? Wer hat Sie bezahlt? Ich nehme doch an, daß Sie dafür bezahlt wurden.«

»Das Geld lag einfach in dem Zimmer.« Die vielen Fragen, die auf sie einprasselten, schienen sie zu verwirren.

»Nicht, daß ich mich in diesem Genre besonders auskenne, aber es handelt sich offensichtlich nicht um ein professionelles Pornovideo. Wer hat es aufgenommen?«

»Ich weiß es nicht.« Nervös spielten ihre Finger an den seidenen Fransen eines Kissens herum.

»War es derselbe, der Sie geschlagen hat?«

Schnell fuhren die Finger an den Bluterguß. »Er liebt mich.«

»Natürlich.« Claire seufzte. »Erzählen Sie mir von Ihrem Treffen mit Cybella.«

Jackie putzte sich die Nase, zog dann ein zerknautschtes Päckchen Zigaretten aus ihrer Jackentasche und zündete sich eine an. Dabei hielt sie die Hand vor das Zündholz, als stünde sie immer noch draußen im Wind. Sie vermied es, Claire anzusehen. »Ich bin Cybella nie begegnet. Ich habe das nur gesagt, damit Sie mich nicht gleich wieder hinauswerfen.«

»Was ist der wahre Grund für Ihr Hiersein, Miss Murphy?«

»Ich glaube, daß ich verfolgt werde.«

»Von wem?«

»Wenn ich das wüßte, bräuchte ich Sie nicht, oder?«

»Vielleicht ist es ein Kunde, Jackie«, schaltete ich mich ein.

»Nein. Ich glaube, es hat damit zu tun, daß ich dieses Video gemacht habe. Und jetzt ist Sarah Granges Mutter tot. Angeblich war es Selbstmord, aber das stimmt nicht. Verstehen Sie, was ich meine? Ich könnte die nächste sein.«

Claire stand auf. »Geben Sie ihr fünfzig Dollar und ihre Kassette, Miss Hill. Wir brechen wie verabredet nach Los Angeles auf.«

Ich holte die Kassette und gab sie Jackie.

»Was ist das Problem?« fragte sie.

»Jackie«, erklärte ich, »Sie haben keinerlei Beweise dafür, daß Cybella ermordet wurde.«

»Ich bin schließlich nicht die Detektivin, oder? Das ist ihr Job.« Sie deutete auf Claire, die mit raschen Schritten den Raum verließ.

»Es tut mir leid, Jackie«, sagte ich.

»Ich wußte ja, daß sie mir nicht glauben würde. Hier.« Sie warf das Video auf den Sitz des Queen-Anne-Sessels. »Als kleines Andenken an mich.«

Schweigend fuhren wir mit dem Aufzug nach unten. Die Tür ging auf, und wir traten ins Foyer. Ich reichte ihr die fünfzig Dollar.

»Fühlen Sie sich jetzt besser?« fragte sie abfällig.

»Nein.«

Sie nahm das Geld. »Ich war schon in nobleren Hotels als diesem hier.« Mit einem verächtlichen Blick auf die prunkvolle Einrichtung schlenderte sie durch das Foyer. Ihre Cowboystiefel schlurften über den Marmorboden. Vor der Drehtür blieb sie stehen, zog ihre rote Jacke zurecht, bog den Rücken durch und schob die Hüften vor. Nachdem ihre harte Straßensexualität wieder an Ort und Stelle war, schob sie sich durch die Tür und verschwand.

Wieder in der Suite, versuchte ich, nicht mehr an sie zu denken. Gegen elf stapelte Boulton das Gepäck in der Diele und machte sich auf den Weg zur Garage, die einen Block entfernt lag, um den Bentley zu holen. Ich bestellte zwei Hotelpagen. Claire wanderte ruhelos von Raum zu Raum.

Während ich mein Laptop einpackte, brütete sie in der Nähe des Wohnzimmerfensters vor sich hin. Eine Taube, die draußen auf dem Fensterbrett hin- und hertrippelte, starrte sie an und rollte dabei wie ein betrunkener Matrose mit den Augen. Egal, wieviel Geld man in dieser Stadt hat - den Tauben entkommt man nicht. Sie schwang ihren Gehstock gegen das Fenster. Die Taube flog weg.

»Diese dreckigen kleinen Biester.« Sie drehte sich zu mir um. »Ich konnte für dieses Mädchen nichts tun. Und Sie, Miss Hill, sollten nicht durch die Gegend rennen und potentielle Klienten von der Straße auflesen. Das ziemt sich nicht.«

»Ich habe sie nicht aufgelesen. Sie hat Sie aufgelesen. Und früher oder später werden Sie dieses Fenster einschlagen.«

»Unsinn. Ich weiß genau, wo ich hinschlagen muß, damit die Tauben wegfliegen und die Scheibe heil bleibt.«

Es klingelte an der Tür. Gerta ließ zwei Hotelpagen herein. Sie luden das Gepäck auf ihre Wagen. Als wir ihnen aus der Suite folgten, gab ich mir alle Mühe, nicht zu der Kassette auf dem Queen-Anne-Sessel hinüberzusehen. Ach verdammt, vielleicht konnte Mr. Orita etwas damit anfangen.

Auf dem Weg nach unten boten wir eher einen Anblick, als würden wir auf Safari gehen, statt nach L. A. zurückzufliegen. Im Foyer wartete Desanto bereits vor den Aufzügen. Er verbeugte sich und dienerte neben Claire her, während unsere Prozession nach draußen auf die Straße strebte.

Instinktiv hielt ich nach Jackie Ausschau, aber sie war nicht mehr da. Boulton fuhr den schwarzen Bentley vor die Tür und stieg aus. Desanto scharwenzelte immer noch um Claire herum, während die Hotelpagen und Frank das Gepäck in den Wagen luden. Boultons Stimme schnitt scharf durch Desantos sabbernde Worte.

»Auf der anderen Straßenseite, Miss Conrad.«

Jackie klammerte sich an ein schmiedeeisernes Geländer. Sie stolperte über den Randstein. Die roten Cowboystiefel schlurften kratzend über den Asphalt. Sie ging mitten durch den Verkehr, als wäre sie unverwundbar. Wie ein fransiger Heiligenschein wehte ihr blondes Haar in feinen Strähnen um ihren Kopf. Boulton ging ihr entgegen, aber sie stolperte an ihm vorbei auf mich zu, die Arme ausgestreckt wie ein Kleinkind, das gerade gehen lernt. Ich nahm sie an der Hand und zog sie auf den Gehsteig. Sie öffnete den Mund. Eine leuchtend rote Blase bildete sich, glitt über ihr Kinn und zerplatzte. Eine neue Blase löste sie ab. Sie brach vor meinen Füßen zusammen. Eine Frau, die gerade ins Hotel wollte, begann hysterisch zu schreien. Desanto rannte wie ein aufgescheuchtes Huhn durch die Gegend und gab den Hotelpagen Befehle. Ich kniete mich hin und drückte ihre Hand. Wieder öffnete sie den Mund. Ich beugte mich zu ihr hinunter, hörte aber nur den atemlosen Kampf gegen den Tod. Claire kniete sich neben mich. Jackie wurde steif. Ihre immer noch wild entschlossenen Augen blickten in meine. »Ich habe die Polizei alarmiert«, sagte der Portier. »Wir müssen sie ins Foyer tragen«, sagte ich. »Wagen Sie es ja nicht!« schrie Desanto.

»Stichwunden im Bauch«, stellte Claire fest.

»Nein, das lasse ich nicht zu«, wimmerte Desanto.

»Wir können sie nicht auf der Straße liegenlassen«, sagte ich.

»Zwei, um genau zu sein«, bemerkte Claire. »Eine sieht oberflächlich aus. Die andere tief.«

Gerta bot ihre Reisedecke an. »Hier, sie muß warmgehalten werden.«

»Dafür dürfte es zu spät sein, Gerta«, antwortete Claire, während sie Jackies Puls suchte.

Die Hotelpagen kamen mit zwei großen chinesischen Paravents zurück, die sie rasch um uns herum aufstellten.

Boulton spähte zu uns herein. »Ich habe ihre Tasche auf

der anderen Straßenseite gefunden. Sie sollten sie sich mal ansehen.«

Claire folgte ihm. Ich blieb und hielt weiterhin Jackies Hand. Ich hörte Sirenen; es klang wie das Heulen eingesperrter Tiere. Claire kam zurück und kniete sich wieder neben mich.

»Der Zeitungsausschnitt, der uns beim Verlassen des Hotels zeigte. Wo war er?«

»In ihrer Tasche.«

»Und das Geld?«

»Ebenfalls.«

»Beides ist verschwunden.«

»Lassen Sie sie los, Maggie.« Boultons Stimme.

Ich sah auf meine Hand hinunter. Ihr Blut klebte an meinen Fingern wie Zuckerwatte.

Laß die Finger davon, Maggie. Laß die Finger davon.

Langsam lockerte ich meinen Griff. Schlaff lag ihre Hand auf meiner Handfläche. Ihre abgekauten Fingernägel waren in einem rosigen Pinkton bemalt. Ich sah zu dem Paravent hoch. Mehrere zart in Rosenholz geschnitzte Chinesinnen lugten hinter ihren Perlmuttfächern hervor und blickten diskret auf Jackie hinunter. »Lassen Sie das Gepäck wieder in unsere Suite bringen, Boulton. Wir verschieben unsere Abreise«, verkündete Claire.

3

Es war ein perfekter Martini.

Die Polizei war weg, und ich saß in der kleinen Bar gleich neben der Hotel-Lounge. Ganz in Tweed und Leder gehalten, wirkte der Raum sehr distinguiert, sehr maskulin. Es war, als befände man sich in den Armen eines englischen Landadeligen.

Ich nahm noch einen Schluck und versuchte, meine Gefühle unter Kontrolle zu bekommen. Vor etwa einer Stunde hatte ich der Polizei erzählt, daß ich Jackie nicht gekannt hätte und daß wir gerade zum Flugplatz aufgebrochen seien, als sie auf uns zugestolpert kam und starb. Die Polizei hatte auf der Kellertreppe des gegenüberliegenden Wohnhauses Blutspuren gefunden. Das Gebäude stand leer, sollte irgendwann renoviert werden. Es gab keine Zeugen. Jackies Tasche enthielt weder eine Brieftasche noch irgendeine Art von Ausweis. Sie enthielt auch kein Geld und keinen Zeitungsausschnitt, auf dem Claire Conrad zu sehen war. Die Polizei nahm an, daß Jackie bei einem Straßenraub, einem Drogendeal oder irgendeinem anderen krummen Ding ums Leben gekommen war. Man konnte es sich aussuchen. Jackie standen viele Möglichkeiten offen. Die Beamten nahmen unsere Personalien auf, steckten Jackie in einen Leichensack und karrten sie davon. Desanto ließ die Paravents entfernen und die Gehsteige säubern.

Jetzt war es halb eins, und ich hatte ein eisgekühltes Cocktailglas aus feinstem Kristall in der Hand. Ich warf einen Blick auf die Rechnung. Mein Martini kostete acht Dollar und fünfundneunzig Cent. Er war perfekt. Alles in diesem Hotel war perfekt. Alles war perfekt, wenn man das nötige Geld besaß. Alles war perfekt, wenn man nicht gerade eine tote junge Frau namens Jackie war.

Ich drehte mich auf meinem Barhocker und betrachtete zwei modisch gekleidete Männer, die an einem Tisch mit Blick auf die Park Avenue saßen und teures Mineralwasser tranken. Goldene Uhren schimmerten an ihren breiten

Handgelenken. Jackies Mutter hatte Träume. Die beiden Männer blickten sich zufrieden an, als hätten sie gerade ein großartiges Geschäft abgeschlossen oder großartigen Sex gehabt. Was es auch war, es war perfekt, und es machte mich wütend. Warum entschied ich mich immer für die Wut, und nie für die Traurigkeit?

Auf der anderen Seite der Park Avenue standen zwei Kirchen, zwischen die sich ein Sandsteinhaus schmiegte. Die presbyterianische Kirche schraubte ihre Türme mit puritanischer Zurückhaltung in den Himmel von Manhattan, Gott entgegen. Die Christ-Scientist-Kirche, rund wie ein gigantischer Bauch, schien zu fett und bodenlastig, zu sehr mit der Park Avenue verhaftet, um sich nach dem Himmel zu strecken. Vielleicht wäre ich eher in der Lage, Traurigkeit statt Wut zu empfinden, wenn ich gläubig wäre. Ich trage den Rosenkranz meiner Großmutter nur deswegen in der Tasche, weil sie ihn mir gegeben hat, weil sie gläubig ist und weil ich sie liebe. Meine Mutter ist ebenfalls zutiefst gläubig. Sie benutzt Weihwasser wie andere Frauen Chanel Nr. 5. Wie auch immer, das Sandsteinhaus, das zwischen die beiden Kirchen eingequetscht war, wirkte tatsächlich irgendwie beschützt. Ich hoffte, daß eine junge Frau darin wohnte, eine junge Frau, die Träume hatte.

»Miss Hill!« Desantos Stimme ließ mich aufspringen. Er rieb er sich die Hände wie Lady Macbeth.

»Das ist unerhört!« verkündete er mit hoher, hysterischer Stimme.

»Da bin ich ganz Ihrer Meinung. Kein Martini sollte acht Dollar fünfundneunzig Cent kosten.«

»Ich meine nicht den Martini. Ich habe gerade mit dem Zimmermädchen gesprochen. Sie behauptet, Miss Conrad sei in ihre Suite zurückgekehrt.«

»Das ist richtig. Wir verlängern unseren Aufenthalt.«

»Das können Sie doch nicht machen! Sie wissen genau, daß ich die Suite Mr. Orita versprochen habe.«

»Geben Sie ihm eine andere.«

»Er will aber die Conrad-Suite. Er sitzt so gerne in dem Queen-Anne-Sessel.«

»Tut mir leid.«

»Wie lange werden Sie bleiben?«

»Solange es dauert.«

Ich prostete ihm zu und leerte mein Glas. Er warf seinen Kopf zurück und brachte sein Kinn einmal mehr zum Verschwinden. Seine Lippen zuckten vor Wut.

»Wenn Sie nicht zu Claire Conrad gehörten, würde ich Sie jetzt aus dem Hotel werfen lassen«, sagte er, bemüht, leise zu sprechen.

»Wenn ich nicht zu Claire Conrad gehörte, wäre ich jetzt gar nicht in diesem Hotel«, gab ich zurück.

Er holte tief Luft. »Verstehen Sie doch! Was soll ich denn Mr. Orita sagen?« Als er ausatmete, klang es wie ein langer, verzweifelter Seufzer. »Was bedeutet eine tote Hure mehr oder weniger für Claire Conrad?« stieß er plötzlich hervor.

Die beiden Männer blickten von ihrem Wasser auf und starrten zu Desanto herüber.

»Hören Sie gut zu, Desanto. Ich werde Ihnen sagen, was eine tote Hure mehr oder weniger bedeutet. Sie bedeutet eine tote Frau mehr oder weniger!« Ich gab mir keine Mühe, leise zu sprechen. Meine Wut war voll entflammt. Die Blicke der beiden Männer waren jetzt auf mich gerichtet. Ihre vorher so zufriedenen Gesichter wirkten inzwischen verkniffen, verärgert über die Störung. Ich fühlte mich schon besser.

Desantos Augen verengten sich, bis er aussah wie eine

der Chinesinnen aus Rosenholz, die diskret über ihren Fächer lugten. Er zog sein Kinn ein und marschierte aus dem Raum. Die beiden Männer zahlten und gingen. Ich starrte auf die beiden Kirchen und das Sandsteinhaus dazwischen. An der großen, fetten Kirche war ein Schild mit einer Aufschrift angebracht. In den zwei Wochen, die ich nun schon hier war, hatte ich mir nie die Mühe gemacht, es zu lesen. Ich glitt von meinem Hocker und spähte aus dem Fenster. Ich konnte lediglich das Wort *lepers* erkennen, das Wort *dead* und ein weiteres Wort: *rinse.* Die Aussätzigen spülen. Die Toten spülen? Das konnte doch wohl nicht sein. Andererseits wußte ich nicht viel über die Christ-Scientist-Kirche. Vielleicht glaubten sie an eine gute Spülung. Ich setzte mich gerade wieder an die Bar, als Boulton hereinkam.

»Sind Sie in Ordnung, Maggie?« fragte er und setzte sich auf den Hocker neben mir.

»Ja.«

Er rief den Barmann zu uns herüber und bestellte einen Brandy.

»Miss Conrad hat sich das Video noch einmal angesehen. Sie möchte, daß Sie ein paar von diesen Modezeitschriften besorgen, *Vogue* und *Bonton,* und wie sie alle heißen.«

»Wir hätten Jackie helfen sollen.«

Der Barmann brachte Boulton seinen Drink. Boulton wartete mit seiner Antwort, bis der Barmann wieder weg war.

»Selbst wenn Miss Conrad den Fall übernommen hätte, wäre Jackie aus dem Hotel gegangen und ermordet worden. Nichts hätte das verhindern können, Maggie.« Er nahm einen großen Schluck Brandy.

»Ich weiß. Aber wenigstens wäre sie dann in dem Bewußtsein gestorben, einmal im Leben von jemandem ernst genommen worden zu sein.« Ich studierte die scharfe Linie seiner Adlernase. Er studierte meine Lippen. »Wie wird man damit fertig?«

»Womit?«

»Mord. Tod.«

»Man lernt, sich davon zu distanzieren. Man wird zum Beobachter.«

»Zum Zuschauer?«

»In gewisser Weise.«

»Als würde man ein Paar schwarzweißer *Spectator*-Schuhe tragen.«

»Wie viele Martinis haben Sie getrunken?«

»Nur einen.«

Er lächelte. Es war ein schönes, warmes Lächeln. Ich mochte es, wenn er neben mir saß. Es kostete mich einige Mühe, meinen Kopf nicht an seine starke, breite Schulter zu legen.

»Haben Sie je eine Frau wirklich geliebt, Boulton?«

Das Lächeln verschwand. Er starrte mich einen Moment lang an, als müsse er erst etwas mit sich selbst ausfechten; dann seufzte er, als wäre er bei dem Disput in seiner Brust unterlegen.

»Für manche Frauen habe ich große Leidenschaft empfunden. Für andere großen Respekt. Ich habe sogar schon für ein- und dieselbe Frau Leidenschaft und Respekt empfunden. Aber ich habe noch nie eine Frau wirklich geliebt.«

»Das dachte ich mir.«

»Sie haben wahrscheinlich schon viele Männer geliebt.« Die aufmerksamen braunen Augen musterten mich. »Wir passen perfekt zusammen.«

Wir lächelten, weil wir beide wußten, daß wir uns stark

zueinander hingezogen fühlten, aber keineswegs perfekt zusammenpaßten. Distanz, Maggie. Ich drehte mich um und sah aus dem Fenster. »Können Sie das Schild an der Kirche entziffern?«

Er ging zum Fenster hinüber. *»Raise the lepers, raise the dead.* Oder so ähnlich.« Er setzte sich wieder neben mich.

»Natürlich. Die Toten erwecken.«

»Das ist etwas, was nicht einmal Miss Conrad zustande bringt«, sagte er mit einem leichten Grinsen. »Aber sie kann Jackies Mörder finden.« Er stürzte den Rest seines Brandys hinunter. »Sie wartet auf die Zeitschriften.« Der englische Butler war zurück, unser Augenblick der Intimität vorüber.

Ich schleppte mich zu einem kleinen Laden in einer Nebenstraße der Park Avenue, wo man Zeitungen und Zeitschriften aus aller Herren Länder bekam, sogar aus solchen, die so weit weg waren wie Kroatien. Eine *L. A. Times* bekam ich dort allerdings nie. Ich schätze, das war den New Yorkern dann doch zu weit weg. Ich kaufte die April-Ausgaben von *Vogue* und *Bonton* und fragte die Frau hinter dem Ladentisch, ob sie noch welche älteren Datums habe. Sie ging nach hinten und kam mit den Februar- und März-Heften von *Bonton* zurück. Auf dem Rückweg machte ich noch zweimal halt. Zunächst an einer nahegelegenen katholischen Kirche. Das Tolle an dieser Stadt ist, daß man an praktisch jeder Ecke eine Kirche seiner Wahl findet. Es ist fast wie mit den Tankstellen in Los Angeles. Ich zündete eine Kerze für Jackie an.

Als ich das letzte Mal eine Kerze angezündet hatte, war ich sechzehn Jahre alt. Ich hatte mich hinten in die Kirche gesetzt und zugesehen, wie der Priester, ein Schotte, mit ginfarbenen Augen, meine Kerze ausblies. Als ich ihn zur

Rede stellte, erklärte er mir, daß er sie ausgeblasen habe, um Geld zu sparen. Es gebe nur ein paar Kerzen, aber so viele Sorgen, und mein Vater werde sowieso sterben. Mein Vater starb tatsächlich. Die Religion hat auch eine praktische Seite.

Jackies Flamme war winzig. Trotzdem hatte ich das Gefühl, ihre Wärme spüren zu können.

Zuletzt steuerte ich den Schuhladen an. Die schwarzweißen *Spectator*-Pumps. Ich schaute nur. Beobachtete.

Wieder in der Suite, fand ich Claire in ihrem Sessel vor; ihre Augen strahlten vom intensiven Nachdenken. Claire war nur dann wirklich in ihrem Element, wenn sie an einem Fall arbeitete, und ein Mord verlieh ihr die Art von Aura, die normalerweise für frisch verliebte Frauen reserviert ist. Ich reichte ihr die Zeitschriften und ließ mich an meinem Schreibtisch nieder. Jackie war in ihrem roten Kleid auf dem Bildschirm festgefroren. Boulton kniete mit einem Bein vor ihrem Bild, als sei er im Begriff um ihre Hand anzuhalten. Nur hatte er seine Kamera in der Hand und photographierte ihr Abbild.

»Es wird ein bißchen unscharf werden«, bemerkte er. »Aber für unsere Zwecke wird es reichen.«

»Gut.« Claire neigte ihren eleganten Kopf in meine Richtung und deutete mit ihrem Gehstock aus Ebenholz auf den Bildschirm.

»Was sehen Sie dort, Miss Hill?«

»Jackie in einem roten Kleid.«

»Sehen Sie noch einmal hin.«

»Jackie in einem roten Kleid, das ihr etwas zu groß ist.«

»Ja. Und?«

»Obwohl es ihr nicht richtig paßt, sieht das Kleid toll aus. Sehr teuer.«

»Haute Couture. Drei- oder viertausend Dollar, würde ich sagen. Jackie konnte sich so ein Kleid nicht leisten. Woher hatte sie es?«

»Von dem Model Sarah Grange?«

»Seltsam. Sehr seltsam.«

»Wir können zum nächsten übergehen«, sagte Boulton.

Claire betätigte die Fernbedienung. Jetzt war Sarah Grange auf dem Bildschirm zu sehen. In ihren Augen lag ein wütender Ausdruck. Claire drückte auf die Fernbedienung, und Sarah erstarrte mitten in der Bewegung. Boulton begann seine Photos zu schießen.

»Irgend etwas an der Sache stört mich.« Claire stand auf und fing an, im Raum auf- und abzugehen. »Der Mörder muß Jackie zu unserem Hotel gefolgt sein. Warum hat er sie nicht getötet, bevor sie mit Ihnen in Kontakt trat, Miss Hill? Oder spätestens dann, als Sie sie vor dem Hotel stehen ließen? Warum hat er gewartet, bis sie mit mir gesprochen hatte?«

»Wollen Sie damit sagen, daß es doch ein Raubmord war? Immerhin hat sie behauptet, verfolgt zu werden.«

»Ich will damit nur sagen, daß der Mörder die Tatsache, daß Jackie mit mir gesprochen hatte, offenbar nicht beunruhigend fand.«

»Vielleicht wußte der Mörder gar nicht, daß Sie sich im Hotel aufhielten.«

»Warum hat er dann den Zeitungsausschnitt mitgenommen?« gab Boulton zu bedenken.

»Sehr richtig.« Claire lehnte einen Ellbogen auf die Rückenlehne des Queen Anne und stützte das Kinn auf ihre Hand.

Boulton stand auf. »Ich werde den Film in einen dieser Läden bringen, wo sie die Photos sofort entwickeln.«

»Fahren Sie mit dem Photo von Jackie zu Bergdorf Goodman«, instruierte mich Claire. »Gehen Sie in die Designer-Abteilung. Finden Sie heraus, ob sie das Kleid wiedererkennen oder wenigstens wissen, wer der Designer ist.«

»In Ordnung.«

»Boulton, ich möchte, daß Sie heute abend mit den Photos ins Peep Thrills gehen. Mal sehen, was Sie über Jackie herausfinden können.«

»Einen Augenblick«, sagte ich. »Er kriegt das Peep Thrills, und ich kriege Bergdorf's? Das ist die sexistischste Arbeitsverteilung, die mir je untergekommen ist.«

»Sexistisch? Miss Hill, Sie wissen, daß ich solche Worte verabscheue. Sie verstopfen die Sprache. Sie behindern jedes rationale Denken. Wieso beharren Sie darauf, sie zu gebrauchen?«

Ich wußte, daß sie alle Worte verabscheute, die auf *-istisch* oder *-ismus* endeten, das Wort *snobistisch* natürlich ausgenommen, aber es war meine einzige Waffe gegen sie. Ich wollte nicht hierbleiben, um Botendienste zu erledigen und zu schreiben. Diesmal wollte ich dabei sein. Diesmal hatte ich eine Kerze brennen.

»Ich gebrauche diese Worte, weil Sie darauf beharren, reaktionäre Entscheidungen zu treffen«, erklärte ich schwülstig und lehnte mich dann in meinem Stuhl zurück, um meinen Widerwillen noch deutlicher zum Ausdruck zu bringen. Ich wurde dafür mit einer Grimasse bedacht.

»Meine Entscheidung gründet sich nicht auf irgendeine reaktionäre Polemik, Miss Hill. Sie gründet sich auf die Realität. Man wird Sie im Peep Thrills nicht akzeptieren.«

»Man wird mich akzeptieren, weil ich eine Frau bin. Die Mädchen dort werden mit mir reden wollen. Sie werden sich mit mir identifizieren. Glauben Sie wirklich, daß sie einem Mann trauen?«

Claire stolzierte an meinem Schreibtisch vorbei. »Miss Hill, die Frauen im Peep Thrills werden sich nicht mit Ihnen identifizieren. Ganz im Gegenteil, Sie werden die einzige Frau dort sein, die nicht durch männliche Sexualphantasien manipuliert wird. Aus diesem Grund werden Sie sowohl für die Männer als auch für die Frauen eine Bedrohung darstellen, und das wird Ihnen kaum dabei helfen, Informationen zu bekommen.«

Ich wandte mich an Boulton. »Ich nehme an, Sie sind derselben Meinung?«

»In der Tat. Bloß bin ich mir nicht so sicher, wer da wen manipuliert.«

»Hören Sie, wir alle fühlen uns wegen Jackies Tod schuldig«, sagte ich.

»Schuldig?« Claire sprach das Wort aus, als hätte sie es noch nie zuvor gehört. »Ich *überführe* die Schuldigen, Miss Hill. Ich fühle mich nicht schuldig.«

»Mag sein. *Ich* jedenfalls fühle mich irgendwie verantwortlich. Und wenn ich bloß durch die Gegend renne, Handschuhe und Zeitschriften besorge und zu Bergdorf's gehe, helfe ich Ihnen nicht bei der Klärung dieses Mordes. Die Frauen im Peep Thrills werden mich bestimmt akzeptieren.«

Claire und Boulton tauschten einen wissenden Blick.

Schließlich sagte Claire: »Sie bilden sich ein, daß es Ihr gottgegebenes Recht ist, von allen und jedem akzeptiert zu werden. Typisch Mittelklasse. Das Leben, Miss Hill…«

»Jetzt machen wir also Klassenunterschiede«, fiel ich ihr schroff ins Wort. Damit hatte ich sie, das wußte ich genau.

Sie seufzte und sah dann zu Boulton hinüber. »Der Gedanke, den Abend mit ihr in dieser Suite verbringen zu müssen, während sie endlos über Feminismus, Sexismus, Snobismus und Klassenunterschiede wütet, erfüllt mich mit Schrecken. Nehmen Sie sie mit.«

»Aber, Madam, ich glaube nicht, daß das klug wäre.«

»Leider gründet sich meine Entscheidung auf Selbstschutz und nicht auf Klugheit, Boulton.«

»Allerdings. Ich lasse jetzt die Photos entwickeln«, sagte er steif und ging aus dem Zimmer. Claire lümmelte sich in ihren Sessel.

»In Zeiten wie diesen frage ich mich, wie ich mich dazu hinreißen lassen konnte, Sie anzustellen, Miss Hill. War es ein unbedachter Moment des Mitleids mit all den zukünftigen Arbeitgebern, die Sie sonst quälen würden? Oder war es nur ein Augenblick geistiger Verwirrung?«

»Es war mein Charme.« Ich lächelte.

»Der Charme einer Kobra in einem Korb.«

»Von Sexismus und Feminismus einmal abgesehen, wundert es mich, daß Sie nicht selbst hingehen.«

Ihre dunkelblauen Augen richteten sich auf mich. Der Lapis schimmerte. »Ich konnte es noch nie ertragen, wenn der Geruch von Desinfektionsmittel und der Geruch von Sex miteinander verschmelzen. Diese Mischung entbehrt jeder Menschlichkeit.«

4

Zwei Stunden später stand ich vor Bergdorf's, in der Hand einen Umschlag mit einem Photo von Jackie. Ich schob mich durch die Drehtür und fand mich im kathedralenförmigen Bereich der Kosmetikabteilung wieder. Die runden gläsernen Verkaufstische, auf denen Cremes, Öle und hübsche Döschen mit Make-up ausgestellt waren, schimmerten mit der ganzen Verheißung eines Verlobungsringes. Zu viele Parfums, die zusammen eine ungute Mischung ergaben, erinnerten mich an die Tage, an denen meine vier Tanten zu Besuch kamen: Unausgesprochene Ressentiments und der Wettstreit ihrer vier Düfte ließen die Luft im Wohnzimmer jedesmal dick werden.

Frauen, manche noch im Wintermantel, starrten mit gebanntem Blick in die Auslagen. Denselben Blick haben ausgesetzte Hunde, die wie unter Zwang auf ihr fernes Ziel zurennen. Ich legte meine Hand auf eine der Auslagen. Dank der Innenbeleuchtung fühlte sie sich warm und tröstlich an.

»Kann ich Ihnen helfen?« Die junge Verkäuferin trug einen rosafarbenen Kittel und sah aus, als könnte sie ihr perfektes Make-up schon im Schlaf auflegen.

»In welchem Stockwerk ist die Designermode?« fragte ich.

Ihr Blick glitt über mein rosa-schwarzes Tweedjacket. Sie wirkte nicht beeindruckt.

»Im zweiten Stock.«

»Danke.«

»Vielleicht ein bißchen Lippenstift?« bot sie an und holte unter dem Ladentisch eine silberfarbene Dose hervor. »Wet Red?«

»Nein, danke. Wo finde ich die Rolltreppen?«

»Rechts und dann immer geradeaus.«

Ich fand die Rolltreppe und schwebte in die unnahbare und abgehobene Welt der Mode hinauf. Jeder Designer hatte seinen eigenen Bezirk. Klamotten mit so klingenden

Namen ließen sich nicht vermischen. Die Art ihrer Präsentation hatte nichts Großzügiges oder Üppiges. Die wenigen, winzig wirkenden Outfits, die wie farbenprächtige tote Vögel von den Kleiderbügeln hingen, vermittelten lediglich ein Gefühl analer Selbstgefälligkeit. Es gab auch kein Anzeichen für menschliches Leben.

Die Puppen, deren kahle Köpfe durch ihre Kunsthaarperücken nicht ganz verborgen wurden, beobachteten mich mit toten, geschlechtslosen Augen, während ich an Chanel, Valentino und Ungaro vorbeimarschierte. Ich warf einen Blick auf das Preisschild an einem pinkfarbenen Wollfummel. Ich blinzelte. Tatsächlich, das war kein Witz, es kostete allen Ernstes dreitausend Dollar und ein paar Zerquetschte. Solche Klamotten machten mich nervös. Wer um alles in der Welt trug diese Sachen? Es mußte sich um Frauen handeln, die nie etwas ausschütteten, nie kleckerten und nie sabberten. Frauen, die nie aßen! Das war's. Jetzt wußte ich endlich, warum manche Frauen magersüchtig wurden. Aber was war mit den Freßsüchtigen? Vielleicht kauften die auf einem anderen Stockwerk ein.

Als ich eine weibliche Stimme hörte, steuerte ich auf eine Abteilung zu, wo eine dünne blonde Frau an einem Schreibtisch saß und telefonierte. Eine Kundin, deren gefärbtes Haar an das Fell eines Panthers erinnerte, wedelte mit einem Packen Zettel – allem Anschein nach Kassenzettel – vor der Nase einer Verkäuferin herum, die mehr Perlen um ihren Hals drapiert hatte, als Marleys Geist Ketten trug. Zwei Männer waren damit beschäftigt, eine Schaufensterpuppe auseinanderzunehmen.

»Erst wurde mir gesagt, ich solle in die Buchhaltung gehen. Dann hat man mich wieder hier herunter geschickt.«

Die Panther-Frau war ganz außer Atem.

»Entschuldigen Sie«, sagte ich zu der schwer beschäftigten Verkäuferin.

»Wenn Sie bitte warten, bis Miss Platt ihr Telefonat beendet hat«, gab die Verkäuferin der Panther-Frau zur Antwort.

Ohne mich eines Blickes zu würdigen, drehten sich beide zu der blonden Miss Platt um.

»Ich bin sicher, daß Sie den schwarzen Valentino-Rock haben, Mrs. Rosenthal. Sehen Sie einfach noch einmal in Ihrem Schrank nach«, säuselte Miss Platt dienstbeflissen ins Telefon.

»Entschuldigen Sie«, versuchte ich es noch einmal, diesmal etwas nachdrücklicher.

»Warum können Sie mir nicht helfen?« Schon wieder die Panther-Frau. »Um Himmels willen, ich habe schließlich Tausende von Dollar ausgegeben. Und mein Mann. Mein Mann...« Ihre Stimme zitterte vor Wut. Oder war es Angst?

»Sie müssen mit Miss Platt oder Mr. Golden sprechen«, antwortete die Verkäuferin schnippisch.

»Sie haben den Valentino-Rock gekauft, als Sie bei Ihrer letzten Anprobe hier waren, erinnern Sie sich, Mrs. Rosenthal? Er paßt zu der weißen Gabardine-Jacke mit dem schwarzen Spitzenkragen.«

»Ich möchte den Abteilungsleiter sprechen«, verlangte die Panther-Frau.

»Ich habe Ihnen doch gesagt, daß Mr. Golden zu Tisch ist.«

»Entschuldigen Sie.« Maggie die Unerschrockene. »Ich frage mich...«

»Ich habe Besseres zu tun, als hier herumzustehen und

zu warten, bis sie mit dem Telefonieren fertig ist«, verkündete die Panther-Frau. »Oder er mit dem Mittagessen. Ich lasse mich von Ihnen doch nicht wie Scheiße behandeln!«

»Scheiße?!« Die Verkäuferin wurde weiß. Ihre Hände griffen nach ihren Perlen. »Auf diese Weise können Sie mit mir nicht reden!«

»Auf welche Weise denn?«

»Sehen Sie in Ihrem Schrank nach, Mrs. Rosenthal.«

Die Verkäuferin wandte sich mir zu. »Sie haben doch auch gehört, daß sie mich als Scheiße bezeichnet hat.«

»Als Scheiße *bezeichnet* hat sie Sie eigentlich nicht.«

»Ich würde solche Worte nie gebrauchen.« Die Panther-Frau wandte sich an mich. »Habe ich sie als Scheiße bezeichnet?«

»Nicht direkt.«

»Der Rock ist aus schwarzer Seide, Mrs. Rosenthal. Für schwarzen Samt ist es zu spät.«

»Das ist kafkaesk«, sagte ich und schob die Ärmel meines Jacketts hoch.

»Glauben Sie wirklich, es interessiert mich, wer Ihre Klamotten designed hat?« knurrte die Panther-Frau.

Es sah nicht so aus, als würde ich hier irgendwelche Informationen bekommen. Ich ging zu den beiden Männern in der Ecke hinüber, die die Schaufensterpuppe inzwischen in mehr Teile zerlegt hatten als einen Thanksgiving-Truthahn.

»Entschuldigen Sie«, sagte ich und zeigte ihnen meinen Briefumschlag. »Mr. Golden wollte das hier sofort sehen. Wissen Sie, wo er zu Mittag ißt?«

»In dem Café im fünften Stock.«

»Danke.«

Ich fuhr mit dem Aufzug in den fünften Stock und fand

das Café, nachdem ich erst durch eine Schuh- und eine Sportswear-Abteilung geirrt war.

Das kleine Restaurant war in die hinterste Ecke des Stockwerks gequetscht. Die Tische standen nahe beieinander. Ich glaube ernsthaft, daß die New Yorker ihr Essen nur dann richtig verdauen können, wenn sie keine fünfzig Zentimeter voneinander entfernt sitzen.

Aufgeregte weibliche Stimmen wetteiferten mit dem Geklapper von Geschirr und Besteck. Ich bat die Kassiererin, mir Golden zu zeigen. Mit einer Kopfbewegung, die ihre silbernen Kreolen schwingen und ihr langes schwarzes Haar fliegen ließ, deutete sie auf einen Mann, der allein an einem Tisch saß. Ich steuerte auf ihn zu.

Golden war schätzungsweise Ende Dreißig. Er lehnte sich vor, um seine Suppe zu schlürfen; seine Krawatte hatte er über die linke Schulter geworfen, um sie nicht vollzukleckern. Ich glaube nicht, daß ich mit einem Mann essen könnte, der jedesmal seine Krawatte über die Schulter werfen muß, bevor er in einen Cracker beißt.

»Entschuldigen Sie, Mr. Golden. Ich bin Maggie Hill, die Assistentin von Claire Conrad.«

Er hielt mitten in der Bewegung inne und blickte zu mir auf.

»Claire Conrad, die Privatdetektivin«, erklärte ich.

Damit hatte ich ihn. Er ließ den Suppenlöffel sinken. »Sie arbeiten für eine Detektivin?«

»Meine Chefin läßt anfragen, ob Sie eventuell ein Kleid für sie identifizieren könnten.«

»Identifizieren?«

»Miss Conrad meinte, Sie könnten uns vielleicht sagen, von welchem Designer ein bestimmtes Kleid stammt. Darf ich mich setzen?«

»Woher haben Sie meinen Namen?«

»Claire Conrad hat für einige Ihrer Kundinnen gewisse Dinge herausgefunden. Höchst diskret natürlich. Ich glaube aber, daß ich nicht zuviel ausplaudere, wenn ich Ihnen sage, daß es Mrs. Rosenthal war, die uns empfohlen hat, uns an Sie zu wenden.«

»Sie ist eine unserer besten Kundinnen.«

»Sie hat eine sehr hohe Meinung von Ihnen.«

Ich setzte mich und zog das Photo von Jackie aus dem Umschlag. Er studierte es mit der Konzentration eines Mathematikers, der eine Gleichung betrachtet.

»Phillip St. Rome. Aus der letzten Herbstkollektion. Wer ist denn dieses arme Ding? Sie wird dem Kleid nicht ganz gerecht, was?«

»Ist St. Rome ein europäischer Designer?«

»Wenn ein Brooklyner Schwuler europäisch ist, Darling, dann ist St. Rome Europäer.«

»Wie komme ich an ihn heran?«

Er griff in seine Tasche und zog ein kleines, dünnes, in schwarzes Leder gebundenes Büchlein heraus. Seine langen, manikürten Finger blätterten durch blaue, mit Goldrand versehene Seiten.

»St. Romes Vertreter heißt Blanchard Smith. Seine Telefonnummer lautet 555-5670.«

Ich notierte die Nummer in meinem verkleckstens und ausgebeulten Terminplaner.

»Danke. Ach, übrigens, Mrs. Rosenthal kann ihren schwarzen Valentino-Rock nicht finden.«

»Welchen?«

»Den, der zu der weißen Jacke mit der schwarzen Spitze paßt.«

»Den haben wir ihr doch gerade erst verkauft. Sie sollte

sich wirklich mal tiefer in ihren Kleiderschrank hineinwagen«, sagte er, während er sich ein Stück Brot abbrach. »So ein Schrank ist schließlich nicht Afrika, oder was meinen Sie?«

Ich hatte es fast durch die Kosmetikabteilung geschafft, als ich mich zufällig in einem Spiegel sah. Ich blieb stehen. Mit diesem verbissenen, wütenden Gesichtsausdruck sah ich plötzlich aus wie eine der Frauen, die ich nie hatte werden wollen. Jedenfalls hatte ich mir mit Achtzehn geschworen, nie so zu werden wie sie. Meine Mutter. Plötzlich tauchte wie durch ein Wunder die Verkäuferin mit dem perfekt geschminkten Gesicht vor mir auf. Sie nahm meine Hand und drehte sie um, so daß die weiße Unterseite meines Handgelenks nach oben zeigte. Ihre Hand war ungewöhnlich weich, als wäre sie filetiert worden.

»Wet Red«, sagte sie sanft und malte genau dort eine rote Lippenstift-Linie über mein Handgelenk, wo sich eine traurige, einsame Frau wahrscheinlich die Pulsadern aufschneiden würde.

Der Farbton war nicht übel. Ach verdammt, Lippenstift war gut für die Seele.

5

Gegen drei Uhr war ich wieder im Hotel. Claire trank gerade Tee und war umgeben von Modezeitschriften. Ich schenkte mir auch eine Tasse ein, nahm mir ein paar von den krustenlosen Sandwiches und setzte mich damit an meinen Schreibtisch. Ich erzählte ihr, was ich bei Bergdorfs erfahren hatte.

Sie stellte ihre Tasse ab. »St. Rome? Schlagen Sie Seite zweiundvierzig der März-Ausgabe von *Bonton* auf.«

Ich tat wie befohlen. Die genannte Seite zeigte Sarah Grange in einem weißen Hemd und weißer Reithose. Sie saß auf dem weißesten Pferd, das Gott je geschaffen hatte. Hinter ihr saß der bestaussehende Typ, den Gott je geschaffen hatte. Er trug weiße Jeans und war oben ohne. Sarah und das barbrüstige Wunder sahen aus, als hätten sie gerade einen synchronen Orgasmus erlebt, oder zumindest eine Erleuchtung. Bei genauerem Hinsehen galt dasselbe auch für das Pferd. Unter dem Bild standen die Worte: THE ST. ROME WOMAN.

»Da haben wir die Verbindung«, sagte ich. »Ein St.-Rome-Kleid. Die St.-Rome-Frau.«

»Ja, aber was bedeutet diese Verbindung?« fragte Claire gereizt.

»Erinnern Sie sich an die Zeit, als die Mädchen noch behaupteten, ihre Jungfräulichkeit beim Reiten verloren zu haben?« Ich biß in ein Gurkensandwich.

»Miss Hill, ich bin eine vollendete Reiterin. Ich bin schon mit fünf Jahren geritten. Das einzige, was ich dabei je verloren habe, war meine Reitkappe.«

»Sie sind auch nicht in Versailles, Ohio, aufgewachsen. Wo sind Sie eigentlich aufgewachsen?« fragte ich.

»Ich wurde in der Stadt geboren, in der wir uns kennengelernt haben. Pasadena. Ich bin in London, Paris, Rom und Berlin aufgewachsen. Ich bin auf der ganzen Welt zu Hause. Seite zweiundzwanzig der April-Ausgabe der *Vogue*, Miss Hill.« Sie schob sich ein Stück Schwarzbrot in den Mund, das mit einer hauchdünnen Scheibe Lachs belegt war.

Diesmal trug Sarah Grange ein Abendkleid aus weißem Chiffon und hatte die Arme über dem Kopf ausgestreckt, in der Hand eine Flasche St.-Rome-Parfum. Zu ihren Füßen kniete der Typ in der engen weißen Jeans. Sein Hemd hatte er immer noch nicht gefunden. Seine breiten Hände umklammerten ihre schmalen Hüften. Er hatte das Gesicht in die Chiffonlagen ihres Kleides vergraben. Die Muskeln an seinem Rücken traten vor Anspannung hervor. Oder war es Leidenschaft? Die Bildunterschrift identifizierte sie erneut als St.-Rome-Frau.

»Und ich habe bloß einen Lippenstift gekauft.«

»Wie bitte?«

»Nichts.«

»Seite achtzig der Februar-Ausgabe von *Bonton.*«

Diese Seite zeigte Cybella und Sarah: ZWEI GENERATIONEN SCHÖNHEIT. Cybella war immer noch schön. Aber die Zeit hatte ihre markanten Knochen abgerundet und ihre früher so üppigen Lippen schmal gemacht. Ihr Hals wirkte nach wie vor lang und elegant, aber ihre großen, dunklen Augen waren inzwischen von Fältchen umgeben; auch an ihnen war die Zeit nicht spurlos vorübergegangen.

»Dem geistlosen Artikel zufolge«, sagte Claire, »hatten sich Mutter und Tochter eine Weile nicht gesehen. Nach Meinung der Autorin, wenn man sie überhaupt als solche bezeichnen kann, hatte die Trennung der beiden damit zu tun, daß jede für sich entdeckte, daß Schönheit von innen kommt, nicht von außen. Anschließend läßt sie sich aufgeregt darüber aus, wie wichtig es doch sei, viel Mineralwasser zu trinken. Wieder vereint, habe die Mutter ihre Tochter in ein Supermodel verwandelt, damit sie die junge Familientradition weiterführen könne.«

»Eine schöne Idee. Aber dann macht die Tochter bei einem Pornovideo mit.«

»Daraufhin begeht die Mutter angeblich Selbstmord, und das andere Mädchen, das in dem Video mitmacht, wird ermordet.« Sie griff nach dem Avocadocreme-Sandwich, das ich ihr immer überlasse. »Rufen Sie St. Romes Vertreter an. Sagen Sie ihm, daß ich unverzüglich mit dem Designer sprechen will.«

Ich wählte die Nummer und bekam Blanchard Smiths Sekretärin an die Strippe. »Hier spricht Maggie Hill. Ich rufe im Auftrag von Claire Conrad an. Sie würde gerne mit Mr. St. Rome sprechen.«

»Ich werde Mr. Smith bitten, es ihm mitzuteilen«, sagte sie mit dünner, gelangweilter Stimme.

Als Ex-Sekretärin wußte ich, daß ich es nicht geschafft hatte, auf die Liste mit den wichtigen Anrufen zu kommen.

»Hören Sie«, sagte ich. »Und hören Sie mir genau zu. Wir haben ein Pornovideo mit dem St.-Rome-Model, Sarah Grange. Sagen Sie ihm, daß ich vorhabe, es an die Regenbogenpresse weiterzugeben. Sagen Sie ihm, daß ein paar neugierige Geister in einer Stunde seinen Anruf erwarten. Parkfaire Hotel, Conrad Suite.«

»Machen Sie Witze?«

»Claire Conrad hat keinen Sinn für Humor, und ich habe meinen heute morgen verloren.« Ich legte auf.

Claires harte, intelligente Augen musterten mich.

»Ist Ihnen etwas eingefallen?« fragte ich. »Etwas, das uns helfen könnte, das Rätsel zu lösen?«

»Wie haben Sie Ihre Jungfräulichkeit verloren, Miss Hill?«

»Bobby Polinsky. Ich war sechzehn.«

»Warum?«

»Ich wollte es einfach hinter mich bringen. Ich habe meine Jungfräulichkeit immer als Last empfunden.«

»Sie meinen, wie eine Art Buckel?«

»So ähnlich. Jedenfalls hatte ich immer das Gefühl, daß ich ohne freier sein würde. Gleichberechtigter und unabhängiger.«

»Gleichberechtigt mit wem, und unabhängig wovon?«

»Gleichberechtigt mit Polinsky, und zugleich unabhängig von ihm.«

»Und waren Sie es?«

»Nein. Polinskys Denkweise war so platt wie eine Wiese in Ohio. Ich war viel intelligenter als er, aber alle vergötterten ihn. Ich wurde nie vergöttert. Er stolzierte in der Schule herum, und die Mädchen flüsterten auf den Gängen meinen Namen.«

»Arme Frauen.« Sie schüttelte den Kopf und nippte an ihrem Tee.

Ich hätte sie gerne gefragt, wie sie ihre Jungfräulichkeit verloren hatte, aber ich konnte es nicht. Genausogut hätte ich Queen Elizabeth fragen können, ob sie die ihre auf dem Rücksitz ihres Rolls verloren habe. Vielleicht hatte ein junger Stallknecht Claires hinuntergefallene Reitkappe aufgehoben. Und die beiden hatten sich tief in die Augen gesehen.

»Ist Ihnen etwas eingefallen, Miss Hill?« fragte sie und sah mich über den Rand ihrer Teetasse hinweg an.

»Nein.«

Boulton kam ins Zimmer. »Soll ich Ihnen mehr heißes Wasser bringen, Madam?« Er warf einen Blick in die Teekanne.

»Nein, danke, Boulton. Werfen Sie lieber mal einen Blick auf diese Zeitschriften.«

Er kam ihrer Aufforderung nach. »Demnach ist Sarah Grange also das St.-Rome-Model.«

»Miss Hill hat herausgefunden, daß Jackies rotes Kleid ein St.-Rome-Design ist. Und ich habe herausgefunden, daß Miss Hill ihre Jungfräulichkeit im Alter von sechzehn Jahren mit einem Jungen namens Bobby Polinsky verloren hat.«

Er lächelte mich an. »Was Mr. Polinsky betrifft, sollte ich da eher meine Glückwünsche oder mein Beileid aussprechen?«

Ich zog ein Gesicht. Das Telefon klingelte.

»Conrad Suite, Maggie Hill am Apparat.«

Eine weibliche Stimme, die sehr von sich überzeugt klang, verkündete: »Hier spricht Nora Brown, die Herausgeberin der Zeitschrift *Bonton.* Ich möchte Claire Conrad so schnell wie möglich sehen, und zwar hier, in der Redaktion. Wir sind an der Kreuzung Fünfundvierzigste/Madison.

»Aus irgendeinem besonderen Grund?«

»Sie hat St. Rome bedroht, oder etwa nicht? In der Modewelt bedeutet das so viel, als würde man den Präsidenten der Vereinigten Staaten bedrohen. Und ich schlage vor, daß Miss Conrad Beweise für ihre unerhörten Anschuldigungen mitbringt.«

»Haben Sie einen Videorecorder?«

»Natürlich.«

»Augenblick bitte.« Ich sah zu Claire hinüber. »Anscheinend haben meine Drohungen St. Rome und eine Top-Frau bei *Bonton* in helle Aufregung versetzt. Sie will Sie sehen.«

»Sagen Sie ihr, ich werde kommen.«

»Sie wird kommen«, sagte ich zu Nora Brown.

Sie grunzte und knallte den Hörer auf die Gabel.

Claire lehnte sich in ihrem Sessel zurück, streckte die

langen Beine aus und lächelte. »Sieht so aus, als hätten wir den Stein ins Rollen gebracht. Holen Sie den Wagen, Boulton.«

Ich zog mein Jackett aus und untersuchte die riesigen Schulterpolster. Nachdem ich meine Schreibtischschublade vergeblich nach einer Schere durchwühlt hatte, begann ich an den Fäden zu nagen.

»Müssen Sie unbedingt an Ihrer Kleidung herumknabbern, Miss Hill?«

»Ich habe einen Mode-Anfall. Große Schulterpolster sind out. Und wir fahren in die *Bonton*-Redaktion. Die wissen, daß Schulterpolster out sind, weil sie selbst das verkündet haben.« Ich spuckte ein Stück Faden in den Papierkorb.

»Als wir uns zum erstenmal begegnet sind, haben Sie mir erzählt, mit Schulterpolstern würden Sie sich weniger melancholisch fühlen.«

»Stimmt. Hören Sie, ich weiß, daß das für Sie keinen Sinn ergeben wird, weil Sie jeden Morgen aufstehen und entweder Ihren schwarzen oder Ihren weißen Hosenanzug anziehen. Gott weiß, warum, jedenfalls haben Sie Hunderte von schwarzen und weißen Anzügen. Aber der Rest von uns armen Sterblichen muß sich über Farben, Muster, Stil und Rocklänge Gedanken machen.«

»Aber warum die eigenen Kleider verschlingen? Das ist ja fast, als würde man seinen Nachwuchs verspeisen.« Sie stand auf, verließ den Raum und kam mit einem Schweizer Taschenmesser zurück, das so ziemlich alles konnte, außer um ein Rendezvous zu bitten. »Ich hätte gedacht«, sagte sie, »daß Ihr Wunsch, sich weniger traurig zu fühlen, über Ihr Bedürfnis nach Mode triumphieren würde.«

Fachmännisch ließ sie das Messer aufschnappen. Seine

silbrige Klinge schimmerte in ihrer Hand. Ich starrte sie an und fragte mich, ob Jackie wohl die schimmernde Schärfe der Klinge gesehen hatte, bevor sie ihr in den Bauch schnitt. Ich nahm das Taschenmesser und kappte die verbleibenden Fäden; die Schulterpolster fielen zu Boden. Sie sahen seltsam obszön aus, wie verstreute Körperteile.

6

In dem Bentley zu sitzen war, als würde man in der Handfläche eines riesigen grauen Ziegenlederhandschuhs gehalten. Claire und ich saßen auf dem Rücksitz. Die kleinen Kristallvasen in den silbernen Haltern waren mit blühenden Feldblumen gefüllt. Es war Boultons Aufgabe, die Blumen jeden Morgen durch frische zu ersetzen. Die Sträußchen sollten an den mysteriösen Tod von Claires Eltern erinnern. Das war alles, was man mir verraten hatte. Ich fragte mich, ob Johnson seinem Boswell auch irgendwelche Informationen vorenthalten hatte. Ich griff in meine Tasche, holte meinen Spiegel heraus und schritt zur Tat. Wet Red. Boultons Augen beobachteten mich im Rückspiegel. Der Lippenstift fühlte sich so weich und feucht an wie die Zunge eines Liebhabers. Ich bemerkte, daß sein Haar fast auf seinem gestärkten weißen Kragen aufstand. Ich fragte mich, wie viele ungeliebte Frauen ihre nackten Arme um seinen Nacken geschlungen hatten. Ich steckte Lippenstift und Spiegel wieder ein.

»Gott hat Ihnen ein Gesicht gegeben, und Sie malen sich ein anderes«, verkündete Claire. »Und trotzdem entfernen Sie Ihre Schulterpolster.«

»Verwirrend, nicht wahr?« seufzte ich.

Gegen fünf Uhr brachte Boulton den Wagen im Halteverbot vor dem *Bonton*-Gebäude zu stehen. Claire bat ihn zu warten.

Wir fuhren in den einundzwanzigsten Stock hinauf. Jackies Video lag schwer in meiner Tasche. Meine Jacke hing schlaff von meinen Schultern. Ich sah darin aus, als befände ich mich in einer schweren Krise, aber meine Lippen glänzten.

Wir traten auf ein enges, spartanisch eingerichtetes Foyer hinaus. Eine erschöpfte Empfangsdame, die ihren Lippenstift längst weggeredet hatte, saß hinter einem klinisch weißen Tisch. Eine schwarze Lederbank zog sich an einer Wand entlang. Darauf saßen zwei dünne Männer, die die Beine übereinandergeschlagen und die Hände auf den Knien gefaltet hatten und betont in entgegengesetzte Richtungen blickten. Hinter der Empfangsdame schimmerte in großen silbernen Lettern das Wort *Bonton.* Unter dem Logo stand ein metallener, mit Klamotten beladener Kleiderständer. Ein grünes Kostüm, das zusammengelegt die Größe einer kleinen Schachtel hatte, lag neben einem Hosenanzug aus violettem Knittersamt. Der violette Fummel sah aus, als sei er speziell für eine wahnsinnige Dichterin entworfen worden. Ein Mantel aus gelbem Kunstfell, weich und niedlich wie ein Teddybär, kuschelte sich gegen ein schlaffes, mit Blumenmuster bedrucktes Kleid. Das Kleid wirkte müde – als hätte es Jahrzehnte gebraucht, um sich von Woodstock hierher zu schleppen. Die Klamotten machten durchweg einen albernen, kindlichen Eindruck, als wären sie für all die erwachsenen Kinder geschmackloser Eltern designed worden. Ich wünschte, ich hätte die Schulterpolster in meiner Jacke gelassen. Zu dem an sich schon unangenehmen Gefühl, extrem schmale Schultern zu haben, kam jetzt auch noch das Gefühl, kein Rückgrat zu besitzen.

»Claire Conrad für Nora Brown«, verkündete Claire.

»Augenblick bitte.« Die Empfangsdame drückte mit ihrem Stift auf einen Knopf, sagte jemandem, daß wir warteten, und nahm dann einen weiteren Anruf an.

Eine schlanke Frau mit strengen, fest aufeinandergepreßten Lippen, deren Haar und Haut die Farbe von billigem Chablis hatten, kam aus der Tür gleich neben dem Kleiderständer.

»Claire Conrad?« fragte sie.

»Ja?«

»Ich bin Mrs. Browns Sekretärin. Wenn Sie mir bitte folgen würden.« Sie sagte das mit der Herzlichkeit einer Krankenschwester, die sich gerade zur Blutabnahme vorbereitet; gleichzeitig machte sie auf ihren flachen Absätzen eine scharfe Kehrtwendung.

Wir folgten ihr einen langen Gang hinunter, auf dem sich weitere Kleiderständer und mehrere Glaskabinen aneinanderreihten. Jede der Kabinen enthielt eine Frau und einen Computer. Mit konzentrierter Miene und gerunzelter Stirn starrten die Frauen auf ihren Monitor, oder über den Rand einer Tasse Kaffee, oder durch die Rauchkringel einer Zigarette. Sie wirkten genauso grau wie der graue Büroteppich, und so trocken wie Staub. Eigentlich sahen sie genauso aus, wie man sich früher die Klischee-Hausfrau vorstellte: isoliert und unglücklich.

»Wir bereiten gerade ein Layout vor«, erklärte die Sekretärin mit knapper Stimme, während sie auf die Kleiderständer deutete. »Wir kombinieren die Sachen immer wieder neu, um herauszufinden, was wir verwenden wollen, und was nicht. Das ist ein wichtiger Schritt im Redaktionsprozeß.«

Claire blieb stehen und zog ein gelbes Lederbustier aus einem der Ständer. Die leeren Schalen des BHs standen steif nach vorne, wie die Karikatur einer weiblichen Brust. »Zerbrechen sich die Frauen in diesen Büros den Kopf darüber, wie sie *das hier* an andere Frauen verkaufen sollen?« fragte sie.

»Natürlich.«

»Kein Wunder, daß sie müde aussehen«, bemerkte Claire trocken. Die Sekretärin marschierte mit uns durch einen großen, quadratischen Raum.

In zwei langen Regalen reihten sich Damenhüte aneinander. Federn, Netze und Seidenblumen schmückten Krempen und Bänder. Auf einem großen Tisch stapelten sich Schachteln, die überquollen mit goldenen Ohrringen, Perlenketten, Broschen, Straßklunkern und Armreifen. Auf einem anderen Tisch standen Reihen von riesigen, hochhackigen Schuhen. Chiffonschals, Seidenschals und Kaschmirschals waren auf einen Haufen zusammengeworfen.

»Hier sammeln wir unsere Accessoires«, verkündete die Sekretärin.

Von so einem Raum hatte ich geträumt, als ich ein kleines Mädchen war und für mein Leben gerne Verkleiden spielte. Aber jedesmal, wenn ich den Schrank meiner Mutter öffnete, fand ich darin nur schlappe Rayon-Kleider, Plastikgürtel und flache, unsexy Schuhe mit klobigen Keilsohlen. Ich hob einen hochhackigen Schuh aus rosafarbenem Wildleder hoch. Er hatte schätzungsweise Größe dreiundvierzig. »Haben Sie je mit den Sachen Ihrer Mutter Verkleiden gespielt?« fragte ich Claire.

»Ich bevorzugte die Kostüme von Königen. Einmal verkleidete ich mich als Richard III. und erschreckte so die Dienstboten. Warum fragen Sie?«

»Ach, nicht so wichtig.«

»Models haben große Füße«, informierte mich die Sekretärin, nahm mir den Schuh aus der Hand und stellte ihn an seinen Platz zurück. »Nora Brown wartet.«

Wir traten auf einen weiteren Gang, wo wir schließlich vor einer geschlossenen Tür ankamen, die von zwei Schreibtischen flankiert wurde. An dem einen Tisch saß eine rothaarige Frau, an dem anderen ließ sich unsere Führerin nieder. Beide nickten und sagten im Chor: »Sie dürfen hineingehen.«

Nora Brown stand hinter einem massiven Holzschreibtisch, der die Farbe von weizenblondem Haar hatte. Sie war Anfang Fünfzig, klein und schlank. Ihr schwarzes, extrem kurzgeschnittenes Haar betonte ein breites, kantiges Kinn, bleiche Haut und rubinrote Lippen. Ihre weiße Seidenbluse steckte straff in einem marineblauen Rock. Sie studierte gerade irgendein Layout, wie ein Admiral seine Invasionskarte studieren würde. Ich stellte mir vor, wie sie anstelle von Schiffen große, dünne Models mit riesigen Füßen an strategisch günstigen Punkten auf der ganzen Welt positionierte. Mit einem schnellen, flüchtigen Blick aus schwarzen Augen sah sie zu uns auf.

»Setzen Sie sich.« Nora deutete auf zwei kleine, unbequeme Stahlrohrstühle. Meine Mutter hätte sie als Rausschmeißer-Stühle bezeichnet: die Art Sitzgelegenheit, die man seinen Gästen anbot, wenn man nicht wollte, daß sie lange blieben.

Nora wandte sich an Claire. »Ich hatte noch nie mit einer privaten Ermittlerin zu tun.«

»Jeder kleine Cop kann sich heutzutage Ermittler nennen. Ich ziehe es vor, als Privatdetektivin bezeichnet zu werden«, antwortete Claire, während sie ihren Blick durch den Raum schweifen ließ.

»Ich bekam heute einen Anruf von Blanchard Smith. Er war wegen Ihrer Drohungen sehr aufgebracht.«

»Miss Hills Drohungen, um genau zu sein. Man kann ihr eine gewisse Eignung für den Beruf nicht absprechen.«

Nora bedachte mich mit einem schnellen Blick – zu schnell, um den Charme meines Lächelns zu bemerken.

»Wo ist Mr. St. Rome?« fragte Claire.

»Ich hielt es für das beste, erst einmal herauszufinden, ob Ihre Anschuldigungen überhaupt zutreffen, ehe ich ihn damit belästige.«

»Ich wußte gar nicht, daß die Herausgeberin einer Modezeitschrift auch als Frontfrau für die Designer fungiert.«

»Ich spiele für niemanden die Frontfrau.« Nora hob ein Exemplar ihrer Zeitschrift hoch. »Viele Männer haben mir gesagt, daß sie die Frauen in *Bonton* erotischer fänden als die Frauen im *Playboy*. Die Sinnlichkeit der amerikanischen Frau liegt uns ebenso am Herzen, wie das, was sie trägt. Beides geht Hand in Hand. Aber es besteht ein Unterschied zwischen Erotik und Pornographie«, erklärte sie streng. »*Bonton* hat in diesem Punkt klar Stellung bezogen. Ich habe sogar einen Artikel über Pornographie geschrieben.«

»Für oder gegen?« fragte ich mit meiner unschuldigsten Stimme.

»Gegen, natürlich.« Ihre rubinroten Lippen verzogen sich verächtlich. Sie strich ärgerlich über ihren Rock, als wäre ein Bröselchen Pornographie darauf geraten. »Zeigen Sie mir, was für Beweise Sie haben.«

»Miss Hill, der Videorecorder ist dort drüben.« Claire deutete mit ihrem Gehstock auf ein Holzregal, das genauso weizenblond war wie der Schreibtisch.

Ich legte die Kassette ein, griff mir die Fernbedienung und drückte auf ON. Wieder starrte ich auf nackte, weibliche Haut.

Nora saß mit hochgezogenen Schultern in ihrem Sessel, die Lippen zu einem Schmollmund verzogen. Nach ein paar Minuten preßte sie ihre Finger auf ihren Nasenrücken, als versuchte sie, ihre Kopfschmerzen oder die Szenen auf dem Bildschirm wegzuschieben. »Schalten Sie ab.«

Claire nickte, und ich drückte auf den Knopf.

»Ein mieser kleiner Job, den Sie da machen, was?« Ihre schwarzen Augen blickten Claire herausfordernd an.

»Ich würde eher sagen, daß ich einem recht trostlosen Beruf nachgehe. Die Wahrheit – und ich finde immer die Wahrheit heraus – ist normalerweise sehr traurig.«

»Oh, bitte, ersparen Sie mir solche Platitüden. Was haben Sie mit dem Video vor?«

»Wie Miss Hill schon angedeutet hat, besteht natürlich jederzeit die Möglichkeit, es der Regenbogenpresse zuzuspielen, aber vorerst möchte ich bloß ein paar Antworten.«

»Hören Sie, ich habe eine Zeitschrift zu leiten und würde gern so schnell wie möglich damit fortfahren. Also lassen Sie bitte das Gelabere und sagen Sie mir einfach, wieviel Geld Sie wollen.« Sie klang, als bestelle sie gerade eine neue Schiffsladung voll Models.

»Ich spreche nie über Geld. Für meine Finanzen ist Miss Hill zuständig.« Nora musterte mich. Ich versuchte, meine Miene der einer Buchhalterin anzupassen, die gerade jemanden erpreßt.

»In Ihre Jacke gehören Schulterpolster«, fuhr sie mich an,

ehe sie ihr breites Kinn wieder in Claires Richtung reckte. »Ich weiß nicht das geringste über dieses Video. Ich habe keine Ahnung, warum oder wann Sarah es gemacht hat.«

»Das St.-Rome-Abendkleid datiert das Video«, sagte Claire. »Es stammt aus der letzten Herbstkollektion.«

»Der Fetzen, der an dieser Kreatur hängt, ist ein St.-Rome? Sie haben keine Möglichkeit, das zu beweisen.«

»Die Kreatur hat einen Namen. Sie heißt Jackie«, sagte ich.

Nora ignorierte mich. »Heutzutage sind Videos nicht mehr automatisch eine Quelle der Wahrheit.« Sie ließ ihre Hände auf das Photo einer schönen jungen Frau niedersausen, die lächelte, als wäre sie die einzige schöne junge Frau, die je auf Erden gelächelt hatte. »Dieses Kleid mag aussehen wie ein St.-Rome, aber das heißt noch lange nicht, daß es tatsächlich von ihm stammt. Sie haben offenbar keine Ahnung von der Modebranche. Wir leben von überflüssigen Details. Diese Art von Kleid wird, mit kleinen Abwandlungen, schon seit Jahren produziert.« Sie verstand es besser als jeder Politiker, eine Geschichte ins Schleudern zu bringen.

»Wie gut kannten Sie Cybella?« fragte Claire beiläufig.

Nora Brown riß überrascht den Kopf zurück und verstummte, die roten Lippen fest aufeinandergepreßt. Plötzlich wirkte sie fast menschlich. Sie schloß die Augen, um sie nach ein paar Sekunden langsam wieder zu öffnen. »Ich kannte sie sehr gut. Ich habe sie entdeckt. Ich machte sie zum Gesicht der Sechziger. Ich stellte sie einem jungen, unbekannten Designer namens St. Rome vor, und wir schufen die St.-Rome-Frau. Der Rest, sagt man, ist Geschichte. Geschichte. Wenn ich daran denke, fühle ich mich alt. Und allein. Warum fragen Sie?«

»Warum hat sie Selbstmord begangen?«

»Ich weiß nicht, was das mit Ihrem Versuch zu tun hat, Geld aus mir herauszuholen.«

»Bitte, beantworten Sie meine Frage«, sagte Claire geduldig.

»Wie wir alle hat auch Cybella in ihrer Jugend ein paar falsche Entscheidungen getroffen. Mit zunehmendem Alter fand sie es immer schwieriger, mit den Konsequenzen dieser Entscheidungen zu leben. Man nennt das Depression.«

»Was waren das für Entscheidungen?«

»Daß sie ihre Tochter aufgegeben hat, zum Beispiel. Daß sie es ihren Eltern überlassen hat, Sarah aufzuziehen. Abgesehen davon glaube ich nicht, daß Cybellas Leben Sie etwas angeht.«

»Den Artikeln in Ihrer Zeitschrift zufolge war sie sehr glücklich, wieder mit ihrer Tochter vereint zu sein. Und sie startete sogar ein Comeback.«

»Nur wegen Sarah. Weil sie ihre Mutter war. In Wirklichkeit schien sich Cybella immer mehr zurückzuziehen, je erfolgreicher Sarah wurde.«

»Haben Sie Sarah entdeckt?«

»Ich wußte schon in dem Augenblick, als sie mein Büro betrat, daß sie das richtige Aussehen und den nötigen Hunger besaß.«

»Hunger?«

»Den Wunsch, als Model längerfristig Erfolg zu haben.«

»Hat Cybella sie hergebracht, um sie Ihnen vorzustellen?«

»Nein. Sie kam her, weil sie auf der Suche nach Cybella war. Das war vor etwa acht Monaten. Sie lebte damals schon über ein Jahr in der Stadt und arbeitete in einem kleinen Wäschegeschäft in der Nähe des Rotlicht...« Sie hielt inne.

»Des Rotlichtviertels?« bot Claire an.

»Sie hatte erfolglos versucht, ihre Mutter zu finden. Sie besaß ein paar alte Briefe, die Cybella geschrieben hatte. Darin wurde ich erwähnt. Sarah sah meinen Namen im *Bonton*-Impressum und rief mich an.«

»Warum konnte sie ihre Mutter nicht finden?« fragte ich.

»Cybella war in einem Sanatorium, Shadow Hills, wo sie sich wegen ihrer Depressionen behandeln ließ. Sarah war verzweifelt. Sie hatte nicht viel Geld. Sie arbeitete und versuchte auf eigene Faust, Modeljobs zu finden. Die Agenten wiesen sie ab oder ignorierten ihre Anfragen. Ich bin sicher, daß das der Grund ist, warum sie das Video gemacht hat. Viele Frauen in ähnlicher Lage landen in der Pornobranche.«

»Viele Frauen?« wiederholte ich. »Wovon reden Sie überhaupt? Wieso sollte ein Top-Model, das Hunderttausende verdient, bei einem Pornovideo mitmachen?«

»Damals verdiente sie noch nicht soviel Geld.«

»Wie lange waren Mutter und Tochter voneinander getrennt gewesen?« fragte Claire.

»Seit Sarah ein Baby war. Sie ist in Buffalo aufgewachsen. Cybella war eine schöne Nomadin, die von Shooting zu Shooting flog, von Laufsteg zu Laufsteg. Sie gab alles für ihre Karriere. Als sie schwanger wurde, zeichnete sich das Ende ihrer Karriere bereits ab. Sie versuchte, als Schauspielerin Fuß zu fassen. Es war eine schwierige Zeit für sie. Da hielt sie es für das beste, ihre Eltern das Kind aufziehen zu lassen.«

»Wo war Sarahs Vater?«

»Ihr Vater war ein französischer Skifahrer. Er kam durch

eine Lawine ums Leben, bevor das Baby geboren wurde. Die beiden waren nie verheiratet.« Sie wischte sich über die Schulter, als wäre sie voll Schnee. »Ich war bei Cybella, als Sarah geboren wurde. Aber jetzt entschuldigen Sie mich bitte, ich muß arbeiten.«

»Die Kassette, Miss Hill«, erinnerte mich Claire.

Ich entriß sie dem Schlund des Videorecorders.

»Ach, übrigens, die junge Frau aus dem Video, Jackie, wurde heute morgen ermordet.« Claire spähte über ihre ineinander verschlungenen Hände zu Nora hinüber.

»Ermordet?« Die Haut um ihre Augen spannte sich.

»Vor meinem Hotel.«

»Weiß die Polizei von der Sache?« fragte sie schnell.

»Noch nicht. Die glauben, daß sie bei irgendeinem Straßenraub ums Leben gekommen ist.«

»Vielleicht war es ja so. Diese Art Mädchen fallen häufig solchen Dingen zum Opfer.« Hoffnung schimmerte in ihren schwarzen Augen.

»Sie hat mir erzählt, daß sie glaube, Cybella sei ermordet worden. Und jetzt ist sie tot. Ein seltsamer Zufall. Sie war außerdem der Meinung, Sarah Grange könnte etwas darüber wissen. Was glauben Sie?« Claire erhob sich.

Wütend stand Nora auf. »Ich habe Ihnen schon gesagt, was ich glaube. Daß Sie einen schmutzigen kleinen Job machen.« Sie wischte sich über den Ärmel, als wolle sie etwas von unserem Schmutz abstreifen.

»Ich erwarte, von Ihnen und Sarah Grange zu hören«, warnte Claire. »Kommen Sie, Miss Hill.«

Wieder im Bentley, sagte ich: »Nora Brown lügt.«

»Das muß nicht heißen, daß sie einen Mord begangen hat«, bemerkte Claire. »Zum Parkfaire, Boulton.«

»Eines haben wir immerhin geschafft. Sie hält uns für ein Erpresserpärchen. Sie wissen sicher, daß Erpresser in der Regel erschossen werden.«

»Boulton wird uns beschützen. Nicht wahr, Boulton?« Claire lächelte.

»Natürlich, Madam.« Seine braunen Augen tauchten im Rückspiegel auf. Die feinen Linien, die sie umspielten, sagten mir, daß er lächelte. Ich lächelte nicht.

Zu dieser Tageszeit war ich immer deprimiert. Die Dämmerung drängte mich in ein Niemandsland zwischen Licht und Dunkelheit, wo vertraute Dinge wie Gebäude und Bäume zu Schatten werden. Und die Lichter, die die Menschen in ihren Geschäften und Wohnungen anschalten, schaffen es nicht, die Nacht zurückzuhalten.

LUST. EXXXTASE. PORNO-PARADIES. SKLAVENHÖHLE. DIRTY DANCING.

Neonworte schimmerten und blitzten an jedem Gebäude entlang der Zweiundvierzigsten Straße zwischen Sechster und Achter Avenue. Es war elf Uhr abends. Beim Abendessen im Hotel hatte Claire Boulton darüber aufgeklärt, was wir bei *Bonton* in Erfahrung gebracht hatten. Jetzt saßen er und ich in einem Taxi. Wir waren unterwegs zum Peep Thrills. Ich hatte mich umgezogen und trug jetzt meine blau-braun karierte Jacke. Unter meinen Schulterpolstern fühlte ich mich relativ sicher, während ich aus dem Wagenfenster spähte.

KLAPSMÜHLE. MÄNNERTANZ - LIVE! SCHUHE FÜR VATER UND SOHN. LIVE GIRLS. FAMILIENKINO: BRINGEN SIE IHRE KINDER MIT. UNTER 21 KEIN ZUTRITT. FLASH AND STEAK RESTAURANT. WRESTLING. SICHER UND BEQUEM.

Man mußte ziemlich genau lesen, um nicht in die falsche Phantasie zu stolpern. Boulton nahm seine schwarze Krawatte ab, legte sie ordentlich zusammen und verstaute sie in seiner Jackentasche. Er knöpfte die obersten zwei Knöpfe seines Hemds auf. Der englische Butler löste sich langsam in Luft auf.

Das Taxi hielt vor einem schäbigen Gebäude. Ein blinkendes Schild stotterte: PEEP PEEP PEEP THRILLS. Ein anderes, weniger hektisches Schild verkündete: EINZELKABINEN FÜR JEDEN GESCHMACK. Eine große Leuchtreklame zeigte eine vollbusige Blondine mit gespreizten Beinen. Ihre Brustwarzen und ihr Schamhaar waren mit einem schwarzen Balken versehen, was ihr das Aussehen einer maskierten Banditin verlieh, die nicht genau wußte, wo sie ihre Maskierung tragen sollte.

Die Männer, die sich auf den Gehsteigen drängten, verströmten einen fast greifbaren Geruch von Zorn und Hunger. Ein Schwarzer, auf dessen schwarzes Sweatshirt in großen weißen Buchstaben der Name FENDI aufgedruckt war, lehnte an dem Gebäude. Ein vorbeieilender Cop murmelte in sein Walkie-Talkie. Als er stolperte, rutschte es ihm aus der Hand. Der Mann im Sweatshirt lachte, während der Cop sich hinunterbeugte und es aufhob. Der Cop und die Männer auf der Straße hatten alle den gleichen gehetzten Blick wie die Frauen bei Bergdorf's: den Blick des ausgesetzten Hundes, der verzweifelt den Weg nach Hause sucht.

Ich spürte Boultons Hand an meinem Nacken, als er mir die Tür zum Peep Thrills aufhielt. Ich blieb stehen und sah ihn an.

»Was ist?« fragte er.

»Ich wollte bloß sehen, ob diese Geste irgendwie ironisch gemeint war.«

»Die Ritterlichkeit ist tot, aber deswegen muß man ja nicht noch auf der Leiche herumtrampeln.«

Wir standen auf einem hell erleuchteten Gang, der mit einem billigen Holzimitat vertäfelt war. Der Boden war mit sonnengelben Fliesen ausgelegt – der Art von Fliesen, die meine Mutter in ihrer Küche hatte. Ein Mann mit den Ausmaßen eines Taxis saß an einem grauen Metalltisch.

»Für einen Dollar pro Person bekommen Sie je vier Münzen. Nicht rücktauschbar«, sagte er.

Boulton legte zwei Dollar auf den Tisch. Der Mann teilte die vierteldollargroßen Münzen aus, als zählte er Chips in Vegas. Die ganze Zeit über musterte er Boulton.

»Jeweils nur eine Person pro Kabine«, sagte er zu ihm. Er lächelte, und man sah seine faulenden Zähne. Er lächelte weiter, ohne mich eines Blickes zu würdigen. »Durch den Vorhang am Ende des Ganges.« Sein Mund schnappte zu.

Boulton und ich betraten einen großen, hell erleuchteten Raum, der nach Sex und Desinfektionsmittel roch, genau wie Claire es vorhergesagt hatte. Boden und Wände bestanden aus Beton und waren in einem bürokratischen Grünton gestrichen. Zu unserer Linken erstreckte sich ein Gang mit Metalltüren, die an große Schließfächer erinnerten. Ein Schild verkündete: VIDEO-KABINEN. In der Mitte des Raumes befand sich eine riesige, runde Kabine. Mehrere Männer standen dort herum und spähten von Zeit zu Zeit durch offene Sehschlitze, als handle es sich um eine Baustellenbesichtigung. Ihre Gesichter spiegelten weder Lust noch Befriedigung wider. Die sexuellen Phantasien der Männer waren offenbar eine ernste Angelegenheit.

Ein Schild neben einer Treppe verkündete: EINZEL-KABINEN. Ein Pfeil deutete nach oben. Der Raum im ersten Stock war in lauter kleine Kabinen unterteilt, deren

Front aus Glas bestand. Seitlich von jedem Fenster befand sich eine Tür. Frauen in Slip und BH oder knappen Unterröcken saßen auf Hockern und starrten aus ihren gläsernen Schaukästen. Männer wanderten davor auf und ab, um sich diejenige auszusuchen, die ihren Bedürfnissen am ehesten entsprach.

Einer von ihren, in Trainingsanzug und braunen Halbschuhen, nickte einer pausbäckigen Rothaarigen zu und öffnete die Tür neben ihrem Fenster. Sie glitt von ihrem Hocker und zog einen Vorhang zu. Jetzt gehörte sie ihm allein.

Viele von den Männern im Raum schienen zwischen Zwanzig und Dreißig zu sein. Warum hatten sie keine Verabredungen? Warum führten sie nicht irgendein junges Mädchen ins Kino oder zum Essen aus? Warum verliebten sie sich nicht? Wovor hatten sie Angst? Vielleicht war das die extremste Form von Safer Sex. Sicheres Verlangen. Sichere Exxxtase.

Kein einziger Mann hatte mich bisher direkt angesehen, und diejenigen, die zufällig meinen Blick auffingen, sahen schnell weg. Claire hatte recht. Mich konnten sie durch ihre sexuellen Bedürfnisse nicht manipulieren. Ich war hier ein Eindringling. Ich drang in den feuchten Traum der Männer ein.

Boulton näherte sich einem weiteren Riesen von Mann. Er saß neben der Treppe an einem klapprigen Tisch. Für Einzelkabinen mußte man extra zahlen. Das Gesicht des Mannes war fleischig; Schweißperlen, die eher wie Pickel aussahen, sprenkelten die Wölbung, die ihm als Stirn diente. Drei schwere, wie Pyramiden geformte Goldringe schmückten seine linke Hand.

»Für zwei Personen«, sagte Boulton.

»Eine Person pro Kabine«, murmelte der Mann. Die beiden Schlitze, durch die er die Welt betrachtete, musterten mich eindringlich, während seine großen, flachen Hände Münzen in der Größe von Silberdollars abzählten. Ich versuchte es mit einem Lächeln. Es funktionierte nicht. In die Münzen war eine nackte Frau eingeprägt. Die Worte *In God We Trust* fehlten. Er reichte Boulton die Münzen.

Boulton zog mich ein Stück von dem Gorilla weg und beugte sich zu mir herunter. Ich konnte seinen Atem in meinem Ohr spüren, während er leise auf mich einredete.

»Denken Sie daran, daß Sie das Telefon benutzen müssen, wenn Sie mit dem Mädchen reden wollen. Das kostet eine Extra-Münze.« Er trat einen Schritt zurück und drückte mir ein paar Münzen in die Hand. Irgendwie erinnerte er mich an einen Vater, der seinem Kind Geld fürs Kino gab.

»Augenblick mal«, sagte ich. »Wir gehen in die Kabinen?«

Er hob die Hand. »Nur eine Person pro Kabine.« Ein Lächeln umspielte seine Lippen.

Ich sah mich in dem Raum um. Ein paar von den Frauen hatten sich unter die Kunden gemischt. »Warum können wir nicht hier draußen mit ihnen reden?«

Er warf einen Blick zu dem Gorilla mit den goldenen Ringen hinüber. »In diesem Fall ist Diskretion ratsam. Er würde sonst merken, daß wir sie befragen. Keine Angst, Maggie, es wird Ihnen bestimmt gelingen, sie auf Ihre Seite zu ziehen. Sie werden sich mit Ihnen identifizieren. So hatten Sie es doch ausgedrückt, nicht wahr?«

Wir starrten uns an. Er war der einzige Mann in dem ganzen verdammten Puff, der mir direkt in die Augen sah.

Bloß, daß seine braunen Augen nicht hungrig, sondern herausfordernd glänzten.

»Treiben Sie es nicht zu weit, Boulton!«

»Ich fange an diesem Ende des Ganges an. Sie am anderen.«

Er drehte sich um und schlenderte auf eine große, langbeinige, honigfarbene Frau zu, die in verblaßtes Tigerfell gehüllt war. Der englische Butler war aus Boultons Gang verschwunden. Der Körper der Frau spannte sich, als er sich ihr näherte. Er nickte ihr lässig zu und schloß die Tür hinter sich.

Ich stand allein auf dem Gang. Alle vermieden es, mich anzusehen. Alle bis auf den Typen mit den zwei Schlitzen im Gesicht und den ägyptischen Weltwundern an der Hand. Ich holte tief Luft, wie ich es immer mache, wenn ich nicht weiß, was ich tue, und steuerte auf die erste offene Tür zu. In einem abgeschlossenen Bereich von der Größe einer Telefonzelle schob ich meine Münze in den dafür vorgesehenen Behälter. Mit einem ächzenden Geräusch ging der Vorhang an der Scheibe vor mir langsam in die Höhe. Das Ganze hatte etwas vom Professionalismus eines Kasperltheaters.

Eine junge Asiatin saß auf einem Hocker. Ihr langes dunkles Haar reichte ihr bis an die Taille. Durch einen roten Spitzen-BH lugten kleine Brüste mit dunklen Brustwarzen. Sie rührte sich nicht. Wir starrten einander an, bis ich eine weitere Münze einwarf und nach dem Telefonhörer griff.

»Hallo, ich würde Ihnen gerne ein paar Fragen stellen.« Warum klang ich bloß, als versuchte ich, die Wale zu retten?

Mandelaugen starrten mich an.

»Kennen Sie Jackie? Eine Blondine. Sie hat hier gearbeitet.« Ich mühte mich ab, das Photo aus meiner Tasche zu bekommen.

»Ich mag Blondinen, die Jackie heißen.« Ihre Stimme klang lasziv.

Ich konnte sie durch das Glas laut und deutlich hören. Wozu um alles in der Welt brauchte man das Telefon? Als Instrument, um mit seinen eigenen Phantasien zu kommunizieren? Als weitere Barriere zwischen dem Mann und dem Objekt seiner Begierde? Oder war es bloß eine Möglichkeit, noch mehr Geld zu machen? Ich werde die Männer nie verstehen; nie entscheiden sie sich für den kürzesten Weg.

Sie begann ihre Brüste zu streicheln. »Blondinen namens Jackie machen mich an.« Ihre oberen Schneidezähne waren angeschlagen.

»Nein, nein, bitte nicht. Sie brauchen das nicht zu tun«, sagte ich, zog das Photo von Jackie heraus und hielt es gegen das Plexiglas.

Sie hörte auf, ihre Brüste zu reiben.

»Erzählen Sie mir von ihr.«

»Bei Jackie fühle ich mich soooo gut.« Sie spreizte ihre dünnen, mit schwarzen und blauen Blutergüssen übersäten Beine und spielte an ihrer Scham herum. Sie brachte sogar ein Stöhnen zustande.

»Nein, nein ... bitte nicht.«

Sie hielt inne. Wut und Feindseligkeit glommen in ihren Augen auf. Meine Minute tickte ihrem Ende zu. Der Vorhang fiel. Verdammt.

Als ich aus der Kabine trat, wartete draußen bereits ein Mann. Er blickte durch mich hindurch, als existierte ich gar nicht. Ohne noch jemanden anzusehen, beeilte ich mich, in die nächste freie Kabine zu kommen. Ich warf meine Münze ein, und der Vorhang begann geräuschvoll und ungleichmäßig hochzugehen.

Sie war ein fleischiges, rubenssches Wesen mit bleichen, wabbeligen Oberschenkeln und riesigen Brüsten, die von einem schwarzen BH an Ort und Stelle gehalten wurden. Die Träger schnitten in ihre Schultern ein. Ein schwarzes Bikinihöschen dehnte sich über einen vollen, runden Bauch.

»Raus aus meiner Kabine!« sagte sie, ohne sich die Mühe zu machen, das Telefon zu benutzen.

Erbost starrte ich sie an. »Die Minute gehört mir«, platzte ich heraus.

»Und mir gehört die Kabine. Wollen Sie, daß ich Goldie rufe?«

»Sie meinen den Typen mit den Pyramiden an den Fingern?«

Sie nickte.

»Nicht unbedingt.«

»Dann heißt es jetzt Abschied nehmen von Mama«, gurrte sie und schüttelte ihre Brüste in meine Richtung. Sie drückte auf einen Knopf, und der Vorhang fiel geräuschvoll herunter.

Na wunderbar. Sie werden mit dir reden, Maggie. Sie werden sich mit dir identifizieren.

Ich trat aus der Kabine und hielt nach Boulton Ausschau. Goldie war inzwischen aufgestanden und starrte zu mir herüber. Stehend bot er einen imposanten Anblick. Ein Mann, der aussah wie Oswald, betrat die Kabine, die ich gerade verlassen hatte. Vielleicht sterben Attentäter nicht. Vielleicht landen sie einfach in einem Schuppen wie diesem. Goldie machte einen Schritt auf mich zu. Bevor die Erde zu beben begann, schlüpfte ich in die nächste Kabine und zog die Tür hinter mir zu. Mit ungeschickten Fingern schob ich eine Münze ein. Der Vorhang ging hoch.

Schwarze Haarwurzeln schienen wie schmutzige Finger nach ihrem gebleichten Haar zu greifen. Sie hatte eine schmale Taille und lange, wohlgeformte Beine. Ihre ausgeprägten Wangenknochen waren von Pockennarben entstellt. Lippen, die aussahen, als könnten sie nur die Worte »fuck you« formen, waren babyrosa bemalt.

»Sie sind entweder Polizistin oder Feministin«, sagte sie, während sie mich scharf musterte.

»Weder noch. Ich brauche bloß ein paar Informationen.« Ich preßte Jackies Photo gegen das Plexiglas. »Kennen Sie sie? Sie hat hier gearbeitet.«

»Feministinnen sind genau wie Polizistinnen. Beide wollen mir sagen, wie ich mein Leben führen soll.«

»Es handelt sich um eine Familienangelegenheit.«

»Sie sehen aber nicht so aus, als ob Sie mit ihr verwandt wären.«

Diesmal entschied ich mich für die harte Tour. »Jackie ist tot. Ermordet.«

Sie saß reglos auf ihrem Hocker. Eine leichte Röte überzog ihre Wangen. Nach einer Pause, die einen Großteil meiner Minute in Anspruch nahm, sagte sie: »Männer sind Scheißkerle.«

»Denken Sie da an einen bestimmten?«

»Sie dürfen sich einen aussuchen. Es ist schließlich Ihre Phantasie.«

»Es ist die Realität. Wie gut kannten Sie sie?«

Sie schlug ihre langen Beine übereinander und setzte sich kerzengerade hin, als säße sie in einem schönen Kleid auf einem Barhocker im Plaza. »Ihre Minute ist fast vorbei.«

»Jackie hat gesagt, sie sei die gefragteste Blondine hier gewesen.«

»Sehr gefragt. Wie wir alle.«

Ich stopfte Jackies Photo zurück in meine Tasche und nahm das Photo von Sarah Grange heraus. »Und was ist mit ihr?«

Schnell glitt sie von ihrem Hocker, steuerte auf mich zu, überlegte es sich dann aber anders und blieb stehen. Die sexy Fassade war verschwunden. Ihre grauen Augen betrachteten das Photo.

Gleich würde der Vorhang herunterkommen. Ich zerrte einen Zwanzigdollarschein aus meiner Jackentasche und hielt ihn hoch, damit sie ihn sich gut ansehen konnte.

»Sagen Sie mir, was Sie wissen.«

Der Vorhang fiel. Ohne den Zwanziger und Sarah Granges Photo aus der Hand zu legen, warf ich eine weitere Münze ein und wartete, während sich der Vorhang langsam hochquälte. Sie stand noch an derselben Stelle, hatte sich aber inzwischen wieder in ihre Easy-Sex-Pose geworfen. Hüftschwingend kam sie auf mich zu, hob ein zusammengefaltetes Stück Papier vom Boden auf und schob es durch den Spalt zwischen dem Glas und der abgeteilten Kabine. »Legen Sie Ihr Geld einfach zwischen das Papier«, sagte sie.

»Sie haben mir noch keine Informationen gegeben.«

»Mögen Sie Frauen?« fragte sie.

»Da ich selbst eine bin, finde ich uns recht sympathisch, ja«, sagte ich.

»Wie sehr mögen Sie Frauen?«

Ach, verdammt. »Kommt darauf an.«

Sie preßte ihren Körper gegen das Glas. »Gefalle ich Ihnen?«

»Was können Sie mir über Sarah sagen?«

»Gefalle ich Ihnen?«

»Was ist mit Sarah? Kennen Sie sie?«

»Ich habe Sie in *Vogue, Bonton* und in meinen Träumen gesehen. Lieben Sie mich?« fragte sie und spielte mit ihren Brüsten. »Lieben Sie mich?« fragte sie noch einmal.

Ihre Anmache wirkte auf mich genauso bedrohlich, als wenn mich jemand auf der Straße angepöbelt hätte.

»Nein.« Ich steckte den Zwanziger und das Photo wieder in meine Tasche. Ich konnte nicht sagen, ob sie wirklich etwas wußte oder nicht. Ich wollte nur noch raus. Ich hatte genug vom billigen Kitzel und der sexuellen Tyrannei dieses Etablissements. Die Tür hinter mir wurde aufgerissen. Ich wirbelte herum. Goldie stand im Türrahmen. Er beugte sein Gesicht ganz nahe zu meinem herunter. Rund um die zwei Schlitze hatten sich Schweißtropfen gebildet. »Haben Sie ein Problem, Lady?«

Ja, das hatte ich.

»Sie stellt mir dauernd Fragen«, jammerte das Mädchen.

»Was für Fragen?« Er drängte sich gegen mich. Die goldenen Ringe schimmerten an seiner tellergroßen Hand, als er nach meinem Arm griff, der mir noch nie zuvor so dünn und zerbrechlich vorgekommen war.

»Was für Fragen?« Die Schlitze weiteten sich, und ich konnte blaue, ausdruckslose Augen sehen.

Ich wand mich in seinem Griff. Denk nach, Maggie.

»Spielen Sie keine Spielchen mit mir, Lady. Was haben Sie hier zu suchen?« Er packte noch fester zu, so daß ich meinen Arm nicht mehr bewegen konnte.

»Das hier ist entwürdigend für alle Frauen«, stieß ich hervor. »Keine Frau sollte so behandelt werden.« Nicht schlecht, Maggie. Nicht schlecht.

Ein tiefer Seufzer mündete in einen Rülpser und erfüllte

die Kabine mit einem so üblen Geruch, daß ich am liebsten zu atmen aufgehört hätte. »Nicht noch so eine! Was wollt ihr Frauen eigentlich?«

»Diese Frage hat schon einer gestellt, der ein bißchen mehr im Kopf hatte als Sie, und er konnte sie auch nicht beantworten.«

Mit einer Leichtigkeit, wie man eine Schleife von einem Weihnachtsgeschenk entfernt, wurde ich aus der Kabine gerissen. »Ich jedenfalls weiß, was ich will. Ich will, daß Sie hier verschwinden.«

»Frauen sind keine Spielbälle männlicher Sexualphantasien«, schrie ich, so laut ich konnte.

Die Männer erstarrten. Alle Blicke richteten sich auf mich. Endlich.

»Pornographie ist ein Instrument, das dafür sorgen soll, daß Frauen Bürger zweiter Klasse bleiben«, schimpfte ich, während Goldie mich Richtung Treppe zerrte. Ich hatte Schwierigkeiten, Bodenkontakt zu halten, schaffte es aber trotzdem, meine Faust in die Luft zu recken. »Und dafür, daß weibliche Minderheiten Sklavinnen bleiben.« Allmählich kam ich so richtig in Fahrt. Ich wünschte, Claire könnte mich sehen. Oder doch lieber nicht.

»Schnauze!«

Ein paar von den Männern versuchten, sich in die dunkleren Ecken des Raumes zu verdrücken. Die Frauen beobachteten mich mit einem wissenden, gelangweilten Lächeln. Sie hörten diese Worte nicht zum erstenmal, aber für sie waren sie nach wie vor bedeutungslos. Boulton stand neben der Treppe und betrachtete mich mit einem seltsamen Grinsen.

»Schaffen Sie sie raus, und lassen Sie sich hier nicht mehr blicken.« Goldie gab mir einen Schubs. Aber ich drehte mich um und startete mein großes Finale. »Pornographie ist Unterdrückung! Pornographie ist männliche Tyrannei! Pornographie ist männliche Perversion!« Ich reckte beide Fäuste in die Luft und machte das V für Victory. Warum zum Teufel fühlte ich mich mehr wie Richard Nixon als wie Gloria Steinem? Es gab keinen Applaus.

»Wir wollen es doch nicht übertreiben, Maggie«, sagte Boulton leise. Wir gingen zusammen die Treppe hinunter, wobei er mich halb schob, halb führte. Unten wartete bereits der Typ, der so groß war wie ein Taxi.

Ich wurde aus dem Peep Thrills eskortiert. Boulton folgte, die Hände in den Taschen. Immer noch umspielte dieses seltsame Lächeln seine Lippen. Die Lichter an den Gebäuden blinkten und lockten in der kalten Nacht. Eine Frau, die einmal sehr hübsch gewesen sein mußte, schwankte betrunken am Arm eines Mannes im Trenchcoat vorüber. Boulton sah mich an. Sein Lächeln wurde immer breiter, und er begann zu lachen. Ich hatte ihn noch nie zuvor lachen gehört; sein Lachen klang schön – warm und echt. Ich stand mitten auf dem Gehsteig, umgeben von käuflichen Frauen und Männern, die aussahen wie wandelnde Leichen, und schaute zu, wie Boulton mich auslachte.

Das ist ein Punkt, bei dem Männer und Frauen ein großes Problem haben. Wir Frauen lachen ständig über die Männer, aber wir tun es hinter ihrem Rücken. Wir tun es, um dadurch eine Art von Solidarität mit anderen Frauen zu schaffen. Wir tun es, damit wir nicht das Gefühl haben, von den Männern abhängig zu sein. Wir tun es, weil wir dadurch gleichzeitig über uns selbst lachen. Wir wissen, wie man richtig über die Männer lacht.

Die Männer dagegen haben keine Ahnung, wie man richtig über die Frauen lacht. Das zeigt sich schon daran, daß sie uns direkt ins Gesicht lachen, was bedeutet, daß sie keinen anderen Mann brauchen, um das Lachen mit ihm zu teilen. Außerdem würde es ihnen nie in den Sinn kommen, daß sie womöglich auch über sich selbst lachen.

Während Boulton weiterlachte, winkte ich einem Taxi und ließ ihn am Randstein stehen. Jetzt konnte er richtig über mich lachen – hinter meinem Rücken.

In hehrem Zorn starrte ich aus dem Fenster, während das Taxi durch Schlaglöcher holperte und um eine Ecke nach der anderen kurvte. Ich hatte im Peep Thrills nicht das geringste in Erfahrung gebracht – abgesehen davon, daß die Frauen kein Vertrauen zu mir hatten und ich nicht gerne ausgelacht wurde. Schon gar nicht von Boulton. Na wunderbar.

Das Taxi bog in die Neunundfünfzigste Straße ein. Der Park breitete sich aus wie ein dunkler Fleck. Eine Phalanx von Hotels ragte in die Nacht. Zweirädrige Kutschen säumten die Straße. Die Pferde ließen resigniert ihre großen, schweren Köpfe hängen und warteten. Die Frauen im Peep Thrills warteten auch. Frauen mit großen, schweren Brüsten. Frauen mit implantieren Brüsten. Frauen mit kleinen Brüsten.

Warteten und warteten.

Plötzlich fühlte ich mich schrecklich deprimiert. Pferde und Frauen waren etwas sehr Trauriges. Ach, verdammt. Männer auch.

8

Claire saß in ihrem Sessel und las, was ich zu unserem ersten gemeinsamen Fall notiert hatte. Ein Feuer flackerte im Kamin; die Schatten seiner Flammen tanzten auf den weißen Sofas. Die Tischlampen verbreiteten ein warmes Licht. Sie trug das schwarze Samtkleid, in dem sie wie eine extravagante Richterin aussah. Ihre Initialen prangten in Gold auf ihren schwarzen Samthausschuhen. Sie nippte an ihrem Brandy, blickte auf und sah sich dann suchend um.

»Boulton ist Ihnen wohl abhanden gekommen, Miss Hill.«

»Wir haben getrennte Taxis genommen.«

»Nicht sehr ökonomisch.«

Ich ging zur Bar hinüber und schenkte mir einen Brandy ein.

»Haben Sie etwas herausgefunden?« fragte sie.

»Fast.«

»Fast?«

»Bei einem von den Mädchen hatte ich den Eindruck, daß sie etwas wußte, aber dann wußte sie doch nichts. Okay! Sie haben sich nicht mit mir identifiziert.«

»Habe ich irgend etwas gesagt?«

»Ich weiß genau, was Sie denken.«

»Ich bin ein Genie. Sie können also unmöglich wissen, was ich denke.«

Ich nahm einen Schluck Brandy. »Ich weiß es trotzdem. Hat Nora Brown angerufen?«

»Ja. Sie und Sarah Grange kommen morgen um fünf.«

»Bis dahin haben sie es bestimmt geschafft, sich eine Geschichte zusammenzubasteln.«

»Wahrscheinlich.« Sie legte meine Notizen auf einen Tisch und deutete dann mit ihrem Gehstock darauf, als handle es sich um eine tote Ratte.

»Sie sind so schrecklich modern.«

»Wie bitte?«

»Es ist, als wären alle Frauen in Ihrem Alter mit einem Spiegel in der Hand auf die Welt gekommen, damit sie sich ständig betrachten können – nicht, um zu sehen, wie hübsch sie sind, sondern um sich zu vergewissern, wer sie sind und wie sie vorankommen.«

»Es sind doch nur Notizen und Hintergrundfakten.

»Bestimmt hat auch der arme, konfuse Watson manchmal vergessen, warum er sich eigentlich zum Schreiben hingesetzt hatte.«

»Watson?«

»Andererseits ist das insofern unwahrscheinlich, als der gute Doktor ausschließlich über Holmes geschrieben hat, und nie über sein eigenes Privatleben.«

»Aber ich war doch dabei.«

»Das ist keine Entschuldigung.«

Die Wohnungstür wurde geschlossen. Boulton kam mit der Geschwindigkeit eines Football-Stürmers ins Wohnzimmer gestürzt. Als er Claire sah, blieb er stehen.

»Ah, Boulton«, sagte sie. »Wir dachten schon, wir hätten Sie verloren.«

»Nein, Madam«, antwortete er. »Ich mußte bloß Miss Hills Staub schlucken. Sozusagen.«

»Ein Schicksal, das uns womöglich allen blüht. Schenken Sie sich einen Brandy ein, und erzählen Sie mir, was Sie herausgefunden haben.«

Ich ging zum Kamin hinüber. Boulton warf mir einen schnellen Blick zu, bevor er sich einen Drink einschenkte.

»Ich habe herausgefunden, Madam, daß Jackie im Duke Hotel wohnte. Außerdem, daß sie zwei, vielleicht auch drei Stammkunden hatte.«

»Gut gemacht, Boulton.«

Ich wartete darauf, daß sie aufstehen und ihm den Kopf tätscheln würde, als wäre er ein Jagdhund, der gerade einen Vogel apportiert hatte. Mit einer leichten Verbeugung bedankte er sich für das Kompliment. Ich fand das Ganze unerträglich.

»Ich hätte noch mehr herausgefunden, wenn Miss Hill nicht dabeigewesen wäre.«

Ich knallte meinen Drink auf den Kaminsims. »Aber ich war dabei, und ich mag es nicht, wenn man mich auslacht. Sie sind doch bloß in Ihrem Stolz gekränkt, weil ich Sie am Randstein habe stehenlassen wie einen kichernden Idioten.«

»In meinem Stolz gekränkt?« Er drehte sich zu mir um. »Ich schätze, der Ihre ist auch ein bißchen angekratzt. Ist Ihnen eigentlich klar, daß wir uns nach Ihrem großen Abgang im Peep Thrills nicht mehr blicken zu lassen brauchen?«

Claire stand auf. »Ich gehe zu Bett. Wie Sie beide wissen, mag ich es nicht, wenn man mich beim Essen oder Schlafen stört. Hören Sie also bitte auf, hier herumzukeifen, als wären wir eine inzestuöse Familie auf Ferienfahrt. Miss Hill, ich möchte, daß Sie gleich morgen früh in Erfahrung bringen, wo sich das Duke Hotel befindet. Gute Nacht.«

»Gute Nacht, Madam.«

»Gute Nacht«, sagte ich.

Sie stolzierte aus dem Raum, die Füße vom dunklen Samt ihres Kleides umspielt. Die goldenen Initialen schimmerten.

Boulton machte sich daran, die Lichter zu löschen. Ich

packte meine Notizen und verstaute sie in meinem Schreibtisch. Irgendwie war heute nicht mein Tag.

Als sich Boulton zu einem der seidenen Lampenschirme hinunterbeugte, fiel mir auf, was für ein scharf geschnittenes Profil er hatte. »Wir werden einen Weg finden müssen, miteinander auszukommen. Schließlich müssen wir miteinander arbeiten«, sagte ich schließlich.

Er schaltete die Lampe aus und drehte sich zu mir um. Jetzt flackerte nur mehr das Kaminfeuer über unsere Gesichter.

»Nicht nur das, Maggie. Wir müssen sogar miteinander leben«, meinte er sanft.

Wir starrten uns an. Keiner sagte etwas. Wir rührten uns beide nicht von der Stelle. Nach ein paar Sekunden, die mir wie eine Ewigkeit vorkamen, stellte ich mein Glas aufs Tablett und nahm meine Tasche. »Gute Nacht.«

»Gute Nacht«, antwortete er.

Erschöpft stellte ich mich unter die Dusche und kroch dann ins Bett. Das Laken und die Bettdecke, die meinen nackten Körper umhüllten, fühlten sich so gestärkt und sauber an wie der Schleier einer Nonne. Ich schloß die Augen. Ich öffnete sie wieder. Mich hatte nicht nur die Hoffnung verlassen; auch der Schlaf weigerte sich, seine fedrigen Füße in mein Zimmer zu setzen. Ich schaltete die Lampe neben meinem Bett an und ließ meinen Blick durch den Raum schweifen. Die Einrichtung eines Hotelzimmers hatte immer etwas von einer schlampigen Frau, die sich nach Kräften bemühte, schick auszusehen. Egal, wieviel Geld sie ausgab, ihr Rock fiel nie, wie er sollte. Egal, wie teuer das Zimmer war, Hotelmöbel sahen immer abgenutzt aus.

Im Nebenzimmer konnte ich Boulton rumoren hören.

Ich nahm die Fernbedienung des Fernsehers vom Nachtkästchen und zappte ziellos von Kanal zu Kanal. Alles, was ich sah, waren Frauen. Wir waren überall, wie Heuschrecken. Frauen, die alles mögliche verkauften: Autos, Jeans, Parfums, Duschen, Ajax, Lippenstift.

Zapp.

Frauen auf dem Pornokanal, die sich ohne Auto, ohne Jeans und ohne Ajax verkauften.

Zapp.

Frauen auf den Musikkanälen, die zu Rock and Roll mit ihren Titten wackelten. Für wen wackelten all diese Frauen mit ihren Titten? Wußten sie das überhaupt? Spielte es überhaupt noch eine Rolle?

Oder war es nur für das Geld und die Kamera? Im Peep Thrills gab es wenigstens noch eine Verbindung zwischen der Darbietung und der Phantasie. Ich meine, für wen wackelten sich diese Frauen dumm und dämlich? Für zwanzigjährige Jungs? Für fünfjährige Mädchen? Für Zirkusakrobaten? Bedienungen? Rechtsanwälte? Für irgendwelche Gauner? Für einsame alte Männer? Einsame alte Frauen? Für jeden. Jeden, der einschaltete. Für das ganze Universum. Das schwarze Loch. Das Bermuda-Dreieck. Mich.

Zapp.

Noch mehr Frauen, die Schmollmünder zogen, ihren Körper zur Schau stellten, offiziell dreinblickten, sich unnahbar gaben oder auf Dummchen machten. Dann zur Abwechslung ein paar sexy gekleidete zwölfjährige Mädchen, die aussahen wie der Traum jedes Kindesmißhandlers.

Zapp.

Eine plumpe, unscheinbare Frau mit kurzen braunen Haaren erschien auf dem Bildschirm. Sie trug eine einfache, ärmellose blaue Bluse, die sie in einen einfachen weißen Faltenrock gestopft hatte. Sie schrieb gerade einen Satz an die Tafel: *Hello, I would like you to meet my uncle Bob.*

Statt ihrer Brüste wackelte das Fett an ihrem Oberarm, während sie den Satz in großen Buchstaben an die Tafel malte. Aus ihren Augen strahlte die aufrichtige Begeisterung darüber, die englische Sprache auseinandernehmen zu dürfen. Ihr rundes Gesicht leuchtete regelrecht, als sie Pfeile zeichnete, die auf Subjekt und Prädikat deuteten. Okay, sie war also eine von den Frauen, die aus einem einfachen Aussagesatz eine physikalische Gleichung machten. Immerhin war sie nicht deprimiert, weil sie keinen Mann hatte oder weil ihr Haar mausbraun war oder weil ihr Bauch den Saum ihres altmodischen Rocks hochzog. Es war ihr egal, daß das Fett an ihrem Oberarm schwabbelte, wenn sie etwas an die Tafel schrieb, und auf diese Weise enthüllte, daß sie ein verletzliches, übergewichtiges menschliches Wesen war. Die Frau hatte etwas, das ihr am Herzen lag. Sie konnte sich dafür begeistern, den Leuten beizubringen, wie man den Satz *Hello, I would like you to meet my uncle Bob* korrekt schrieb und aussprach. Eine Frau wie sie hatte ich im Fernsehen noch nie gesehen. Ich fand ihren Anblick richtig tröstlich.

Ich schloß die Augen und lauschte ihrer atemlosen Lehrerinnenstimme. Irgendwo in der Stadt saß bestimmt ein schlafloser Peruaner in seinem winzigen Zimmer und wiederholte: »Hello, I would like…« Oder vielleicht ein Russe… ein Chinese… all die schlaflosen Amerikaner, die zusahen, wie irgendeine junge Frau mit ihren Titten wackelte. Hallo, mein Name –

Das Telefon klingelte. Mein Körper schreckte hoch. Während ich nach dem Hörer griff, warf ich einen Blick auf die Uhr. Es war ein Uhr. Ich hatte fünfzehn Minuten geschlafen.

»Miss Hill.« Es war Desanto. »Das ist unerhört!«

»Schlafen Sie eigentlich nie, Desanto? Oder hängen Sie sich bloß wie eine Fledermaus an die Foyer-Decke?«

»In der Bar ist eine Frau, die sich weigert zu gehen, bevor sie Sie gesehen hat.«

»Wie heißt sie?«

»Ich weiß nicht, wie sie heißt. Aber ich weiß, daß wir *ihresgleichen* nicht in unserer Bar haben wollen.«

»Was meinen Sie mit ihresgleichen, Desanto?«

»Und wir hatten *ihresgleichen* auch nie in diesem Hotel, bis Claire Conrad Sie engagiert...«

Ich legte auf, schlüpfte schnell in eine beige Hose und einen beigen Pulli, steckte meinen Schlüssel ein und machte mich auf den Weg in die Bar.

Die Stadt mußte ihr viel gepriesenes Nachtleben anderswo hinverlagert haben, denn in der Parkfaire Bar war davon nichts zu spüren. An einem Ecktisch saß ein älterer Mann mit einem Toupet, das aussah, als habe er sich eine tote Katze um den Kopf gewickelt. Er war in Begleitung einer Frau, die wahrscheinlich in meinem Alter war, sich aber gab, als wäre sie Anfang Zwanzig. Sie starrte ihren Drink an. Er starrte sie an. An der Bar standen drei Männer. Sie hatten ihre Krawatten gelockert und versuchten, sich auf ihr eigenes Gespräch und ihr Bier zu konzentrieren, aber ihre Blicke schweiften immer wieder zu der Frau hinüber, die ein Stück weiter drüben auf einem Barhocker saß.

Die junge Frau rauchte eine Zigarette, trank einen Espresso und strahlte dabei denselben lockeren Sex aus wie ein paar Stunden zuvor im Peep Thrills. Das Kerzenlicht milderte die Pockennarben auf ihren Wangen, konnte sie aber nicht ganz verbergen. Ihre dunklen Haarwurzeln standen immer noch im Widerstreit mit den blonden Spitzen. Ein enges schwarzes Kleid brachte jede Kurve ihres Körpers zur Geltung. Ich setzte mich auf den Hocker neben ihr.

»Der Hotelmanager ist ein richtiges Arschloch«, sagte sie.

Die Blicke der Männer richteten sich kurz auf mich, dann schnell wieder auf sie.

»Sie hatten im Peep Thrills ja einen tollen Abgang.« Sie blies Rauch in die Luft und lachte. »Sehr unterhaltsam.«

»Das hat mir heute schon mal jemand gesagt. Wie heißen Sie?« fragte ich.

»Linda Hansen.«

Sie war erst Anfang Zwanzig, aber aus jeder ihrer Bewegungen sprach Erfahrung.

Der Barmann kam herüberstolziert. »Brandy«, sagte ich zu ihm.

»Noch einen Espresso«, sagte sie. »Warum setzen wir uns nicht an den Tisch drüben am Fenster?« Ihre rauchgrauen Augen richteten sich auf die drei Männer. Ihr harter Mund verzog sich zu einem Lächeln. »Ich sehe mir diese Typen an und zähle ständig das Geld, das ich mit ihnen verdienen könnte. Eine sehr kurzweilige Beschäftigung.«

Sie glitt vom Hocker und ging hüftschwingend zu einem kleinen Tisch hinüber, von dem man auf die Straße hinaussehen konnte. Ihre langen, schwarzbestrumpften Beine sahen aus, als bestünde ihr einziger Zweck im Leben darin, einen nackten Mann zu umschlingen. Meine Beine fühlten sich plötzlich kurz und funktionell an. Sie trugen mich, als hätten sie noch nie einen männlichen Körper gespürt. Die Gruppe an der Bar verstummte. Der Toupetträger in der

Ecke wandte den Blick sogar von seiner Begleiterin ab. Wir ließen uns an dem Tisch nieder.

»Was wollen Sie?« fragte ich.

»Kein Gesülze. Kommen wir gleich zur Sache.«

»Ich hatte heute einen schlechten Tag. Wenn auch nicht ganz so schlecht wie Jackie.«

Wieder lächelte sie. Ihr Gesicht wirkte plötzlich weicher, und einen kurzen Augenblick lang war sie fast schön. »Ich hoffe, Goldie hat Ihnen nicht weh getan. Er weiß gar nicht, wieviel Kraft er hat.«

Der Barmann brachte uns unsere Getränke. Ich nippte an meinem Brandy. Linda schwieg. Ich sah aus dem Fenster und wartete. Die Chauffeure lehnten an ihren Limousinen wie Sänger an ihren Pianos. Ein schwarzes BMW-Cabrio von der Größe eines Kindersarges war zwischen den Limousinen geparkt. Die noble Beleuchtung der Kirchen verlor sich im grellen gelben Licht der Straßenlaternen und den endlosen Reihen von Autoscheinwerfern. Ich wandte meinen Blick wieder dem Tisch zu. Vor mir lagen fünf Tausenddollarscheine ausgebreitet.

»Wofür ist das?«

»Für ein paar Informationen.« Sie fuhr mit ihren langen, platinfarbenen Fingernägeln über das Geld. »Geld ist Macht. Sexy, nicht wahr?« Sie sagte das mit anzüglicher Stimme, leise und rauchig.

»Ich frage mich, wie viele Männerphantasien Sie verkörpern müssen, um so viel Geld zu verdienen«, sagte ich.

»Da drüben könnte ich lockere Zweitausend machen.« Sie deutete auf die Männer an der Bar. »Ich habe noch nie verstanden, wieso es manche Frauen umsonst tun.«

»Ich weiß, daß es unamerikanisch ist, aber manchen von uns fehlt eben der nötige Geschäftssinn. Hören Sie, ich arbeite für Claire Conrad. Fünftausend Dollar sind bei ihren laufenden Kosten bloß ein Tropfen auf den heißen Stein.« Ich begann, die Scheine ordentlich zu stapeln.

»Das Geld ist für Sie. Claire Conrad braucht davon nichts zu wissen.«

Ich befingerte das Geld.

»Was ist los? Ist es zu wenig? Was, wenn ich Ihnen das Geld und mich selbst anbiete?« Jetzt hatte sie wieder ihren professionellen Schlafzimmerblick, der ihr Gesicht völlig veränderte. Sie lehnte sich zu mir herüber; ihr Geld und ihr Körper machten sie sicher. »Würde Ihnen das gefallen? Sie haben doch keine Angst vor Sex mit mir, oder?«

»Ich mag es nicht, wenn Männer versuchen, mich sexuell einzuschüchtern. Und ich mag es genausowenig, wenn eine Frau es versucht.«

Ich war müde. Mein Bedarf an Frauen war für heute gedeckt. Mein Bedarf an Männern ebenso. Und erst recht mein Bedarf an Sex. Ich nutzte die Chance und stand auf.

Verblüfft sah sie zu mir hoch. »Wohin gehen Sie?«

»Zurück ins Bett.«

Sie packte mich am Handgelenk. Ihre langen Finger waren eiskalt. »Das können Sie doch nicht machen.«

Ich riß meinen Arm los und steuerte auf die Lounge zu. Sie war direkt hinter mir. Die Männer an der Bar beobachteten uns.

»Bitte, gehen Sie nicht«, sagte sie. Irgendwie klang ihre Stimme plötzlich anders. Ich drehte mich um. Ihre harten Lippen zitterten. In ihren Augen schimmerten Tränen.

»Bitte.« Ihre Hand fuhr hoch, um ihren plötzlich so verletzlichen Mund zu bedecken.

»Bitte, gehen Sie nicht«, äffte einer der Männer sie nach. »Bitte, bitte.« Seine Freunde lachten hämisch.

Sie drehte sich zu ihnen um. »Warum haltet ihr nicht einfach das Maul, zum Teufel noch mal?«

Augen, die sie noch vor kurzem begehrt hatten, leuchteten jetzt vor Kampfeslust, ja sogar haßerfüllt. Trotzig starrte sie zurück. Eine Träne löste sich und lief über ihre pockennarbige Wange. Der Mann, der sie nachgeäfft hatte, kam drohend auf uns zu. Sie stand einfach nur da, fast als schien sie die Gewalt zu begrüßen. Ich zog meine einzige Waffe. Ich lächelte. Honigsüß. Herzlich. Unterwürfig.

»Schon gut. Sie ist bloß ein bißchen aufgeregt. Sie wissen ja, wie das bei uns Frauen ist: Migräne, PMS, lauter solche Sachen.« Immer noch lächelnd, führte ich sie zum Tisch zurück.

Seine Kumpel zogen den Mann wieder an die Bar. Wir setzten uns. Lindas tränennasse Augen glänzten vor Erregung. Mein Lächeln verschwand. »Schieben Sie Ihr Geld wieder ein«, sagte ich wütend.

Sie stopfte es in ihre Tasche. »Haben Sie gesehen, wie schnell sie auf mich losgegangen sind? So sind die Männer.« Sie starrte aus dem Fenster. Ihre Stimme klang schon nicht mehr so aufgeregt, dafür aber zutiefst melancholisch. »Wir alle hassen, was wir am nötigsten brauchen.«

Ich spürte, daß ich sie jetzt nicht fragen durfte, was sie selbst brauchte. Sie würde sonst bloß wieder die harte Frau spielen, sich wieder mit ihrer harten Schale panzern. Also entschied ich mich für einen unverbindlicheren Ton. »Warum, glauben Sie, ist das so?« fragte ich.

»Weil wir um unserer selbst willen geliebt werden wollen.« Ihre Finger strichen über ihre vernarbten Wangen und entdeckten die Träne. Schnell wischte sie sie weg. »Natürlich ist das nie der Fall. Wenn ich diesen Körper nicht hätte, würde mich kein Mensch lieben.« Ihre Stimme klang bitter.

Sie zündete sich eine weitere Zigarette an und hielt dabei die Hand schützend vor das Streichholz, genau wie Jackie es getan hatte. Der kalte Wind der Straße war nie weit weg.

»Nur Gott könnte dich um deiner selbst willen lieben, und nicht wegen deines blonden Haars?« zitierte ich.

»Und sogar in seinem Fall bin ich mir nicht so sicher.« Ihre Lippen verzogen sich zu einem Lächeln. »Genau deswegen mag ich das Peep Thrills. Die Männer dort brauchen mich wenigstens.«

»Bis der Vorhang fällt.«

Sie zuckte mit den Achseln. »Wenn nicht dieser Vorhang, dann eben ein anderer. Oder eine Tür, die zufällt. Oder eine Hand, die sich nach einem anderen Mädchen ausstreckt statt nach mir.«

»Also, in was für Schwierigkeiten stecken Sie?«

»Wer sagt, daß ich in Schwierigkeiten stecke?«

»Ihre Tränen.«

»Ich habe nicht geweint.« Sie starrte mir direkt in die Augen, als hätte sie noch nie im Leben Wasser gesehen, geschweige denn eine Träne.

»Hören Sie, ich bin es leid, dramatische Abgänge zu machen, aber wenn Sie nicht bald mit mir reden, gehe ich wirklich.«

Sie blies Rauch in die Luft. »Wie ist Jackie gestorben?«

»Sie wurde heute morgen, oder besser gesagt, gestern morgen gegen elf Uhr erstochen – gleich gegenüber dem Hotel.«

Linda schwieg ein paar Sekunden, während sie mit dem Finger über ihre Unterlippe strich. »Goldie hat sie geliebt, soviel steht fest. Wissen Sie, wer sie umgebracht hat?«

»Sagen Sie es mir. Benutzt Goldie ein Messer?«

Kaum merklich preßte sie die Lippen aufeinander. Ich

war mir plötzlich der Form ihres Kopfes bewußt. Ihres Schädels. Es war, als könnte ich den sinnlichen Schwung des weißen Knochens unter ihrer dünnen, straffen Haut sehen. Es lief mir kalt den Rücken hinunter.

»Er benutzt seine Fäuste. Was spielt ihr Tod überhaupt für eine Rolle? Wer außer ihm wird sie vermissen?«

»Mit dieser Haltung werden Sie aber keinen Preis für besondere Menschenliebe gewinnen.«

Sie warf den Kopf zurück und lachte. Die Männer drehten sich automatisch um und folgten mit ihren Blicken der Bewegung ihres Halses. Sie hörte zu lachen auf und lehnte sich vor. Ihre Augen hatten die Farbe kalter Zigarettenasche.

»Jackie war naiv. Sie glauben vielleicht, daß das bei jemandem wie ihr gar nicht möglich ist, aber es stimmt. Sie glaubte alles, was die Leute ihr erzählten. Sie glaubte sogar ihre eigenen Lügen. Ihre eigenen Träume.«

»Zum Beispiel?«

»Daß jemand kommen und sie retten würde. Daß sie sich eines Tages umdrehen würde, und der perfekte Vater würde vor ihr stehen, oder die perfekte Mutter, der perfekte Liebhaber. Die perfekte Familie. Ich meine, sie nannte sich Jackie Kennedy Onassis Murphy, in Gottes Namen, und hat nie die Ironie darin gesehen. Sie sollten das, was sie von sich gegeben hat, mit Vorsicht genießen. Das ist alles, was ich damit sagen will.«

»Mit Vorsicht und fünftausend Dollar. Sie reden, als hätten Sie mindestens zwei Jahre College hinter sich.«

»Eines.«

»Was ist passiert?«

»Ich brauchte Geld. Da fing ich an, mir im Peeps ein bißchen was dazuzuverdienen. Das war lukrativer, als englische Literatur zu studieren. Was hat Jackie Ihnen eigentlich erzählt?«

»Sie hat sich gefragt, was für einen Grund Sarah Grange gehabt haben könnte, bei einem Pornovideo mitzumachen. Sie kennen Sarah, nicht wahr?«

»Sie hat in einem kleinen Laden gearbeitet, in dem ein paar von uns ihre Outfits kauften, wenn man das so nennen kann. Wir haben uns angefreundet.«

»Hat sie schon öfter bei Pornovideos mitgemacht, um sich was dazuzuverdienen?«

»Das müssen Sie sie schon selbst fragen. Wurde Jackie zusammengeschlagen?«

»Als sie zu Claire Conrad kam, hatte sie einen Bluterguß auf der Wange. Sie haben Angst, nicht wahr?«

Sie tat meine Frage mit einem Achselzucken ab. Dann fragte sie: »Ist Claire Conrad eine gute Detektivin?«

»Ja.«

»Wieso interessiert es sie, wer Jackie umgebracht hat?«

»Es ist ihr Beruf.«

Sie deutete auf den BMW. »Der gehört mir. Ganz schön schnittig, finden Sie nicht?«

»Und sehr teuer. Wie können Sie sich das Auto leisten?«

»Ich weiß, wo Sarah wohnt«, sagte sie, ohne meine Frage zu beantworten. »Ich bringe Sie hin. Aber vorher muß ich sie anrufen. Mal sehen, ob sie überhaupt noch wach ist.« Sie drückte ihre Zigarette aus und stand auf.

»Man kann sich hier ein Telefon an den Tisch bringen lassen.«

»Ich möchte alleine mit ihr sprechen. Warten Sie hier auf mich.« Sie bewegte sich durch den Raum, als gehöre ihr Körper allen außer ihr selbst. Sogar dem Typen an der Bar, der sie noch vor kurzem verdreschen wollte.

Schnell ging ich zum Haustelefon an der Bar und wählte die Nummer der Suite. Boulton hob ab.

»Ich bin's, Maggie«, sagte ich. »Ich bin unten in der Bar, mit einem der Mädchen aus dem Peep Thrills. Einer gewissen Linda Hansen. Ich glaube, sie will mich zu Sarah Grange bringen.«

»Wo wohnt Sarah?«

»Keine Ahnung.«

»Haben Sie Ihre Pistole bei sich?«

»Ja«, log ich. Er hatte mir in L. A. die Pistole seiner Mutter gegeben, und er machte großes Aufhebens darum.

»Dann erwarten Miss Conrad und ich schon gespannt, was Sie uns beim Frühstück zu berichten haben«, meinte er steif. Als er nach einer kurzen Pause noch einmal sprach, war der englische Butler aus seiner Stimme verschwunden. »Gut gemacht, Maggie.«

»Danke.«

Ich bat den Barmann um die Rechnung und setzte mich wieder.

Der schwarze BMW war noch da. Erst jetzt registrierte ich das Geplapper am Tisch hinter mir.

»Ich wollte immer ein Restaurant eröffnen«, sagte die Begleiterin des Toupet-Typs. »In Baltimore. Zwischen den Rennbahnen. Essen und Jazz.«

»Ich sehe dich schon vor mir, wie du in einem tief ausgeschnittenen schwarzen Kleid in der Tür stehst.« Die Stimme des Toupets.

»Ist das jetzt eine sexuelle Phantasie, oder reden wir übers Geschäft?« Ihre Stimme klang leicht beleidigt.

Der Barmann brachte die Rechnung. Ich schrieb das Trinkgeld und Conrad Suite darauf. Meine Hand zitterte. Vor Angst?

»Hast du *Tom Jones* gesehen?« fragte das Toupet.

»Nein.«

»In dem Film gab es eine der sinnlichsten Eßszenen, die ich je gesehen habe.«

»Wie kommst du jetzt darauf?«

»Wegen deiner Idee, ein Restaurant zu eröffnen.«

Die beiden hatten die Kunst der Konversation wirklich erfunden. Warum brauchte Linda so lang? Vielleicht machte sie einen Rückzieher. Vielleicht gehörte der BMW gar nicht ihr.

»Hast du *Flashdance* gesehen?« fragte die Begleiterin des Toupets.

»Nein.«

»Da gab es eine Eßszene, die wirklich sexy war. Du hättest sehen sollen, wie sie in diesen Hummer gebissen hat.«

»Aber die Szene in *Tom Jones* war besser«, konterte das Toupet.

»*Flashdance* war der beste Film des Jahres 1983.«

»*Tom Jones* kam früher heraus.« Ein kämpferischer Unterton hatte sich in die Stimme des Toupets geschlichen.

Wie sollte es da für Männer und Frauen noch Hoffnung geben? fragte ich mich.

»Der hat mich nie besonders angemacht.«

»Wer?«

»Tom Jones. Ich kann seine Stimme nicht ausstehen.«

»Nein, *Tom Jones* ist doch der Titel eines klassischen Romans. Er ist verfilmt worden.«

Ich drehte mich um und musterte sie. Sie wirkten beide niedergeschlagen. Ich hoffte, daß sie ihr Restaurant bekam. Ich hoffte, daß er seinen Orgasmus bekam. Was machte er währenddessen eigentlich mit seinem Toupet? Ließ er es auf dem Nachttisch liegen? Oder legte er es wie ein falsches

Gebiß in ein Glas Wasser? Wie konnte sie nur? Und, was das anging, wie konnte er?

»Ich mag *Romeo und Julia.*« Oh Gott, die Begleiterin. Sie war wirklich gnadenlos.

Die Männer an der Bar starrten zu mir herüber. Nein, sie starrten an mir vorbei. Ich drehte mich um und sah Linda an ihrem BMW lehnen. Sie forderte mich mit gekrümmtem Finger auf, zu ihr hinauszukommen. Die Typen ließen ein paar Stöhner hören. Meine Angst meldete sich zurück.

Als ich die Bar verließ, bemerkte einer der Typen laut: »Also, das nenne ich Safer Sex.«

»Können wir mitkommen?« fragte ein anderer höhnisch. Dann kicherten sie alle drei wie Schulmädchen.

Während ich durch das Foyer und die Drehtür eilte, fragte ich mich, wann Sex für eine Frau je sicher war. Leidenschaftlich, ja. Langweilig, ja. Befriedigend, ja. Unbefriedigend, ja. Aber sicher?

Ich wünschte, ich hätte meinen Revolver mitgenommen.

9

Linda schlängelte sich durch den Verkehr. Sie hatte das Verdeck heruntergelassen und die Heizung voll aufgedreht. Der kalte Wind schlug uns ins Gesicht und zerrte an unserem Haar. Als sie an einer roten Ampel auf die Bremse trat, wandte ich mich zu ihr um und betrachtete sie. Ihre Laune war umgeschlagen. Sie wirkte plötzlich mißmutig und unnahbar. Die Straßenlampen warfen einen wächsernen Schimmer auf ihre narbige Haut und verliehen ihren blonden Strähnen einen fahlen Grünstich.

»Haben Sie je mit Jackie ein Pornovideo gedreht?« fragte ich.

»Ein paarmal.«

»Und mit Sarah?«

»Nein.«

»Wie läuft das ab, wenn man ein solches Video dreht? Ich meine, wer hält die Kamera?«

»Manchmal der Kunde. Manchen Typen macht es Spaß, uns durch eine Kamera zu sehen. Ein paar fahren sogar darauf ab, Regisseur zu spielen. Ich weiß nicht, was sie mehr erregt – wir oder die Vorstellung, sie seien Oliver Stone.«

»Filmt immer der Kunde?«

»Hören Sie, ich weiß nicht, wer Sarahs Video gedreht hat. Warum sparen Sie sich die Fragen nicht für sie auf?«

Sie legte den Gang ein, drängte ein Taxi ab und fuhr bei einem anderen viel zu dicht auf. In Manhattan entschieden Zentimeter darüber, ob man gewann oder verlor.

»Wußten Sie, daß Sarah eine berühmte Mutter hat?« versuchte ich das Pfeifen des Windes zu übertönen, während ich mir das Haar aus dem Gesicht strich.

»Mein Gott, Sie geben wohl nie auf, was?«

»Hat Sarah mit Ihnen über ihre Mutter gesprochen?«

»Sarah und ich sind öfter mal was trinken gegangen. Wenn sie betrunken war, quasselte sie immer darüber, daß ihre Mutter früher ein berühmtes Model gewesen sei. Daß sie sie finden werde und dann selber reich und berühmt sein werde. Sie klang genau wie Jackie. Die träumte auch davon, daß es da draußen jemanden gab, der sie lieben und aus ihrem beschissenen Leben befreien würde.«

Ich fragte mich, ob die Kerze, die ich für Jackie angezündet hatte, wohl noch in der kalten Kapelle vor sich hin flackerte. »Sie haben Sarah also nicht geglaubt.«

»Warum sollte ich? Aber eines Abends war ich drüben bei ihr. Sie zieht diesen großen Karton aus ihrem Schrank und zeigt mir all die Modezeitschriften mit Cybella auf dem Titelbild. Sie erzählte mir, ihre Großmutter habe sie gesammelt und ihr gegeben, damit sie immer eine Erinnerung an ihre Mutter habe.« Sie schüttelte den Kopf über die traurige Vorstellung, daß eine junge Frau einen Karton voller Zeitschriften aufbewahrte. »Sie sagte, sie seien ihre einzige Verbindung zu ihrer Mutter.«

Vor uns tauchte das Met-Life-Gebäude auf, das früher das PanAm-Gebäude gewesen war. Es kauerte über der Straße wie ein gigantischer Gewichtheber, der Tonnen von Zement und Stahl stemmte.

»Eines Tages«, fuhr Linda fort, »kommt Sarah zu mir und sagt, sie habe eine Frau getroffen, die Cybella kenne. Dann sehe und höre ich nichts mehr von ihr. Ein paar Monate später werfe ich im Vorbeigehen einen Blick in eine Zeitschrift, und da ist sie. Neben einem Bild von ihrer Mutter. Ich war beeindruckt. Ich meine, meine Mutter ist Alkoholikerin. Der Himmel weiß, wo sie sich zur Zeit aufhält. Wahrscheinlich sitzt sie mit einer Flasche in der Hand irgendwo an der Küste. Wo treibt sich denn Ihre Mutter rum?«

»In Versailles, Ohio. Mit einem Rosenkranz in der Hand.«

Sie warf den Kopf zurück und lachte, während sie nach links abbog. Ich stemmte meine Hände gegen das Armaturenbrett. Wir rasten eine dieser Seitenstraßen hinunter, die die Stadt plötzlich malerisch erscheinen lassen, sogar nachts. Am Ende der Straße lag der East River. Ich spürte seine dunkle, feuchte Gegenwart, wie man einen dunklen Keller am Ende einer Treppe spüren kann. Und wieder hatte ich Angst. Ich kam allmählich zu dem Schluß, daß ein Revolver viel von einem Rosenkranz hatte. So ein Ding in der Hand zu haben gab einem ein Gefühl von Sicherheit, selbst wenn man nicht daran glaubte.

Sie bog scharf rechts ab und trat vor einem alten Gebäude auf die Bremse. Plötzlich legte sich der Wind. Mein Haar fühlte sich an, als gehörte es gar nicht zu mir. Ich warf einen Blick auf die Adresse. Bedford Place eins.

»Nobel, nobel«, sagte ich.

Lindas Gesicht lag im Schatten. Nur ihre Lippen, die in einem knalligen, blaustichigen Pinkton glänzten, waren in dem schwachen Licht klar zu erkennen. »Tja, manche Leute haben eben Glück. Es ist die Wohnung ihrer Mutter.« Sie öffnete die Wagentür und schwang ihre langen Beine hinaus.

Ein Portier ließ uns hinein. Linda erklärte ihm, daß Sarah Grange uns erwarte. Er überprüfte das durch einen Anruf und nickte dann in Richtung Aufzug. Aber ich starrte bereits gebannt auf die geschwungene Treppe, die den Mittelpunkt der eleganten Eingangshalle bildete. Die Stufen waren aus Marmor, das Geländer aus Mahagoni. Neben der Treppe standen ein paar strenge, geradlehnige Stühle wie Nonnen, die in stiller Andacht beten. Ich ging zu der Treppe hinüber und spähte hinauf. Die Stufen schlängelten sich bis zu der kuppelförmigen Decke empor. Das Treppengeländer wand sich durch die Stockwerke wie eine auf Hochglanz polierte Schlange.

»Was tun Sie da?« fragte Linda.

»Hier muß Cybella heruntergesprungen sein.«

Sie zögerte.

»Sie wissen doch, daß Cybella Selbstmord begangen hat?« fragte ich.

»Und? Wir leben in einer Gesellschaft, die auf den Anblick alternder Frauen keinen großen Wert legt. Wir verwandeln uns in Witzfiguren oder abgetakelte alte Hexen, oder wir verschwinden einfach.«

»Manchmal glaube ich, daß die Männer uns lieber mögen als wir uns selbst.«

»Ein wirklich radikaler Gedanke. Auf jeden Fall mögen wir die Männer lieber als uns selbst. Das glaube ich nicht nur, das weiß ich aus Erfahrung.« Die Erinnerung ließ ihr Gesicht hart werden.

Wir nahmen den Aufzug in den zehnten Stock. Linda klopfte an der Tür des Apartments 10C, und Sarah Grange öffnete ihr. Sie trug enge Jeans und ein weißes Seidenhemd. In der linken Hand hielt sie ein blaues Kleid. Ihre rechte Hand ruhte auf ihrer schlanken Hüfte. Sie hatte langes dunkles Haar und keine gespaltenen Haarspitzen. Ihre Haut wirkte makellos, ihre Beine waren lang und wohlgeformt. Ihre Augen, die hohen Wangenknochen, die Nase, das Kinn – alles war perfekt proportioniert. Sie war die Art von Frau, die allein durch ihr Aussehen alles zum Stillstand bringen konnte – eine Unterhaltung ebenso wie einen Zug, eine Hochzeit, ein Herz. Wenn man sie ansah, spielte es keine Rolle, daß Schönheit nur etwas Oberflächliches war. Sie war um die Zweiundzwanzig und mir auf Anhieb unsympathisch.

»Macht die Tür zu«, kommandierte sie, während sie ein paar dicke Strähnen ihres üppigen dunklen Haars nach hinten über die Schulter schnippte. Sie führte uns ins Wohnzimmer hinüber; die verächtliche Eleganz ihrer Bewegungen ließ keinen Zweifel daran, wie lästig ihr diese körperliche Anstrengung war.

Das Wohnzimmer war ein großer, breiter Raum mit

einem Aussichtsfenster, das die Schwärze des East River einrahmte. Der Raum war mit dem erlesenen Geschmack eingerichtet, den nur viel Geld und ein Raumausstatter zustande bringen. Vor einem Kamin stand ein mit gelber Seide bezogenes Tête-à-tête-Sofa. Gestreifte Sessel mischten sich mit edel geblümten. Kristallampen trugen freche Seidenschirme. Auf einem kleinen runden Tisch mit einer fransenbesetzten Brokattischdecke war eine Sammlung gläserner Briefbeschwerer drapiert. Auf einem zweiten Tischchen drängten sich handbemalte Porzellandöschen. Weitere Kunstgegenstände waren über den ganzen Raum verteilt. Man kam sich vor wie in einem Geschenkeladen. Über dem weißgestrichenen Kaminsims hing ein vergrößerter Schwarzweißabzug des *Bonton*-Photos von Cybella und Sarah.

Durch eine offene Tür neben dem Kamin konnte ich ein ungemachtes Bett sehen. Auf dem Bett lag ein Koffer.

»Sie verlassen die Stadt?« fragte ich.

»Nora Brown ist stinksauer auf mich. Ich soll morgen bei ihr einziehen, damit sie ein Auge auf mich haben kann.«

»Wozu soll denn das gut sein?« fragte Linda.

»Offenbar befürchtet sie, daß ich ein zweites Pornovideo drehen könnte«, meinte Sarah sarkastisch.

»Das mit Ihrer Mutter tut mir leid«, sagte ich.

»Danke.« Sarahs kaffeebraune Augen, die längst nicht so tiefgründig und faszinierend waren wie die Cybellas, musterten mich mißtrauisch. Ihr Gesicht verriet kein Zeichen von Trauer, aber um ihre Augen und ihren Mund lag ein harter Zug. Sie schleuderte das Kleid ins Schlafzimmer hinüber, wo es auf dem Boden landete, und ließ sich dann auf dem Tête-à-tête-Sofa nieder. Obwohl sie mich nicht dazu aufgefordert hatte, setzte ich mich auf einen der gelbweiß gestreiften Sessel. Der Seidenstoff fühlte sich so kalt an wie eine Marmorplatte.

Linda, die immer noch stand, schien sich unwohl zu fühlen, als wären die Möbel nicht für sie bestimmt. Sie lehnte sich gegen das Aussichtsfenster. Eingerahmt von der Schwärze des Himmels und des Flusses, verschmolz sie in ihrem schwarzen Kleid mehr mit der kalten Dunkelheit als mit der strahlenden Helligkeit des Raums.

»Es muß hart sein, eine Wohnung wie diese zu verlassen.« Linda zündete sich eine Zigarette an; wieder legte sie ihre Hand schützend um die Flamme. Sie blies eine lange Rauchschleife in die Luft.

»Ich hasse diese Wohnung. Nichts gehört mir. Es sind alles die Sachen von Cybella. Du brauchst nicht zu bleiben, Linda. Ich komme schon klar.« Sarah fächelte sich den Rauch aus dem Gesicht und wandte sich dann mir zu. »Wie war noch mal Ihr Name?«

»Maggie Hill.«

»Maggie kann mit dem Taxi ins Hotel zurückfahren«, sagte Sarah zu Linda.

Linda zuckte mit den Achseln. »Dann bis bald mal, Maggie.«

»Einen Augenblick. Wo waren Sie gestern vormittag gegen elf?« fragte ich und klang dabei wie eine richtige Detektivin.

Wieder umspielte ein hartes Lächeln ihre Lippen. »Zu Hause. Im Bett. Allein. Ich arbeite abends sehr lange. Warum fragen Sie Sarah nicht, wo sie war?«

»Ich war hier. Allein. Warum?« fragte Sarah.

»Um diese Zeit wurde Jackie ermordet. Du hast vergessen, mir davon zu erzählen, Sarah«, bemerkte Linda trocken.

»Ich hatte eben viel um die Ohren. Allein schon Noras Gezeter wegen des Videos! Sie hat mich angeschrien, meine Karriere stehe auf dem Spiel, und meinetwegen sei womöglich ihr Ruf in der Branche ruiniert. Mein Gott, man könnte fast meinen, ich hätte eine Bank überfallen. Dabei kannte ich Jackie nicht mal richtig. Gut, wir haben zusammen ein Pornovideo gemacht, aber deswegen war sie noch längst nicht meine Busenfreundin. Ich habe doch gesagt, du sollst gehen«, sagte sie zu Linda.

Es war schwer, diese beiden Frauen einzuschätzen. Jede schien sich zu verstecken – die eine hinter ihrer Straßensexualität, die andere hinter ihrer passiven Schönheit. Nachdem Linda gegangen war, zog Sarah die Beine an und schlang die Arme um die Knie. Es sah aus, als würde sie sich selbst umarmen.

»Wissen Sie, als ich versuchte, als Model Arbeit zu finden, waren die Sekretärinnen und Assistentinnen immer diejenigen, die mich am nettesten behandelten.«

»Ist das der Grund, warum ich hier bin – weil ich Claire Conrads Assistentin bin?«

»Nora will nicht, daß ich mit Claire Conrad spreche, ohne daß sie dabei ist.«

»Weil Sie etwas Unüberlegtes sagen könnten?«

Die dunklen Augen blickten plötzlich abwehrend. »Nein, ich dachte bloß, wir beide könnten uns vorab schon mal unterhalten, um zu klären, wie die Dinge wirklich stehen.«

»Okay.« Ich lehnte mich in meinem Sessel zurück und wartete auf den Beginn unserer Unterhaltung. Sarah umarmte sich noch ein bißchen fester.

»Wissen Sie, mir ist immer noch nicht klar, was an der ganzen Sache so schlimm sein soll.«

»Sie meinen, abgesehen von der Tatsache, daß Jackie ermordet wurde?«

»Seien wir doch mal realistisch. Manchmal passieren Mädchen wie ihr eben schreckliche Dinge. Ich warne Linda ständig, vorsichtig zu sein.« Sie verschränkte ihre langen Beine zum Lotussitz. »Viele Models müßten ehrlicherweise zugeben, schon mal bei einem Porno mitgemacht zu haben, als sie noch ums Überleben kämpften.« Sie legte ihre Hände mit den Handflächen nach oben auf ihre Beine und begann, den Kopf hin- und herzudrehen und dabei ihren langen Nacken zu strecken. »Mein Gott, geht mir das alles auf die Nerven.«

Ich finde es unerträglich, daß manche Frauen es nicht fertigbringen, beim Sitzen ihre Beine auf dem Boden zu lassen wie wir anderen auch. Ich warte immer darauf, daß sich diese vergötterten Geschöpfe ein Bein um den Hals schlingen und auf diese Weise selbst strangulieren. »Sie halten sich also für eine politisch korrekte Schlampe.« Meine Worte bewirkten immerhin, daß sie aufhörte, den Kopf hin- und herzuwenden.

Sarah wollte etwas sagen, überlegte es sich dann aber anders. Statt dessen lächelte sie, als hätte sie gerade einen Schönheitswettbewerb gewonnen. »Ich hatte eigentlich gehofft, Sie könnten Claire Conrad irgendwie dazu bringen, St. Rome das Video nicht zu zeigen.«

»Wenn das Ganze eine solche Lappalie ist, warum machen Sie sich dann seinetwegen Gedanken?«

»Für mich ist es eine Lappalie, aber er könnte da anderer Meinung sein, vor allem, wenn die Sache an die Öffentlichkeit käme.«

»Wegen des roten Kleides?«

»Wie bitte?«

»Ich rede von dem roten Kleid, das Jackie trug.«

»Das war irgend so ein billiger Fetzen, den sie selbst mitgebracht hatte. St. Rome weiß schon von dem Video, weil Sie bei Blanchard Smith angerufen haben. Aber er hat es noch nicht gesehen. Für morgen ist ein Shooting angesetzt, da werde ich ihm gegenübertreten müssen.« Während sie ihre Beine entwirrte, warf sie einen verzweifelten Blick in meine Richtung. »Er wird vor Wut rasen. Aber Nora wird schon mit ihm fertig werden. Schließlich habe ich ihm bei seinem Comeback geholfen. Niemand wollte sein Zeug tragen, bis Nora mich in eines seiner Outfits steckte. Trotzdem wäre es morgen leichter für mich, wenn er das Video nicht gesehen hat.«

»Wann wurde es gedreht?« fragte ich sie.

»Vor mehr als einem Jahr in einem billigen Motel.« Sie dachte einen Moment lang nach. »Es war das Royal Motel.«

»Wo ist das?«

»Es lag in der Nähe des JFK-Flughafens. Inzwischen ist es abgerissen worden«, sagte Sarah.

»Sehr praktisch. Wer war sonst noch dabei?«

»Nur ich und Jackie und der Typ mit der Kamera.«

»Hat der Typ auch einen Namen?«

»Ich habe ihn nicht gefragt. Es war irgend so ein widerlicher Kerl. Ich tat einfach, was er sagte, nahm das Geld und ging wieder.« Sie nagte an ihrer Unterlippe – nicht aus Nervosität, sondern eher selbstverliebt; es hatte fast etwas von kleinen Liebesbissen. Als sie fertig war, sagte sie: »Ich bitte Sie ja nur, St. Rome das Video nicht zu zeigen. Ich glaube nicht, daß das zuviel verlangt ist.«

»Sie scheinen das mit Ihrer Mutter nicht besonders schwer zu nehmen.«

Ihre kaffeebraunen Augen wandten sich mir so ruhig und langsam zu, als wäre ich eine Kamera. »Ich weine nicht, wenn Sie das meinen.«

»Schlecht für den Teint?«

Ihre Finger spielten mit ihren Haarspitzen. »Weinen verträgt sich nicht mit meinem Aussehen. Es liegt mir einfach nicht. Irgendwie kommen mir Tränen immer so nichtssagend vor. Also lasse ich es gleich bleiben.«

»Waren Sie überhaupt nicht schockiert? Überrascht? Traurig?«

»Worüber?«

»Darüber, daß Ihre Mutter sich das Treppenhaus hinuntergestürzt hat.«

»Meine Mutter hatte schwere Depressionen. Ich habe versucht, sie glücklich zu machen, weiß Gott, aber ich war nun mal nicht ihr Lebensinhalt. Sonst hätte sie mich wohl kaum bei meinen Großeltern zurückgelassen. Sie hat mich bloß bei sich aufgenommen, weil ich schön war.« Ihre Stimme versagte. Ihre Wangen wurden vor Wut ganz rot. »Sie saß bloß hier herum, trank vor sich hin und beobachtete mich. Es war wie im Gefängnis. Wie … ach, was spielt das jetzt noch für eine Rolle.« Sie fuhr sich mit den schlanken Fingern durchs Haar.

»Jackie war der Meinung, daß Cybella ermordet wurde«, sagte ich.

Abrupt stand sie auf. »Jackie kannte Cybella doch überhaupt nicht. Und mich hat sie auch nur ein einziges Mal getroffen, und zwar, als wir das Video drehten.« Sie stemmte die Hände in die Hüften. »Hören Sie, alles, worum ich Sie bitte, ist, daß Sie St. Rome den Film nicht zeigen. Ok?«

»Jackie hat nicht erwähnt, daß sie Sie schon kannte, bevor Sie ein gefragtes Model wurden.«

»Und?«

»Ich glaube, sie hätte uns das bestimmt erzählt – es sei denn, Sie waren bereits ein gefragtes Model, als Sie das Video drehten.«

»Sie waren in der Schule nicht besonders beliebt, stimmt's?« Wieder strich sie sich ein paar Strähnen ihres prächtigen Haars aus dem Gesicht. »Sie konnten Mädchen wie mich nicht ausstehen. Man merkt es Ihnen immer noch an.«

Sie hatte recht. Mädchen wie sie waren immer in Zweier- oder Dreiergrüppchen unterwegs, steckten ständig die Nasen zusammen und rochen nach Parfum, Lippenstift und Exklusivität. Andere hatten da keine Chance.

»Wissen Sie, warum ich Sie nicht mag? Sie besitzen die Macht all dieser Schönheit, und Sie benutzen sie mit der ganzen Anmut eines Vorschlaghammers.«

»Ich schätze, das bedeutet, daß Sie St. Rome das Video zeigen werden. Fuck you. Aber was soll's. Jedenfalls brauche ich jetzt ein bißchen Schlaf. Ich muß morgen schön sein. Den Weg hinaus finden Sie sicher selbst.« Sie stampfte in ihr Zimmer und knallte die Tür hinter sich zu.

Verdammt.

Ich stand auf und ging in die Diele hinaus. Neben dem Eßzimmer gab es noch eine andere Tür. Sie führte in ein sorgfältig durchgestyltes Schlafzimmer, das in demselben satten Gelbton gehalten war wie das Wohnzimmer.

Ich ging zur Wohnungstür hinüber, öffnete sie und schlug sie lautstark wieder zu.

Dann drehte ich mich um, ging in das Schlafzimmer und schloß leise die Tür hinter mir. Stille hatte sich über den Raum gesenkt wie das Gewicht eines Geliebten. Während ich mich durch diese Stille bewegte, fiel mein Blick zufällig auf mein Spiegelbild. Ich sah aus wie ein Flüchtling – eine Abtrünnige des weiblichen Geschlechts, verzweifelt bemüht, jedem Spiegel aus dem Weg zu gehen. Ich wandte mich von den verspiegelten Schranktüren ab und betrachtete den Raum. Auf dem in goldfarbenem Damast bezogenen Bett war eine Sammlung edler alter Leinenkissen verteilt. Eine Kristallampe zierte den Nachttisch. Ein silbergerahmtes Photo zeigte Cybella, die gerade Sarah anlächelte, während Sarah in die Kamera lächelte. Ein anderes Photo zeigte Cybella Arm in Arm mit einem gutaussehenden grauhaarigen Mann. Die beiden sahen aus wie ein glückliches Paar mittleren Alters, das sein Geld gut angelegt hatte. Was machte ich hier eigentlich? Ich ging zu einem kleinen Bücherregal hinüber, das mit ledergebundenen Bänden gefüllt war. Ich nahm eines der Bücher heraus und schlug es auf. Es war *Das goldene Notizbuch* von Doris Lessing. Die Widmung lautete: *Für Cybella, mit all der Liebe, die nur eine Frau verstehen kann, Nora. 1973.* Der Einband war steif, die Seiten wirkten unberührt. Das Buch war nie gelesen worden. Ich nahm ein anderes heraus. *Madame Bovary*. Mein Lieblingsbuch. Diesmal hatte Nora geschrieben: *Für Cybella, meine Liebe, mein Leben. 1968.* Flaubert war ebenfalls ungelesen. Welche Frau war in der Beziehung der beiden eigentlich Madame Bovary?

In dem verspiegelten Schrank hing eine ordentliche Reihe durchsichtiger Plastikhüllen, die alle mit einem Reißverschluß versehen waren. Die Kleider in den Hüllen wirkten wie schattenhafte Leichen. Als ich einen der Reißverschlüsse öffnete, strömte ein starker, exquisiter Duft in den Raum. Zum ersten Mal hatte ich das Gefühl, die Anwesenheit der lebenden Cybella zu spüren. Fünf Kostüme hingen auf gepolsterten Kleiderbügeln, alle fünf von Chanel. Ich zog den Reißverschluß wieder zu und öffnete eine weitere Hülle. Wieder beschwor ihr Parfum eine so starke Präsenz herauf, daß es mir vorkam, als stünde sie leibhaftig neben mir. Ich starrte auf ein paar Abendkleider. Die leeren Bustiers schienen darauf zu warten, von Brüsten ausgefüllt zu werden, die ihnen wieder eine Existenzberechtigung geben würden. Zwischen einem Hauch aus Chiffon, einem Paillettenkleid und einem kleinen Schwarzen spitzte ein Stück rote Seide hervor. Ich nahm das Kleid vom Bügel. Es sah genauso aus wie das Kleid, das Jackie in dem Video getragen hatte. Das Etikett war von St. Rome. Als ich es wieder aufhängte, wiegten sich die anderen Kleider auf ihren Bügeln hin und her wie leicht beschwipste Damen. Ich schloß die Schranktüren. Warum logen sie bloß alle wegen dieses Kleides?

Ich ging zu einem Art-deco-Frisiertisch hinüber und warf einen Blick in die Schubladen. Exquisite Unterwäsche, die Art, von der ich nur träumen konnte, lag liebevoll zusammengefaltet im obersten Fach. Die mittlere Schublade war mit Lippenstiften, Make-up, Bürsten und silbernen Lidschattendöschen gefüllt. Neben einer Dose voll losem Puder schimmerten zwei Schlüssel. Als ich danach griff, stieß ich gegen die Puderdose. Wolken aus rosafarbenem Puder stiegen in die Luft, um sich dort aufzulösen wie ein Geist. Ich sah mir die Schlüssel näher an. Einer war ein Baldwin, vermutlich der Hausschlüssel. Bei dem anderen handelte es sich wahrscheinlich um den Wohnungsschlüssel. Ich schob beide ein, schloß die Schublade und ging langsam zur Tür zurück. Eingehüllt von Cybellas Duft, verließ ich leise die Wohnung.

10

Irgend etwas klapperte. Die Knochen toter Frauen klappern. Ihre Zähne klappern, wenn sie lächeln. Alte Frauen. Junge Frauen. Sie spreizen morsche Beine. Stellen leblose Brüste zur Schau. Klappern und klappern.

»Schütten Sie ihr kaltes Wasser ins Gesicht.«

»Sie schläft doch nur, Madam.«

Wasser? Noch dazu kaltes?

Ich setzte mich auf und schaute angestrengt durch Strähnen zerzausten Haars zu Boulton und Claire, die am Fußende meines Bettes standen. Claire war ganz in Weiß gekleidet und lehnte auf ihrem elfenbeinernen Gehstock wie ein Engel im Exil. Boulton trug ein Tablett, das mit einer Kanne Kaffee, einer Tasse, einem Töpfchen Marmelade und einem kleinen Kännchen Sahne beladen war. Mehrere Scheiben Toast waren wie Briefumschläge in einem silbernen Halter aufgereiht. Irgend etwas stimmte nicht.

»Haben Sie gut geschlafen?« fragte Claire, während sie mir meinen Bademantel aufs Bett warf.

Sie sah mich mit einem seltsamen Ausdruck an, fast als versuchte sie, mütterlich zu wirken. Ich blinzelte. Ja, sie bemühte sich tatsächlich um eine Art häusliche Wärme und Herzlichkeit. Aber bei ihr wirkte das, als hätte sie gerade in die falsche Sorte Pralinen gebissen.

»Ich weiß nicht so recht. Was soll das alles? Wie spät ist es?« Ich kämpfte mich in meinen Morgenmantel, während Boulton, der diskrete Butler, an die Decke über meinem Kopf starrte.

»Zeit für eine Unterhaltung«, sagte sie und ließ sich neben meinem Bett auf einem Sessel nieder. »Ich kann doch nicht zulassen, daß Sie den ganzen Nachmittag verschlafen.« Schon wieder dieses üble Lächeln. Es funktionierte auch diesmal nicht. Einen schrecklichen Moment lang dachte ich, sie würde womöglich sogar zu stricken anfangen.

»Es ist schon Nachmittag?« Ich fühlte mich wie erschlagen. Boulton stellte das Tablett auf meinem Schoß ab und schenkte mir Kaffee ein. Sein Arm streifte meine Schulter. Er roch nach Seife. Seine Haarspitzen sahen feucht aus.

»Regnet es draußen?« Ich nahm einen Schluck Kaffee.

»Na also«, sagte Claire. »Ist der Kopf jetzt wieder klar?«

Ich genehmigte mir einen weiteren Schluck und nickte.

»Dann fangen Sie bitte an.« Sie lehnte sich zurück und schloß die Augen. Ihre große, bleiche Hand ruhte auf ihrem Elfenbeinstock. Der Lapis schimmerte.

Zwei Scheiben Toast mit Marmelade und drei Tassen Kaffee später schilderte ich ihr die Ereignisse der letzten Nacht, wobei ich nur meine feministische Schmährede im Peep Thrills ausließ. Manche Dinge behielt man besser für sich. Sie öffnete die Augen und sah nur knapp an mir vorbei.

»Sarah bewahrte die Zeitschriften in einem Karton auf, den sie in ihrem Schrank stehen hatte«, wiederholte sie.

»Das hat Linda zumindest behauptet.«

»Und das rote Kleid gehörte Cybella.«

»Es hängt in ihrem Schrank, und es ist definitiv von St. Rome.« Ich bestrich eine weitere Scheibe Toast mit Marmelade.

»Sarah Grange macht also ein Pornovideo, bei dem sie Jackie ein Kleid ihrer Mutter tragen läßt«, stellte Boulton fest. »Das ergibt doch keinen Sinn.«

»Es ergibt sehr wohl einen Sinn, wenn man das Video

nicht nur als Porno sieht, sondern darüber hinaus als ein Mittel, um jemanden zu erpressen.« Claires Blick verweilte auf dem Toast in meiner Hand.

»Wie kann man jemanden wie sie dazu zwingen, so etwas zu tun?« fragte ich.

»Der Erpresser sagt: ›Wenn du nicht bei diesem Video mitmachst, plaudere ich aus, was ich weiß, und zerstöre deine Karriere.‹ Das St.-Rome-Kleid benutzt er, um zu beweisen, daß das Video vor weniger als sechs Monaten aufgenommen wurde. Nicht schon vor einem Jahr.«

»Demnach hat Sarah etwas zu verbergen«, sagte ich und leckte etwas Marmelade von meinem Finger.

»Jetzt essen Sie doch endlich Ihren Toast!« fauchte Claire.

»Warum regen Sie sich denn so auf?«

»Sie sitzen da und halten den Toast, als wäre er eine Trophäe!«

»Was ist denn aus dem scheinheiligen mütterlichen Lächeln geworden?«

»Ich habe Kopfschmerzen davon bekommen.«

Ich biß in meinen Toast.

»Warum trägt dann Jackie das Kleid, und nicht Sarah Grange?« fragte Boulton.

»Ich weiß es nicht«, antwortete Claire, während sie mit den Fingern auf dem Knauf ihres Gehstocks herumtrommelte und weiter meinen Toast beäugte. »Diese Linda Hansen weiß zweifellos mehr, als sie sagt. Ist so ein BMW nicht ziemlich teuer?«

»Nicht, wenn man einen Bentley fährt«, gab ich zurück.

Gerta streckte den Kopf ins Zimmer. »Ihr Frühstück ist fertig, Miss Conrad.«

»Gott sei Dank.«

»Frühstück?« fragte ich.

»Ich sterbe schon vor Hunger.« Claire stand auf und streckte sich. »Es ist nicht einfach, sich zu konzentrieren, wenn man zuhören muß, wie Sie Ihren Toast kauen, Miss Hill. Aber dank meiner großen Selbstdisziplin ist es mir trotzdem gelungen, dieses kleine Ärgernis zu verkraften.«

»Frühstück? Augenblick mal! Sie haben doch behauptet, es sei schon Nachmittag. ›Den ganzen Nachmittag verschlafen‹, haben Sie gesagt. Wieviel Uhr ist es?« Ich sah zu meinem Nachttisch hinüber. Mein Wecker war verschwunden.

»Sieben Uhr morgens«, antwortete Boulton.

»Sie meinen, ich habe nur zwei Stunden geschlafen?«

»Es sieht ganz danach aus«, sagte Boulton.

»Es sieht danach aus?!«

»Sie können gerne wieder ins Bett gehen, wenn Sie möchten«, meinte Claire.

»Ich habe gerade drei Tassen Kaffee getrunken.«

»Tja, Sie müssen selber wissen, wieviel Schlaf Sie brauchen. Sobald Sie sich zum Aufstehen entschlossen haben, möchte ich, daß Sie St. Romes Vertreter anrufen. Ich will St. Rome baldmöglichst hier sehen«, sagte sie im Gehen. »Und vergessen Sie nicht, herauszufinden, wo sich das Duke Hotel befindet.«

»Wo ist mein Wecker?«

»Sie hat ihn in die Schublade Ihres Nachttisches geschoben.« Als Boulton die Schublade aufzog, um den Wecker wieder neben mein Bett zu stellen, war ein Stück von meinem handlichen kleinen Navy Colt zu sehen.

»Hätte sie nicht noch ein paar Stunden warten können?«

»Sie wissen doch, daß sie morgens am besten denken kann.«

»Nein, das weiß ich nicht.«

»Möchten Sie, daß ich Ihnen ein Bad einlasse? Ihnen den Rücken schrubbe?«

»Nein, das möchte ich nicht.«

Er stellte sich neben mein Bett. Seine Miene wurde ernst. »Maggie, Sie hatten gestern nacht Ihre Waffe nicht dabei.«

»Ich mußte gestern nacht niemanden erschießen, Boulton.«

»Darum geht es nicht. Zu mir haben Sie gesagt, Sie hätten sie bei sich.«

»Ich wollte Linda nicht verlieren. Ich habe Sie angerufen und Ihnen gesagt, was ich vorhatte. So lauten die Regeln, und ich habe sie befolgt.«

»Sie haben mich angelogen, Maggie. Mein Job ist es, Sie zu beschützen. Das verstehen Sie doch.«

»Ihr Job ist es, Ihre Chefin zu beschützen, nicht mich. Ich brauche keinen Bodyguard.«

»Die Tatsache, daß ich nicht in Ihrem Dienst stehe, bedeutet noch lange nicht, daß Sie keinen Aufpasser brauchen. Vor allem, wenn Sie sich so leichtsinnig verhalten wie gestern nacht.« Sein Blick war hart.

»Boulton, in L.A. hatte ich eine Waffe dabei, und die Folgen haben mir nicht gefallen.«

»Sie meinen die Tatsache, daß wir noch am Leben sind? Ich möchte, daß Sie den Revolver immer bei sich tragen.«

»Sie brauchen nicht auf mich aufzupassen. Und Sie haben kein Recht, in meinem Zimmer herumzuschnüffeln, wenn ich nicht da bin.«

»Ein Butler schnüffelt nicht herum, er macht sich bloß nützlich.«

»Wie kommt es, daß jedes unserer Gespräche damit endet, daß Sie sich hinter Ihrem Butler-Image verstecken?«

»Ich bin nun mal Butler, Maggie. Und wie kommt es, daß Sie mir bei jedem unserer Gespräche zu verstehen geben, daß Sie keinen Mann brauchen?«

Wieder konnten wir uns nur anstarren. Er nahm das Tablett und machte auf dem Absatz kehrt.

Ach, verdammt.

An Schlaf war jedenfalls nicht mehr zu denken. Vierzig Minuten später stand ich geduscht und angezogen im Bad und betrachtete mein Spiegelbild. Ich trug meine rosaschwarz gemusterte Jacke und dazu einen schwarzen Rock. Mein braunes Haar, das mir bis knapp unters Kinn reichte, hatte ich aus dem Gesicht frisiert. Es würde so bleiben, bis ich den Kopf bewegte. Auf meinen Lippen glänzte Wet Red. Sie luden zum Küssen ein, aber ich wollte nicht geküßt werden. Ein Paradoxon. Oder nur Heuchelei? Vielleicht kommen wir Frauen uns deshalb immer ein bißchen betrügerisch vor. Wir sehen nie so aus, wie wir uns fühlen, und wir fühlen uns nie so, wie wir aussehen. Natürlich könnte ich auch ohne Make-up gehen, aber ich habe Frauen, die ungeschminkt herumlaufen, nie über den Weg getraut. Ich habe immer das Gefühl, daß sie etwas verbergen.

Claire hatte inzwischen gefrühstückt und zu ihrem normalen Selbst zurückgefunden. Und auf ihren Thron. Boulton war damit beschäftigt, die Sofakissen aufzuschütteln. Tief in Gedanken versunken, hob Claire ihren Gehstock und blickte daran entlang, als handle es sich um einen Gewehrlauf. Ich wählte die Nummer von Blanchard Smith.

»Hier spricht Maggie Hill. Erinnern Sie sich an mich? Wir haben gestern schon miteinander telefoniert«, informierte ich Blanchards Sekretärin.

»Was wollen Sie?« Am Ton ihrer Stimme konnte ich erkennen, daß sie sich nur ungern an mich erinnerte.

»Claire Conrad möchte St. Rome heute vormittag in ihrer Suite im Parkfaire Hotel sehen. Es ist sehr wichtig.«

»Einen Augenblick bitte.« Sie legte mich auf die Warteschleife. Plötzlich hörte ich Johnny Mathis »Misty« singen. Ich summte mit.

»Muß das sein, Miss Hill?« Claire war inzwischen dazu übergegangen, mit dem Gehstock gegen die Spitze ihres rechten Schuhs zu klopfen.

»Einer meiner Lieblingssongs.«

»Was ist mit unerwiderter Liebe?« fragte Boulton, während er dem Kissen einen Klaps gab.

»Den Song kenne ich nicht.«

»Ich nehme an, für einen Dichter oder Songwriter ist unerwiderte Liebe etwas sehr Einträgliches«, bemerkte Claire. »Abgesehen davon, entbehrt sie jeder Vernunft.«

»Ich dachte gerade an die Widmungen, die Nora Brown in Cybellas Bücher geschrieben hat«, entgegnete Boulton.

»Oh, als Mordmotiv, das ist natürlich etwas anderes. Aber wenn Miss Brown Cybella aus diesem Grund umgebracht hätte, warum dann das ganze Brimborium mit dem Video und dem roten Kleid?«

Die Sekretärin unterbrach Mathis. »Ich habe ihn zu Hause erreicht. Er kann in einer halben Stunde im Hotel sein.«

Ich legte auf. »In einer halben Stunde ist er da.« Dann rief ich die Auskunft an und ließ mir Nummer und Anschrift des Duke Hotel geben. Claire ließ sich noch tiefer in ihren Sessel sinken und legte den Kopf zurück. Ein leichtes Lächeln umspielte ihre Lippen. »Sie halten Pornographie also für männliche Tyrannei, Miss Hill?«

»Und da wundern sich die Männer, warum wir Frauen wütend werden«, bemerkte ich mit Blick auf Boulton.

»Es ist sein Job, und eigentlich auch Ihrer, mir genau zu sagen, was vor sich geht«, erklärte sie.

»Wenn ich nicht ins Peep Thrills gegangen wäre, hätte mich keine Linda Hansen zu Sarah Grange und Cybellas Kleiderschrank geführt.«

»Niemand stellt Ihre Kompetenz in Frage. Boulton und ich machen uns lediglich Sorgen, daß Ihr Hang zur Dramatik der Diskretion entbehrt.«

»Diskretion? Ein Dreizentner-Typ mit Goldringen von der Größe meiner Ohren will mein Innerstes nach außen kehren, und Sie verlangen Diskretion von mir?«

»Nur als ein Ziel, auf das man hinarbeiten sollte, Miss Hill.«

Boulton schüttelte ein weiteres Kissen auf.

Zwanzig Minuten später klingelte es an der Tür. Boulton führte St. Rome ins Zimmer. Der Designer war um die Fünfzig und hatte welliges, schwarzgefärbtes Haar mit einer Spur von echtem Grau an den Schläfen. Er war klein und drahtig und bewegte sich mit der schnellen Präzision eines Ballettlehrers. Er trug einen grauen Nadelstreifenanzug und dazu einen rosa Rollkragenpullover. Aus seiner Brusttasche quoll ein Einstecktuch aus roséfarbener Seide.

»Unter anderen Umständen hätte ich es vielleicht genossen, von Ihrem Angestellten durchsucht zu werden«, eröffnete er Claire.

»Bitte setzen Sie sich doch«, antwortete sie. »Das ist meine Assistentin, Maggie Hill.«

Er nickte und setzte sich auf das Sofa, als hätte er es höchstpersönlich entworfen. Boulton stellte sich hinter ihn.

»Ich nehme an, Sie haben mit Nora Brown gesprochen?« fragte Claire.

»Sie rast vor Wut, und ich kann es ihr nicht einmal verdenken. Erpressung ist etwas so Unerfreuliches.«

»Genauso unerfreulich wie Mord, Mr. St. Rome. Wir werden uns jetzt dieses Video ansehen. Ich möchte, daß Sie dabei besonders auf das rote Kleid achten.« Claire deutete mit ihrem Gehstock auf den Videorecorder, ich drückte auf die Fernbedienung, und schon erschienen Jackie und Sarah auf der Bildfläche.

St. Rome stand auf, sah sich das Kleid aus der Nähe an und kehrte dann zum Sofa zurück. »Sie können abschalten. Ich habe in meinem ganzen Leben noch nie eine Frau begehrt. Es wäre schon eine große Ironie des Schicksals, wenn ich durch so etwas ruiniert würde.«

»Mr. St. Rome, erkennen Sie das Kleid?«

»Darling, wie sollte ich? An dieser armen Kreatur sieht es aus wie ein roter Müllsack.«

»Sie geben aber zu, daß zu Ihrer letztjährigen Herbstkollektion ein rotes Abendkleid gehörte?«

»Natürlich. Aber es handelt sich nicht um das Kleid in dem Video.«

»Wie viele von diesen Kleidern haben Sie gemacht?«

»Ich bin mir nicht sicher.« Er legte den Kopf schief.

»Aber Sie wissen, wem Sie die Kleider verkauft haben?«

»Darüber gibt es Unterlagen, natürlich.«

»Dann würde ein Blick in Ihre Unterlagen ergeben, daß eines der Kleider Cybella gehörte.«

»Cybella? Ganz bestimmt nicht.«

»Woher wissen Sie das?«

»Weil ich nachgesehen habe...« Er hielt inne und fuhr sich mit der Zunge über die Lippen.

»Warum haben Sie sich die Mühe gemacht, das zu tun?« Claire musterte ihn.

Er schwieg.

»Mr. St. Rome, eines von Ihren Kleidern hängt in Cybellas Schrank. Möchten Sie, daß die Polizei einen Blick in Ihre Bücher wirft?« drängte Claire.

»Cybella hat das Kleid nicht gekauft.« Er schwieg einen Augenblick; ihm war anzusehen, wie unbehaglich er sich fühlte. »Hören Sie, Sie müssen mir das glauben, ich weiß nichts über dieses Video. Und ich gebe auch nicht zu, daß das Kleid, das dieses arme Geschöpf anhat, aus meiner Herbstkollektion stammt.«

»Wie ist Cybella an das Kleid gekommen?« Ihre Stimme klang entnervt.

»Sie müssen das verstehen. Meine Firma investiert über zwanzig Millionen Dollar in Werbekampagnen mit Sarah Grange. Die Photo-Shootings sind für diese Woche angesetzt. Sie müssen verstehen, in welcher Lage ich mich befinde.«

»Ich bin für meine Diskretion bekannt«, versicherte ihm Claire.

»Und es geht nicht nur um die Kampagne. Ich muß auch meine Kunden schützen. Ich bin wie ein Psychiater; ich kann es mir nicht leisten, ihre Geheimnisse auszuplaudern.«

»Ich warte auf eine Antwort.«

»Was ist mit den beiden?« Er schnippte mit der Hand in meine Richtung und sah zu Boulton hoch.

»Boulton ist absolut vertrauenswürdig, und Miss Hill ist eine der diskretesten Frauen, die ich kenne.« Sie sagte das, ohne mit der Wimper zu zucken.

»Ich kann nicht. Ich kann einfach nicht…«

»Boulton.« Claire sagte seinen Namen in einem gelangweilten, trockenen Ton. Er zog seinen Revolver und drückte St. Rome den Lauf in den Nacken.

St. Rome wurde bleich. »Und das nennen Sie Diskretion?!«
»Nein. Einschüchterung.«
»Sheridan Reynolds hat das Kleid für Cybella gekauft.«
»Und wer ist Sheridan Reynolds?« fragte sie geduldig.
»Sagen Sie ihm, er soll die Waffe wegnehmen.« Mit zitternden Fingern faßte er sich an die Brust. »Das hier ist Kaschmir. Ich möchte nicht, daß es ruiniert wird.«
»Danke, Boulton.«
»Ich bin noch nie einem Mann begegnet, der seinen Charme so schnell verloren hat«, bemerkte St. Rome trocken, als Boulton den Revolver wieder in seine Halfter steckte. »Es gibt eigentlich keinen Grund, warum ich es Ihnen nicht erzählen sollte. Die ganze Stadt weiß es. Cybella war Sheridan Reynolds' Geliebte. Um ehrlich zu sein, ich habe versucht, ihm das mit dem Kleid auszureden. Es war viel zu jugendlich für sie. Heterosexuelle Männer haben für so etwas kein Gefühl. Sie verlieben sich in diese Frauen, wenn sie jung und schön sind, und kaufen ihnen auch nach zwanzig Jahren noch dieselbe Art Kleider, als hätten sich die Frauen überhaupt nicht verändert.«
»Mr. Reynolds ist verheiratet?« fragte sie.
»Sind sie das nicht alle, Darling? Verheiratet, und zwar mit einer Tonne Geld. Wenn sie nicht gerade einen Nervenzusammenbruch hat, kauft Elizabeth Reynolds auch bei mir. Ich wäre Ihnen dankbar, wenn sie das Kleid ihr gegenüber nicht erwähnen würden.«
»Wie lange war Cybella schon seine Geliebte?«
»Schon ewig. Aber erst, als sie älter war, hat sie sich mit dem Leben einer Geliebten abgefunden. Sie wissen schon. Damit, daß sie ständig auf Reynolds' Besuche warten mußte. Daß sie die Ferien allein verbringen mußte. Ich

glaube, das war einer der Gründe für ihre Depressionen. Ich werde die Frauen nie verstehen.« Er seufzte und schlug die Beine übereinander – ganz nach Art derer, die er nicht verstand. »Frauen sind Masochisten.«

»Alle?« fragte ich.

»Oh ja.« Er sah mich an. Ich mußte daran denken, daß diese Augen nie begehrlich, sondern immer nur abschätzend blicken würden. Ich fühlte mich, als könne er durch mich hindurch in meine Vergangenheit schauen und all die Männer sehen, mit denen ich ausgegangen war und mit denen ich geschlafen hatte, einschließlich Bobby Polinskys und desjenigen Exemplars, das ich geheiratet hatte und von dem ich inzwischen geschieden war. Ich fühlte mich, als könne er die Namen aller Männer aufzählen, die mich je verletzt hatten.

»Ich ziehe die Frauen an, Darling. Ich gebe ihnen die Fassade, hinter der sie sich gerne verstecken. Sie sind alle Masochistinnen. Und je schöner die Frau, desto masochistischer ist sie.«

»Und was ist mit Nora Browns Beziehung zu Cybella?« fragte Claire.

»Meine Güte, ihr wart aber fleißige kleine Bienchen. Auch sie hat Cybella geliebt. Lange Zeit war nicht klar, für wen Cybella sich entscheiden würde. Schließlich fand sie sich damit ab, Sheridans Geliebte zu sein. Frauen sind solche Masochisten.« Er machte eine hilflose Handbewegung. »Sie halten heterosexuelle Beziehungen für sicherer, während sie in Wirklichkeit nur langweilig sind. Ich glaube, Cybella hat sich aus Langeweile umgebracht.«

»Wo wohnt Sheridan Reynolds?« fragte Claire.

»Bitte, können Sie das nicht selbst herausfinden?«

»Wo wohnt er?« wiederholte Boulton.

»In diesem extravaganten Gebäude. Dem Avenue 8000.«

»Die Entdeckung von Sarah Grange scheint Ihre Karriere neu belebt zu haben«, bemerkte Claire.

»Nicht nur meine, Darling. *Bonton* liefen scharenweise die Leser davon. Wie die Ratten auf einem sinkenden Schiff. Nora stand kurz davor, enthauptet oder entthront zu werden, oder was sie sonst mit solchen Herausgebern anstellen. Aber plötzlich kommt sie mit Cybellas Tochter an. Sie beginnt Artikel über Cybella und Sarah zu bringen. Sie setzt Sarah aufs Cover und überzeugt mich, sie als St.-Rome-Model zu nehmen. Seitdem ist Nora wieder an der Macht, die neue Diana Vreeland.« Einen Augenblick lang musterte er Claire. »Nora hat mir versichert, daß Sarah nichts Schlimmes getan hat. Ich verlasse mich darauf, daß das stimmt. Mein Ruf steht auf dem Spiel.«

»Hat Sarah Ihnen gesagt, wie das rote Kleid in das Video gekommen ist?« fragte Claire.

»Ich habe noch nicht mit ihr gesprochen. Nora hat mir versichert, daß das Video gedreht wurde, bevor Sarah ihre Mutter gefunden hatte, und daß es dieses arme Geschöpf gewesen ist, die das Kleid hatte. Mehr will ich gar nicht wissen.«

»Vielen Dank für Ihre Hilfe, Mr. St. Rome.«

Er stand auf. Die geschwätzige Stimme wurde plötzlich hart. »Wenn Sie meine Kunden verärgern oder auf irgendeine Weise meinen Ruf schädigen, hören Sie von meinen Anwälten. Verstehen wir uns?«

»Führen Sie Mr. St. Rome hinaus, Boulton. Miss Hill, rufen Sie im Avenue 8000 an. Ich möchte mit Sheridan Reynolds sprechen.«

Ich ließ mir von der Auskunft die Nummer geben.

»Avenue 8000«, verkündete eine Männerstimme.

»Sheridan Reynolds, bitte.«

»Wen soll ich ihm melden?« Er sabberte mir seine Vokale so klangvoll ins Ohr, als wäre er an der Sorbonne ausgebildet worden.

»Claire Conrad.«

»Augenblick bitte.«

»Sheridan Reynolds' Apartment.« Wieder eine klangvolle Männerstimme, aber diesmal keine französische.

»Claire Conrad würde gerne mit Mr. Reynolds sprechen.«

»Er ist im Moment nicht abkömmlich.«

»Wann wird er denn wieder abkömmlich sein?«

»Ich bin Paul Quentin, Mr. Reynolds' Assistent. Darf ich fragen, worum es sich handelt?«

»Augenblick bitte.« Ich legte meine Hand über den Hörer. »Sein Assistent möchte wissen, worum es sich handelt.«

»Cybellas Tod.«

»Das nenne ich direkt.« Ich nahm die Hand vom Hörer. »Cybellas Tod.« Langes Schweigen. »Vielleicht können Sie ihn bitten, Miss Conrad im Parkfaire Hotel zurückzurufen. So bald wie möglich.«

»Ich werde es ihm ausrichten.« Paul Quentin hatte sich von seinem Schock immer noch nicht ganz erholt.

11

Der Bentley rollte die Zweiundvierzigste Straße hinunter. Das Morgenlicht hatte der Gegend jedes Leben und Blut entzogen und nur ein schmutziges graues Skelett übriggelassen. Ein paar Obdachlose, die für die Nacht in große Kartons gekrochen waren, schliefen noch. Die Ladenbesitzer spritzten den Gehsteig vor ihren Geschäften sauber. Die nackten Frauen auf den riesigen Plakaten, die die Kinos und anderen Gebäude pflasterten, sahen aus wie der schlimmste Alptraum jedes Mannes. Die Nacht hatte die Bilder ihrer unverhohlen zur Schau gestellten Körper in einem milderen Licht erscheinen lassen, ja sogar irgendwie verzaubert, hatte diese Frauen so weich und nachgiebig gezeichnet wie Kissen. Aber das Tageslicht entblößte die verheerende Wirkung von Wetter und Zeit. Die großen Brüste und Oberschenkel waren aufgerissen und blätterten ab. Die glutvollen, leidenschaftlichen Augen und die geöffneten Münder waren schwarz verschmiert, als hätten sich Tränen mit Wimperntusche vermischt. Die rosa Haut war zu einem ungesunden, blaustichigen Weiß ausgeblichen. Es waren die Bilder von Frauen, vor denen die Männer davonliefen. Bei ihrem Anblick schworen sie sich, nie wiederzukommen. Bis zum nächsten Mal.

»Kein Wunder, daß Nero Wolfe hier weggezogen ist«, meinte Claire traurig, während sie aus dem Autofenster spähte.

Ein paar Blocks vom Duke Hotel entfernt fand Boulton eine Parkgarage. Wir bildeten ein seltsames Grüppchen. Claire, eine imposante, aufrechte Gestalt ganz in Weiß, die den Asphalt mit ihrem elfenbeinernen Stock malträtierte, während sie den Gehsteig entlangeilte. Ich, die gehetzte Frau an ihrer Seite, die von Zeit zu Zeit ihr bestürzt dreinblickendes Spiegelbild in den Schaufenstern der Läden entdeckte. Dieser Gesichtsausdruck war bei mir nichts Ungewöhnliches. Und schließlich Boulton, der hinter uns herstolzierte, als wolle er Manhattan kolonisieren. Die

New Yorker, die sich sonst nie nach etwas umdrehten, weil sie Angst hatten, es könnte ein weiteres Stück von ihrer Seele absplittern lassen, verrenkten die Hälse und starrten uns an.

Auf dem Schild über der Hoteltür blinkte DUK HOT, was dem Hotel ein orientalisches Flair verlieh. Wir marschierten in das Foyer. Der Boden unter meinen Füßen fühlte sich holperig an. Die Ränder der violetten und schwarzen Linoleumfliesen wellten sich. Irgendwo im Inneren des Gebäudes schrie eine Frau. Ein Hotelangestellter saß ungerührt hinter einem Empfangstisch aus Resopal. Er hatte die Kapuze seines grauen Sweatshirts über den Kopf gezogen, und deren abgerundete Spitze vervollständigte das Abbild eines grauen Kobolds. Er trank seinen Morgenkaffee aus einer Styroportasse und beobachtete uns aus dunklen Knopfaugen über den Rand seiner Zeitung hinweg. Die Frau schrie erneut. Der Mann verpaßte seiner Zeitung einen kräftigen Schlag, gähnte und nahm einen weiteren Schluck von seinem Kaffee. Ein hübscher Junge schlief auf einem alten lilafarbenen Samtsofa seinen Rausch aus. Eine alte Frau mit schlohweißem Haar erhob sich aus ihrem Sessel und wankte auf uns zu. Ihr graues, von vielen Enttäuschungen zerfurchtes Gesicht leuchtete einen Moment lang erwartungsvoll auf.

»Setz dich wieder hin, Violet. Du kennst diese Leute nicht«, sagte der Angestellte.

Langsam kam Violet seiner Aufforderung nach und nahm wieder Platz, um weiterzuwarten. Ich mußte an die Madame Kuh aus dem Parkfaire denken. Und an meine Mutter, die mit einem Rosenkranz in der Hand wartete.

»Hier wohnt eine junge Frau namens Jackie. Wir hätten gern den Schlüssel zu ihrem Zimmer«, sagte Claire.

Der Angestellte biß in einen Schokoladen-Doughnut und versuchte, nachdenklich zu wirken. »Das kann ich nicht machen.«

Boulton zog einen Zwanziger aus seiner Tasche und legte ihn auf den Tisch. »Wir verlangen den Schlüssel nur aus Höflichkeit. Ich kann jede Tür in diesem Hotel ohne Schlüssel öffnen, und das werde ich auch tun – so lange, bis wir ihr Zimmer gefunden haben.«

Der Mann stellte seine Kaffeetasse ab. »Ich will keine Scherereien und keine kaputten Türen. Das Zimmer ist im ersten Stock. Nummer zwei. Die Treppe ist ganz hinten am Ende des Gangs.« Er reichte Boulton den Schlüssel.

Die Frau schrie schon wieder.

»Wollen Sie nicht nachsehen, was ihr fehlt?« fragte ich ihn.

»Ich weiß, was ihr fehlt«, antwortete er und leckte einen Schokoladenkrümel von seinen schmalen, rosafarbenen Lippen. Er versetzte seiner Zeitung einen weiteren Schlag.

Wir durchquerten das kleine, quadratische Foyer und gingen den langen, schmalen Gang hinunter. Eine einzige verschmierte Glühbirne spendete schwaches Licht. Ich konnte die Leute hinter den Türen hören, wie sie husteten, stöhnten, Schubladen zuknallten und versuchten, sich für den Tag fertig zu machen. Eine einsame männliche Gestalt lehnte an der Wand. Der Mann stellte sich Boulton in den Weg. Sein Gesicht war vor Angst schweißnaß.

»Sammy?« flüsterte er, wobei er am ganzen Körper zitterte.

»Nein«, sagte Boulton und schob ihn weg. Er wich zurück.

Wir gingen die Treppe hoch. Die Schreie der Frau kamen näher. Als wir oben angekommen waren, wurde eine Tür aufgerissen. Eine halbnackte Frau preßte ein paar Fetzen Kleidung an sich. Die schweren Brüste hingen ihr über den aufgedunsenen Bauch.

»Ich werde vergewaltigt«, sagte sie mit einer Stimme, die vom vielen Schreien schon ganz dünn war. »Hilfe, Hilfe.«

Claire blieb stehen. Ihr Körper versteifte sich, als sie ihren Blick auf die Frau und den Raum hinter ihr richtete.

»Hilfe!« Wimmernd schleppte sich die Frau zu ihrem Bett zurück und bedeckte sich mit einem schmutzigen Laken.

Claires Blick war in die Ferne gerichtet, als könne sie hinter der Frau eine andere Szene, einen anderen Raum sehen.

»Ich konnte nicht«, sagte Claire.

»Hilfe! Hilfe!«

»Ich konnte nicht.«

Boulton trat auf Claire zu. »Madam«, sagte er mit fester Stimme.

»Hilfe! Hilfe!« wimmerte die Frau.

»Es blieb keine Zeit.« Claires Stimme klang erschreckend hohl.

»Schließen Sie die Tür, Maggie«, sagte Boulton schnell.

Ich beugte mich hinein und zog die Tür zu. Die Frau schluchzte leise. Boulton legte seinen Arm um Claire, um sie zu stützen.

»Es blieb keine Zeit, es blieb keine Zeit«, wiederholte sie immer wieder, den Blick auf die geschlossene Tür gerichtet.

»Boulton, was ist los? Was fehlt ihr?« fragte ich.

»Sie wird sich gleich wieder gefangen haben.«

»Es blieb keine Zeit.« Claires Stimme wurde müde. Langsam wandte sie den Blick von der Tür ab und sah

Boulton an. Dann sagte sie: »Entweder hatten Sie den leidenschaftlichen Wunsch, die Arme um mich zu schlingen, oder ich hatte gerade einen meiner Anfälle.«

»Manchmal kann ich mich einfach nicht beherrschen, Madam.«

Ein ironisches Lächeln formte sich auf ihren zitternden Lippen. »Danke, Boulton.« Sie löste sich von ihm und richtete ihren nun wieder scharfen Blick auf mich. »Machen Sie den Mund zu, Miss Hill.«

Ich schloß meinen trockenen Mund.

»Ich sehe keinen Grund, weiter darüber zu diskutieren«, erklärte sie.

Ich sah Boulton an. Sein Butlergesicht verriet nicht das Geringste. Ich hatte noch nie gesehen, daß Boulton und Claire sich berührten, geschweige denn trösteten. Ich wußte, daß ich nicht eher herausfinden würde, was passiert war, bis sie mich darüber aufklärte. Aber ich war gerührt über seine Fähigkeit, sie zu trösten. Ich spürte, wie ich mich deswegen zu ihm hingezogen fühlte. Wir gingen weiter den Gang hinunter, als ob nichts passiert wäre. Boulton schloß die Tür zu Jackies Zimmer auf.

Graues Licht drang durch ein schmales Fenster über einem ungemachten Bett, das mit frischen rosa Nelken übersät war. Vor dem Bett lehnte sich ein Paar fliederfarbener, hochhackiger Schuhe aneinander.

Ein weißer BH hing über der Rückenlehne eines kleinen Holzstuhls. Neben dem Stuhl stand eine halb leere Flasche Wild Turkey. In einem Spiegel über einer Kommode zeigte sich eine Tür, die sich noch bewegte. Ich drehte mich um, und Claire trat zur Seite. Mit einer schnellen Bewegung hatte Boulton seinen Revolver in der Hand.

»Kommen Sie heraus, aber langsam«, befahl er.

Die Tür schwang weit auf. Goldie stand im Bad. Seine große Hand umklammerte einen Strauß Nelken. Die goldenen Pyramiden an seinen Fingern schimmerten. Seine schmalen Augen waren rot und geschwollen, und in den fleischigen Schluchten seines großflächigen Gesichtes standen Tränen. Seinen schlaffen Lippen war anzusehen, daß er zu viel Wild Turkey getrunken hatte.

Er blinzelte. »Was habt ihr im Zimmer von meiner Jackie zu suchen? Raus hier!«

»Goldie«, informierte ich Claire. »Rausschmeißer im Peep Thrills.«

»Raus!« schrie er.

»Gehen Sie zum Bett hinüber, und setzen Sie sich«, befahl Boulton.

Goldie stand da, den Kopf nach vorne gereckt, und starrte Boulton an wie ein Stier, der angreifen wollte, aber seine Beine nicht bewegen konnte.

»Machen Sie schon«, sagte Boulton.

In Goldies umnebelte Augen kam Leben. Mit einem Ruck setzte er sich in Bewegung, rammte Boulton mit voller Wucht und drängte ihn nach hinten gegen die Kommode. Es war, als wären in dem kleinen Raum zwei Züge ineinandergerast. Goldies Nelken knallten wie Geschosse gegen die Decke, um dann auf uns niederzuflattern. Er versuchte, Boultons Waffe zu fassen zu bekommen. Ich wich in die Ecke zwischen Kommode und Tür zurück. Claire preßte sich gegen die Wand. Ich durchwühlte meine Tasche nach meinem Revolver. Plötzlich spürte ich Claires Stock auf meinem Handgelenk.

»Vertrauen Sie Boulton, Miss Hill.«

»Vertrauen?«

Boulton versetzte Goldie einen Stoß, der ihn nach hinten

gegen das Fenster taumeln ließ. Dabei trat er auf die fliederfarbenen Schuhe; ein Absatz brach ab. Goldie griff nach einem Stuhl. Boulton duckte sich, und der Stuhl segelte direkt auf mich zu. Ich duckte mich ebenfalls. Der Stuhl knallte gegen die Wand, landete auf meinem Kopf und anschließend auf dem Boden. Der weiße BH lag jetzt zu meinen Füßen ausgebreitet. Ganz und gar nutzlos. Fehl am Platz. Als Goldie sich nach rechts wandte, um nach der Flasche Wild Turkey zu greifen, rammte Boulton ihm seine Waffe gegen die Schläfe. Goldie brach auf dem Bett und den Nelken zusammen. Das Bett ächzte unter der Last seines Gewichts. Der Geruch von Alkohol mischte sich mit dem unerträglich süßlichen Duft der Nelken. Boulton setzte zu einem weiteren Schlag an.

»Das reicht«, sagte Claire. »Ich möchte mich noch mit ihm unterhalten können.«

»Wie Sie wünschen.« Boulton trat einen Schritt zurück. Dann drehte er sich um und sah sie an. »Alles in Ordnung, Madam?«

»Ja, danke«, anwortete Claire, hob den Stuhl auf und stellte ihn neben Goldie. Sie tat, als wäre nichts Ungewöhnliches passiert, prüfte den kleinen Holzstuhl mit ihrem Stock und ließ sich dann darauf nieder, als handle es sich um ihren Thron. Ich rieb mir den Kopf.

Nur ein kurzer Augenblick der Gewalt. Schon vorbei. Trotzdem war ich mit den Nerven am Ende, mehr mitgenommen als beim Anblick der sterbenden Jackie. Der Tod hatte etwas Endgültiges. Gewalt dagegen war etwas Unabgeschlossenes, das immer darauf wartete, von neuem auszubrechen. Ich betrachtete Boulton, wie er dastand mit der Waffe in der Hand, bereit für den nächsten Ausbruch. Genau das war es, was mir an ihm mißfiel und womit ich nichts zu tun haben wollte. Es war ein Teil von ihm und würde es immer sein. Es fiel mir schwer, das mit dem Mann in Einklang zu bringen, der noch vor kurzem seine Arme um Claire Conrad gelegt hatte.

»Alles in Ordnung, Maggie?« fragte er.

»Ja.«

»Durchsuchen Sie ihre Sachen, Miss Hill«, sagte Claire.

Ich öffnete die oberste Schublade der Kommode. Wieder einmal durchwühlte ich die Unterwäsche einer toten Frau. Nur handelte es sich diesmal nicht um champagnerfarbene Seide und Spitze. Jackies billige neonfarbene BHs und Slips wirkten so verzweifelt darum bemüht, den Betrachter zu erregen, daß sie in ihrer kleinen Holzschublade richtig müde und freudlos wirkten. Ich schloß die Schublade wieder.

»Ich bin Privatdetektivin«, sagte Claire. »Jackie sah mein Bild in der Zeitung und bat mich um Hilfe.«

»Wenn sie Hilfe brauchte, kam sie zu mir«, murmelte Goldie.

Die zweite Schublade enthielt ein paar T-Shirts mit dem Aufdruck CHANEL auf der Vorderseite. Sie hatten keine Etiketten. Kopien von irgendeinem jamaikanischen Straßenhändler – näher war Jackie an ein Original nie herangekommen. Ich schob meine Hand unter die T-Shirts, spürte etwas und zog eine tote Küchenschabe heraus.

»Nichts«, sagte ich.

Goldies Blick war stumpf vor Trauer und Alkohol. »Was sucht ihr eigentlich?« Blut lief an seiner Schläfe hinunter und mischte sich mit Schweiß.

Ohne auf seine Frage einzugehen, fragte Claire: »Wie haben Sie von Jackies Tod erfahren?«

»Linda.«

»Wann hat Sie es Ihnen gesagt?« wollte Claire wissen.

»Nachdem ich diese beiden aus dem Peeps geschmissen hatte. Dann bin ich ins Leichenschauhaus gefahren und habe Jackie gesehen.« Er stöhnte. »Ich habe sie gesehen.« Das Stöhnen endete in einem Heulen. Er wiegte sich hin und her. Seine großen, flachen Hände umklammerten seine riesigen Oberschenkel.

Ich hatte schon immer Probleme damit, Männer weinen zu sehen, vielleicht, weil es sie so große körperliche Anstrengung kostet, ihren Schmerz in Tränen zu fassen. Claire hob die Flasche Wild Turkey auf und reichte ihm, was davon übriggeblieben war. Er nahm einen großen Schluck.

Ich öffnete die Schranktür und sah auf einen Mantel aus falschem Leopardenfell, drei mickrige Kleidchen und ein paar schwarze Stiefel mit abgelaufenen Absätzen. Der flauschige Kunstpelz bei *Bonton* kam mir wieder in den Sinn. Er war ein Modegag, kreiert für reiche Frauen, die sich auch echte Pelze leisten konnten, aber wußten, daß der Zeitgeist dagegen sprach. Ich griff in die Taschen von Jackies Mantel. Jackie wollte, daß die Leute ihren Pelz für echt hielten, für ein Geschenk von einem sehr wichtigen Mann, da war ich mir ganz sicher. Abgesehen von einem Knopf und ein paar Tabakkrümeln, waren die Manteltaschen leer. Ich faßte in ihre Stiefel. Nichts.

»Was sucht ihr eigentlich?« Goldie rieb sich das Gesicht.

»Erzählen Sie mir von den Pornovideos, die Sie drehen«, forderte Claire ihn auf.

Er nahm einen schnellen Schluck aus der Flasche. »Ich bin bloß ein Rausch … Rausschmeißer.« Er begann zu lallen.

»Es fällt mir schwer, das zu glauben.« Claires Stimme klang geduldig. »Was meinen Sie, Boulton?«

»Ganz Ihrer Meinung.« Seine Stimme verriet keine Gefühlsregung.

Goldie hob seinen großen Kopf und versuchte, seinen Blick auf Boulton zu konzentrieren. »Zur Hölle mit dir!«

Boulton packte ihn am Hemd und zog ihn hoch. Goldie ließ sich einfach hängen. »Warum machen Sie es sich unnötig schwer? Sagen Sie ihr einfach, was sie wissen will.« Er stieß ihn aufs Bett zurück. Die Matratze ächzte.

»Ich verdiene mir ein bißchen Geld nebenher. Genau wie die Mädchen. Unsere Kunsch… Kundschaft steht auf die Videos. Alle haben etwas davon. Warum auch nicht?«

»Erzählen Sie mir von dem Video, das Sie mit Jackie und dem Model gedreht haben.«

»Die halten sich doch alle für Models.«

»Diese Frau *ist* Model. Erfolgreich. Berühmt.«

»Ich weiß nicht, von was Sie reden.«

»Sie haben sie erpreßt, nicht wahr?«

»Sie sind verrückt.«

»Was wußten Sie über sie?«

»Nichts, nichts. Die macht bloß gerne Pornos.«

Claire lehnte sich vor. »Jackie hatte einen Bluterguß an der Wange. Warum haben Sie sie geschlagen?«

»Sie wollte den Mund nicht halten.«

»Warum wollte sie den Mund nicht halten?«

»Dauernd hat sie davon gefaselt, daß sie jemand verfolgt. Ich habe ihr nicht geglaubt.«

»Vielleicht waren Sie der Verfolger. Vielleicht haben Sie selbst Jackie getötet.«

Er starrte auf die ramponierten fliederfarbenen Schuhe. »Nein, nein. Doch nicht Jackie.«

Sie lehnte sich zu ihm hinunter. »Möchten Sie nicht herausfinden, wer es getan hat?«

Ein rührseliges, triumphierendes Grinsen breitete sich über sein Gesicht aus. »Das brauche ich nicht.« Seine Augen sahen plötzlich aus wie zwei Glassplitter. Wie ein großes, betäubtes Tier rollte er sich auf die Seite, walzte dabei die rosafarbenen Nelken platt und verlor das Bewußtsein. Das Bett ächzte.

12

»›Das brauche ich nicht‹«, wiederholte Claire. »Bedeutet das, daß Goldie weiß, wer Jackie umgebracht hat, oder daß er sie selber umgebracht hat, oder daß es ihn einfach nicht interessiert? Ich wünschte, die Leute würden sich ein bißchen präziser ausdrücken.« Wir waren auf dem Weg zurück ins Parkfaire.

»Goldie hat Jackie nicht umgebracht«, erklärte ich.

»Woher wollen Sie das wissen?«

»Er hat Jackie geliebt. Seine Trauer war ehrlich.«

»Ich habe schon eine Menge Männer und Frauen ehrlich um die Menschen trauern sehen, die sie eigenhändig umgebracht hatten, Miss Hill.«

»Wenn er Sarah Grange tatsächlich erpreßt hat«, meinte Boulton, »dann hätte er womöglich einen sehr guten Grund gehabt, Jackie umzubringen.«

»Okay, soviel zum Thema tief empfundene Trauer«, seufzte ich.

Das Autotelefon klingelte. Es war Gerta. Sie informierte mich, daß Paul Quentin angerufen habe. Claire Conrad solle ihn sobald wie möglich in der Reynolds-Wohnung zurückrufen. Ich wählte die Nummer.

»Ich bin froh, daß ich Sie erreicht habe, Miss Hill«, sagte er. »Elizabeth Reynolds würde gerne mit Claire Conrad reden. Ich fürchte, das bedeutet, daß Sie zum Shadow-Hills-Sanatorium hinausfahren müssen. Es liegt in der Nähe von Greenwich, Connecticut.«

»Augenblick bitte.« Ich gab die Nachricht an Claire weiter.

»Ich glaube, nach dem Duke Hotel brauche ich sowieso ein bißchen frische Luft.«

»Sie freut sich auf die frische Luft«, sagte ich zu Quentin.

»Frische Luft? Oh ja, natürlich. Würde es Ihnen etwas ausmachen, zuerst im Avenue 8000 vorbeizukommen? Ihre Tochter, Alison, würde gerne mitfahren.«

»Wir sind schon unterwegs.« Ich wandte mich zu Claire um. »Die Tochter von Elizabeth Reynolds möchte, daß wir sie mitnehmen. War Cybella nicht auch im Shadow Hills?«

»Anscheinend haben wir da einen weiteren Stein ins Rollen gebracht.« Ihre Augen leuchteten aufgeregt.

»Wenn wir so weitermachen, könnten wir es bald mit einer Lawine zu tun haben.«

»Gönnen Sie sich die Aufregung der Jagd, Miss Hill.« Sie strahlte förmlich.

Das Reynolds-Gebäude lag an der Ecke Fünfundachtzigste und Park Avenue. Es war ein modernes Hochhaus aus schwarzem, getöntem Glas, dessen kreisförmige Zufahrt mehr an Century City als an Manhattan erinnerte. In der Mitte des Rondells stand eine grün angehauchte Frauenskulptur von der Größe einer Liliputanerin. Heimatlos und dem Wind schutzlos ausgeliefert, erweckte sie den Eindruck, als brauchte sie eine Blechdose zum Sammeln. Sie hatte vorwitzige kleine Brüste, die jedoch wirkten, als seien sie von einem Schönheitschirurgen hinzugefügt worden, nachdem der Bildhauer aufgegeben hatte und nach Hause gegangen war.

Boulton blieb beim Wagen. Die Eingangshalle aus schwarzem Granit war mit schwarzen Ledermöbeln eingerichtet. Sie strahlte die warme Atmosphäre eines Kreditinstituts aus. Die Rezeption bestand aus einem massiven Halbkreis aus schwarzem Stein mit einer Reihe eingebauter Monitore, die in einem bedrohlichen Blaugrau flimmerten. Ein Schild über dem Empfangstisch warnte: ALLE BESUCHER MÜSSEN SICH ANMELDEN. Hinter dieser Barrikade saß ein Mann in einer braunen Uniform, die er mit der Arroganz eines SS-Offiziers trug.

»Claire Conrad für Paul Quentin«, erklärte ich ihm.

»Einen Augenblick bitte.« Nachdem er ihren Namen in ein Mikrophon gesprochen hatte, sagte er: »Sie können jetzt hinauffahren. Der Aufzug zum Penthouse befindet sich zu Ihrer Rechten.«

Wir wurden von einem Aufzug gen Himmel getragen, der so luxuriös ausgestattet war, daß man sich als Fahrgast wie billiger Schmuck in einer teuren Schatulle fühlte. Wir betraten das Reynolds-Penthouse. Die Wände der Diele waren mit einer weinrot und schwarz gestreiften Textiltapete verkleidet. Ein Sessel, der zu alt und zu teuer war, um darauf zu sitzen, stand unter einer goldgerahmten Ballettszene von Degas. Einen Moment lang vergaß ich, wo ich war. Das ist die Macht der Kunst und die Macht des Geldes, mit dem man diese Kunst kaufen kann.

»Es ist das beste Bild aus seiner Ballettserie.« Ein Mann in meinem Alter schlenderte auf uns zu. Er streckte die Hand aus. »Ich bin Paul Quentin, Mr. Reynolds' Assistent.« Sein glattes, aschblondes Haar war kurzgeschnitten.

Der Blick seiner blauen Augen war bescheiden, fast ein wenig entschuldigend. Dasselbe galt für sein bezauberndes Lächeln. Er trug sein teures Sportjackett und seine Designer-Jeans mit lässigem Selbstvertrauen.

Wir begrüßten uns und traten dann ins Wohnzimmer. Der helle Steinboden des riesigen Raums war mit den seidigsten Orientteppichen ausgelegt. Klassizistische Säulen verteilten sich strategisch über den ganzen Raum, schienen aber nichts zu tragen. Dicke schwarze Samtsofas mit schweren Goldfransen waren zu kleinen Grüppchen zusammengestellt. An der Wand schimmerten ein Bonnard und ein Renoir, bemüht, sich gegen die vernichtende Kühnheit zeitgenössischer Kunst zu behaupten. Claire betrachtete ein großes Gemälde mit welligen, grotesk wirkenden Gestalten, deren riesige Münder weit aufgerissen waren.

»Das ist ein Beirborn, nicht wahr?« fragte sie.

»Einer von seinen besten«, verkündete Paul.

»Sie wissen sicher, daß er ein übergewichtiger Mann mit einer leichten Lähmung war. Leider hat in seinem Fall die Kunst nicht über die Behinderung gesiegt.«

»Zeitgenössische Kunst ist etwas für Kenner«, antwortete Quentin kühl, bedachte uns dann aber mit einem weiteren charmanten Lächeln.

Er hatte dieses gewisse Lächeln, das die Frauen dahinschmelzen ließ – ein Lächeln, das sie interpretieren konnten, wie sie wollten. Und wenn ihnen die Art, wie er die Lippen verzog, nicht behagte, konnten sie das immer noch mit Küssen ändern. Ich muß es wissen, denn ich bin eine von den Frauen, die versucht hat, einen Mann mit Küssen zu ändern. Warum bilden wir uns bloß ein, solche Macht zu besitzen? Ich beschloß, nicht weiter auf sein Lächeln zu achten, sondern statt dessen aus dem Fenster zu schauen. Wir waren so hoch oben, daß die Taxis aussahen wie kleine Käsescheiben von Kraft. Niemand sollte so hoch oben in der Luft leben. Die Menschen fühlen sich sonst den Engeln näher als ihren Mitmenschen.

»Bitte setzen Sie sich doch«, forderte Quentin uns auf.

Wir ließen uns auf den schwarzen Sesseln nieder. Es war, als säße man auf dem samtgekleideten Schoß einer molligen Witwe.

»Alison wird gleich hier sein.« Er schlug die Beine übereinander und lehnte sich in seinem Sessel zurück. Ich wartete darauf, daß die Leute von *Town and Country* in den Raum stürmen und ihn photographieren würden.

»Ich hoffe, Sie finden Mrs. Reynolds' Wunsch, Sie zu sehen, nicht befremdlich. Sie will bloß verhindern, daß es unnötige Publicity gibt – daß das Interesse der Öffentlichkeit unnötigerweise auf … auf die Situation gelenkt wird. Nun … Sie verstehen sicher.«

»Auf die Situation?« wiederholte Claire.

»Den tragischen Tod … den Selbstmord.«

»Ach, *die* Situation. Mrs. Reynolds darf Besucher empfangen?« fragte sie.

»Ja. Sie war emotional schon immer sehr labil. Shadow Hills ist eine Art Zufluchtsstätte für sie geworden. Ich muß gestehen, daß ich Erkundigungen über Sie eingezogen habe, nachdem Sie Ihre Nachricht hinterlassen hatten. Wie sich herausgestellt hat, genießen Sie großen Respekt. Mrs. Reynolds hielt es für das beste, selbst mit Ihnen zu sprechen. Wenn Sie bloß irgendeine Privatdetektivin wären, würde sie sich nicht mit Ihnen treffen.«

»Ich fühle mich geschmeichelt. Und wo ist Mr. Reynolds?«

»In seinem Club. Dem Horizon Club«, fügte er hinzu; dabei betonte er den Namen des Clubs genauso übertrieben wie vorher die Namen von Degas und Beirborn.

»Da habe ich schon mal mit Graham Sitwell zu Abend gegessen«, sagte Claire.

»Ich glaube, an manchen Abenden lassen sie dort auch Frauen essen.« Er lächelte, aber seine Stimme klang verächtlich.

Claire spähte zu mir herüber, ein boshaftes Glitzern in den Augen. »Haben Sie etwas gesagt, Miss Hill?«

»Nein.«

»Ich hätte schwören können, daß Sie eben eine Bemerkung über Männer und Frauen gemacht haben.«

»Nein.« Ich arbeitete an meiner Diskretion.

»Mr. Reynolds braucht jetzt seine Ruhe«, erklärte Quentin. »Ihr Selbstmord hat ihn schwer getroffen. Ich hielt es für das beste, ihn nicht zu stören. Ich bin sicher, Sie verstehen das. Natürlich ist die Situation für die ganze Familie ziemlich peinlich.«

Obwohl er ihren Namen nicht erwähnte, sprach Quentin so leise, als würde Cybella direkt neben ihm im Sarg liegen. Sie war die Situation. Vielleicht enden alle Geliebten irgendwann einmal so: als Situation, mit der man fertigwerden muß.

Eine junge Frau betrat den Raum. Kastanienrote Locken umrahmten ein kleines, feines Gesicht. Sie trug einen grauen Pulli und eine Hose im selben Farbton. »Claire Conrad? Ich bin Alison Reynolds.« Sie streckte die Hand aus.

»Sehr erfreut. Das ist meine Assistentin, Maggie Hill«, antwortete Claire.

Alison begrüßte mich mit einem kräftigen Händedruck. Sie hatte eine offene Art, der Blick ihrer haselnußbraunen

Augen war ruhig und gescheit, aber am meisten faszinierte mich ihre linke Hand. An ihrem Finger prangte ein Verlobungsring mit einem Diamanten von der Größe jenes Klunkers, den mir der Typ am vergangenen Morgen hatte verkaufen wollen. Nur war dieser Ring echt; und er kostete keine zwanzig Dollar.

»Ich möchte gleich zur Sache kommen. Ich habe versucht, Mutter das mit Ihrem Besuch auszureden. Es geht ihr nicht gut, und ich will nicht, daß sie sich aufregt«, sagte sie zu Claire. »Über Cybella weiß ich Bescheid.« Endlich hatte jemand den Namen ausgesprochen. Keines von den Gemälden fiel von der Wand. »Was genau interessiert Sie an ihrem Selbstmord?«

»Kann ich vor Mr. Quentin offen sprechen?« fragte Claire.

»Natürlich.« Alison setzte sich auf die Armlehne seines Sessels und nahm seine Hand. Seine Finger streichelten den Diamanten. Der Ring war also von Quentin. Einer von uns beiden verdiente das falsche Gehalt.

»Miss Hill, zeigen Sie ihnen die Photos.«

Ich breitete die Aufnahmen vor ihnen aus. Beide kamen zu dem Ergebnis, daß sie Sarah erkannten, aber nicht Jackie.

Ohne auf Details einzugehen, erzählte Claire ihnen in knappen Worten von Jackies Besuch und Ermordung. Paul hörte mit leicht geöffneten Lippen zu, als warte er auf die passende Gelegenheit, uns mit seinem Lächeln zu beglücken. Alison hatte ihr spitzes Kinn nach vorne gereckt. Sie beobachtete Claire mit der ängstlichen Konzentration einer Studentin, die von ihrem Professor Prüfungsfragen gestellt bekommt. Als Claire fertig war, meldete sich zunächst Quentin zu Wort.

»Was hat der Tod dieser Jackie mit der Familie Reynolds oder Cybella zu tun?«

»Genau das möchte ich herausfinden. Möglicherweise wußte Cybella, daß Sarah Grange erpreßt wurde. Dieses Wissen hat vielleicht dazu geführt, daß sie ermordet wurde. Und vielleicht wußte Jackie dasselbe wie Cybella - was ebenfalls der Grund für ihre Ermordung gewesen sein könnte.«

»Cybella ermordet?« Alison sah zu Quentin hinüber.

»Warum sprechen Sie nicht mit Sarah?« fragte er Claire.

»Wie gut sind Sie beide mit ihr bekannt?« fragte Claire.

»Wir kennen sie überhaupt nicht, zumindest nicht persönlich, meine ich«, antwortete Alison.

»Wann, glauben Sie, werde ich mit Ihrem Vater sprechen können?«

»Das ist im Moment völlig unmöglich.« Ihre Stimme klang besorgt. »Mein Vater ist untröstlich. Er hat Cybella sehr geliebt.« Sie sagte das ohne Bitterkeit. »Paul, würdest du bitte hinunterrufen und meinen Wagen vorfahren lassen?«

»Das wird nicht nötig sein. Mein Chauffeur wartet bereits auf uns«, sagte Claire.

»Es ist wirklich kein Problem. Unser Haus in Greenwich liegt in der Nähe des Sanatoriums. Ich kenne die Strecke in- und auswendig.«

Claire wirkte plötzlich aufgeregt. Der Gedanke, in einem anderen Wagen als einem Bentley fahren zu müssen, versetzte sie in Panik. Ich wußte das, weil ich sie schon in meinem Honda chauffiert hatte.

»Sie fahren nicht zufällig einen Bentley, oder?« fragte ich.

»Einen Range Rover.«

»Miss Conrad kann nur in einem Bentley fahren«, erklärte ich, wobei ich mich bemühte, nicht wie eine Geisteskranke zu klingen.

Sie starrten sie an, als wäre sie gerade von einem fremden Planeten gesprungen. »Wie schön für Sie«, murmelte Quentin.

»Ich muß nur noch meinen Mantel und meine Tasche holen.« Alison eilte aus dem Raum.

»Also dann, gehen wir? Ich freue mich schon auf einen Tag auf dem Land.« Sich ihrer seltsamen Eigenheit scheinbar nicht im mindesten bewußt, klopfte Claire mit ihrem Stock auf den hellen Kalksteinboden und spazierte dann in die Diele hinaus, bereit, mit der Meute zu jagen, einem Fuchs hinterherzupreschen oder zum Teufel zu gehen - oder was immer man in Connecticut machte.

Der Degas hatte meine Aufmerksamkeit so in Anspruch genommen, daß ich den Rest der Diele gar nicht beachtet hatte. An der weinrot gestrichenen Wand gleich neben dem Aufzug hing ein Arrangement von Schwarzweißphotos. Die Bilder zeigten unter anderem einen viktorianischen Messingknauf an einer verwitterten Tür, eine schwarze Laterne, auf der die Farbschichten vieler Jahre lasteten, das Rad eines Einspänners und den eleganten Schwung einer Art-déco-Treppe. Die Fragmente der Stadt waren in das glamouröse Licht getaucht, das normalerweise für schöne Frauen reserviert war.

»Die hat Alison gemacht. Sie ist ziemlich gut, nicht wahr?« bemerkte Paul. »Sheridan hat ihr eine Dunkelkammer eingerichtet. Ich glaube, dort verbringt sie ihre glücklichsten Stunden.«

Mir wurde plötzlich klar, daß man die Stadt genauso sehen sollte, wie Alison es tat – im Bruchteil eines Augenblicks, als Schnappschüsse. Dort, wo die Kamera nicht hinsah, pißte vielleicht gerade ein Betrunkener auf eine Stufe der Art-déco-Treppe, aber das spielte keine Rolle. Der elegante Schwung des schmiedeeisernen Geländers war das, was Bestand hatte.

»New York sollte man sich nur in Form von Bruchstücken ansehen. Sonst kann es einen überwältigen«, erklärte Paul.

»Dasselbe gilt auch für einen Mordfall«, antwortete Claire.

Er steckte die Hände in die Taschen und spielte mit seinem Kleingeld. Alison kam in die Diele, eine Kamelhaarjacke über die Schultern geworfen, in der Hand eine Leinentasche mit einer Kamera und anderem Photozubehör.

»Wir sprechen gerade über Ihre Arbeit«, informierte sie Claire. »Sie sind ziemlich talentiert.«

»Vielen Dank.« Sie sprach zu schnell, als wolle sie das Kompliment beiseite wischen.

»Doch, wirklich«, sagte ich.

»Es ist bloß ein Hobby.« Sie wandte sich zu Paul um. »Ich habe beschlossen, heute im Haus zu übernachten und morgen den Nachmittagszug zu nehmen. Ich habe um zwei einen Termin zur Anprobe bei Bergdorf's.« Sie wurde rot. »Abteilung Moderne Braut.« Sie legte den Kopf zurück und küßte ihn. Er bedankte sich mit einem weiteren zauberhaften, leicht entschuldigenden Lächeln. Als wüßte er zwar, daß er das Mädchen und ihr Geld verdient hatte, könnte sein Glück aber nach wie vor nicht fassen. Als sich die Fahrstuhltür schloß, stand er immer noch lächelnd da und klimperte mit seinem Kleingeld.

13

Knapp zwei Stunden später glitt der Bentley eine schmale Landstraße entlang. Teure Häuser kauerten wie Denkmäler hinter langen Reihen aufeinandergeschichteter Steine. Diesen Häusern war eine Art koloniale Noblesse gemeinsam – als hätten ihre Erbauer alle die *Mayflower*, den amerikanischen Unabhängigkeitskrieg, die Verfassung der Vereinigten Staaten von Amerika und die Federal Reserve Bank im Hinterkopf gehabt.

Ich saß auf dem Vordersitz, Alison mit Claire auf dem Rücksitz. Als wir die Stadt verließen, hatte Alison nervös begonnen, über ihre Liebe zur Photographie zu erzählen, ihr Hobby, wie sie mehrfach betonte, und über ihre bevorstehende Hochzeit. Dann war ihre Stimme traurig geworden, und sie hatte gesagt: »Mit zwölf Jahren war ich von Cybella richtiggehend besessen.«

»Wußten Sie damals schon, daß sie die Geliebte Ihres Vaters war?« hatte ich gefragt.

»Ich glaube, ich habe es immer gewußt. Wenn Eltern streiten, vergessen sie meistens, daß ihre Kinder zuhören. Außerdem hat Mutter mit mir über sie gesprochen. Sie mußte einfach mit jemandem darüber reden. Oft schlich ich mich in die Bibliothek, sah mir alte *Vogue*- und *Bonton*-Ausgaben an und studierte die Photos von Cybella. Ich wollte herausfinden, was mein Vater in ihr sah, aber ich entdeckte etwas, wonach ich gar nicht gesucht hatte.«

»Und was war das?« hatte Claire gefragt.

»Statt Cybella oder meinen Vater zu verstehen, begann ich die Photographie zu verstehen. Zwischen Cybella und der Kamera passierte etwas Geheimnisvolles, etwas Kreatives.« Sie schwieg einen Moment, während sie sich ein paar vorwitzige Haarsträhnen aus dem Gesicht strich. Der Diamantring glitzerte.

»Mutter wäre sehr wütend gewesen, wenn sie das je herausgefunden hätte.« Dann hatte sie Claire einen nervösen Blick zugeworfen. »Sie werden es ihr doch nicht erzählen?«

»Ihr was erzählen? Daß sie Cybellas Photos studiert haben, um den Schlüssel zum Unglück Ihrer Eltern zu finden, und dabei ganz unerwartet die Künstlerin in sich entdeckt haben? So gut sollte Ihre Mutter Sie inzwischen schon kennen.«

»Ich meine, daß ich davongeschlichen bin, um mir in der Bibliothek Cybellas Photos anzusehen. Das würde sie sehr verletzen. Sie würde sich verraten fühlen«, hatte sie gesagt.

Jetzt, wo alle schwiegen, starrte ich die Häuser an. Die Sonne tanzte durch die Bäume und warf ihr Licht auf die Straße und die Motorhaube unseres Wagens. Ich wandte mich nach hinten um. Alison spielte mit ihrem Ring.

»Das ist vielleicht ein Diamant!« sagte ich.

Sie lächelte. »Fast schon peinlich.«

»Nur, wenn Sie den Typen peinlich finden, von dem Sie ihn haben.«

Statt Paul Quentin zu verteidigen, lachte sie. Das gefiel mir.

»Lemminge«, murmelte Claire. »Die lachen sogar noch auf dem Weg zum Altar.«

»Claire kann den schwarzen Humor nicht teilen, den andere Frauen in bezug auf Männer haben.«

»Wir Männer teilen ihn auch nicht«, murmelte Boulton leise vor sich hin.

»Ich möchte, daß meine Ehe ein Erfolg wird. Das ist mir wichtiger als alles andere.«

Am liebsten hätte ich sie gefragt, warum. Um welchen Preis? Aber ich war fünfunddreißig und geschieden. Sie war jung und stand erst am Anfang ihres Lebens. Es gab keinen Preis, nur Paul Quentins schmeichlerisches Lächeln. Boulton wich einem Hindernis aus. Ein Reh lag tot auf der Straße, die langen graziösen Beine unter dem Körper begraben. Seine dunklen, melancholischen Augen starrten in den Frühlingshimmel. Ich setzte meine Sonnenbrille auf.

»Was sind das doch für dumme Tiere. Sie laufen aus dem Wald direkt vor die Autos«, sagte Alison. »Da ist das Sanatorium. Biegen Sie rechts ab.«

Ein bescheidenes Holzschild verkündete, daß wir uns auf dem Gelände von Shadow Hills befanden. Der Kies knirschte unter den Wagenrädern, als wir die Auffahrt zu dem alten, behäbigen Heim hinauffuhren, das mit so vielen Schichten weißer Farbe bedeckt war, daß es aussah wie Zuckerguß. Hinter dem eigentlichen Heim lagen neuere Gebäude und Cottages über das riesige Grundstück verteilt. Alle diese Gebäude waren quadratisch und mit einer Holzsorte verkleidet, deren Grauton an die Phantasie eines Bürokraten denken ließ.

Als ich aus dem Wagen stieg, joggten zwei Frauen an mir vorbei. Ihre Körper waren schlank und durchtrainiert, aber ihre Gesichter wirkten angespannt, und Erinnerungen ließen ihre Augen nervös flackern.

Boulton blieb beim Bentley. Wir drei Frauen gingen die Treppe zu einer ausladenden Veranda hinauf. Früher einmal hatten auf dieser Veranda in Korsetts geschnürte Damen auf Korbstühlen gesessen und in steifer Haltung darauf gewartet, daß ihre Ehemänner aus der Stadt heraufkamen. Heute saßen hier ausgezehrte Frauen mit blutleeren Gesichtern und aufgemalten Mündern auf Plastikstühlen. Sie brauchten kein Korsett mehr, um ihren Körper in eine Form zu zwingen, die ihm von Natur aus nie bestimmt war.

»Weit hast du es gebracht, mein Kind«, sagte ich.

»Sie wollen doch jetzt wohl keine Rede halten, Miss Hill?«

»Ich werde versuchen, mich zu beherrschen.«

»Manche Frauen führen ein unerfülltes Leben«, bemerkte Alison in ernstem Ton. Die Eingangshalle des Sanatoriums strahlte eine angeschlagene Würde aus. Die Wände aus Mahagoni waren mit aufwendigen Reliefs verziert. Zwei große, dick mit Staub bedeckte Buntglasfenster warfen ihre verblaßten Farben auf den alten, rissig gewordenen Parkettboden. Die strapazierfähigen grauen Läufer, die über den Boden gebreitet waren, wirkten wie Fußwege in die moderne, aus den Fugen geratene Welt. In der Nähe der wuchtigen Mahagonitreppe saß eine Frau, die genauso steif aussah wie ihre gestärkte Schwesterntracht, hinter einem Schreibtisch aus Metall. Pfleger, Schwestern und Ärzte eilten zielstrebig durch die Halle.

»Hi, Jane«, begrüßte Alison die Schwester.

»Sie ist draußen auf der Terrasse, meine Liebe.«

Die Schwester wandte sich zu einem jungen Mann um, der neben einem Pferdeschwanz auch eine ansehnliche Zahl frischer Pickel spazierentrug. »Roger, begleiten Sie Alison und ihre Gäste zu Mrs. Reynolds hinaus.«

Wir folgten Roger aus der Halle in einen großen, verglasten Raum. Der Raum hätte eigentlich mit üppigen Zimmerpalmen, geheimnisvollen, samtigen Blumen und Damen und Herren auf bequemen Chaiselongues gefüllt sein sollen. Statt dessen saß dort ein verhungert wirkendes junges Mädchen mit langem blonden Haar allein an einem kleinen Tischchen. Sie starrte auf ein Glas mit einer dicken pinkfarbenen Flüssigkeit. Ihr Körper war so flach wie der einer Elfjährigen. Sie hatte es geschafft, den Rundungen ihrer Brüste, ihrer Hüften und ihres Bauches Einhalt zu gebieten. Sie hatte ihre Entwicklung zur Frau gestoppt.

»Alles austrinken!« erinnerte Roger sie fröhlich.

Sie zog eine Grimasse und begann, mit ihrem Strohhalm zu spielen. Ein Stück weiter drüben ging ein Mann auf und ab. Er trug einen blauen Blazer mit einer Goldstickerei auf der Brusttasche.

»Sie sollten doch jetzt bei Ihrer Gruppe sein, Mr. Collins«, schalt ihn Roger in freundlichem Ton.

»Was? Oh, ja, ja«, antwortete der Mann, als wäre er zu wichtig, um gestört zu werden.

Wir traten auf einen gefliesten Balkon hinaus. Dort saß eine Frau ganz allein, fest in ihren Nerzmantel gehüllt. Ihr kastanienrotes, mit Grau durchsetztes Haar war zu einem unordentlichen Knoten zusammengedreht. Der Saum ihres Flanellnachthemds war ausgefranst und schmutzig. Mit bitteren, wäßrigen Augen beobachtete sie die Leute unter ihr: Pfleger, die die Fußwege entlanghasteten, Patienten, die herumsaßen, -liefen oder -wanderten. Alison eilte zu ihr hinüber. Roger zog sich zurück; im Gehen tastete er nach einem neuen Pickel.

Elizabeth Reynolds umarmte ihre Tochter und brach in Tränen aus.

»Ist ja gut, Mutter. Ist ja gut.« Alison streichelte ihr Haar, ihre Wange, ihre Schulter. »Ist ja gut. Bitte weine nicht.«

Die Tränen wollten nicht versiegen. Sie vergrub ihr Gesicht an Alisons Hals und schluchzte hemmungslos. Claire musterte sie ein paar Sekunden lang eindringlich, wandte dann abrupt den Kopf und ließ ihren Blick über das Grundstück schweifen.

»Mutter, Claire Conrad ist hier. Du wolltest doch mit ihr sprechen, erinnerst du dich?«

Langsam versiegten die Tränen, und Elizabeth löste sich von Alison. Der Trotz hatte tiefe Furchen um ihren Mund gegraben. Aus ihren Augen sprach Resignation. »Hol uns ein paar Stühle, Alison. Hier gibt es nie Stühle für Gäste. Ich zahle eine Menge Geld für das Privileg, Depressionen zu haben. Da möchte man doch meinen, daß sie wenigstens Stühle zur Verfügung stellen könnten.«

Ich half Alison, ein paar Plastikstühle herüberzuzerren. Dabei wurde ich das unangenehme Gefühl nicht los, daß von Elizabeth Reynolds nichts übrig war außer Verfall. Ich konnte ihn fast riechen. Ihre locker sitzenden Tränen waren wie Wasser, das auf verrottendes Holz geschüttet wurde. Nachdem wir uns hingesetzt hatten, deutete sie auf zwei Frauen, die zu joggen aufgehört hatten und sich jetzt an einen Baum gelehnt unterhielten. Sie benahmen sich, als wären sie zur Kur hier.

»Diese Frauen haben Kinder. Was passiert mit ihren Kindern, während sie joggen und über sich selbst reden? Wo sind ihre Kinder?« fragte sie vorwurfsvoll. »Ich hätte mich schon vor Jahren von Sheridan scheiden lassen sollen, aber ich wollte, daß er litt.« Aus ihrer Stimme klang Abscheu. Eine neue Generation Tränen reifte heran, während sie ihre Tochter ansah. »Statt dessen habe ich dich leiden lassen.« Sie weinte wieder, aber ihre Tränen galten nicht Alison.

»Bitte, quäl dich doch nicht so. Ich habe morgen meine letzte Anprobe.« Alison griff nach ihrer Hand. Der Diamantring ihrer Mutter war nicht ganz so groß wie ihr eigener.

»Paß auf, daß sie den Saum nicht zu lang lassen. Bräute schleppen ihre Kleider immer über den Boden, als wollten sie nicht zugeben, daß sie Füße haben.«

»Sie wollten mich sehen, Mrs. Reynolds?« brachte sich Claire in Erinnerung.

»Ja, das wollte ich.« Sie machte sich nicht die Mühe, ihre Tränen zu trocknen. Wie kleine, stolz zur Schau gestellte Medaillen glänzten sie auf ihren Wangen. »Alison, sei so lieb und laß uns einen Moment allein.«

»Ich bin doch kein Kind mehr, Mutter. Warum können wir nicht offen sprechen?«

»Alison, bitte tu, was ich dir gesagt habe.«

»Ja, Mutter.« Folgsam verließ Alison den Raum.

»Sie haben eine reizende Tochter«, bemerkte Claire.

»Ja, nicht wahr?«

»Sie ist sehr kreativ«, warf ich ein.

»Das kommt daher, daß sie in ihrem Leben so viel allein gelassen wurde. Ich wünschte, ich hätte mehr Zeit mit ihr verbracht«, sagte Mrs. Reynolds, so als ließe sich Kreativität durch die Zuwendung einer Mutter heilen. Sie richtete ihre wäßrigen Augen auf Claire.

»Ich möchte gleich zur Sache kommen. Nachdem Sie in unserem Penthouse waren, hat mich Paul Quentin angerufen und mir erzählt, warum Sie wegen Cybellas Tod Nachforschungen anstellen.«

»Ich hatte den Eindruck, daß Mr. Quentin für Ihren Mann arbeitet. Liege ich da falsch?« fragte Claire.

»Er arbeitet nicht für mich. Aber Paul weiß, was ich von einem Schwiegersohn erwarte. Kann ich Sie irgendwie dazu bewegen, Ihre Nachforschungen einzustellen?«

»Nein.«

»Dann zwingen Sie mich dazu, etwas zu tun, was mir zutiefst widerstrebt.«

»Und das wäre?«

»Ich werde Ihnen die Wahrheit sagen. Aber nur, weil Sie unser kleines Geheimnis am Ende sowieso aufspüren würden. Auf keinen Fall möchte ich Alison damit verletzen. Versprechen Sie mir, daß sie es nie erfahren wird.«

»Wenn mein Beruf mich nicht dazu zwingt, werde ich ihr nichts sagen. Das ist alles, was ich Ihnen versprechen kann.« Claire streckte ihre langen Beine. Ihre Finger trommelten auf den Knauf ihres Gehstocks. Elizabeth Reynolds musterte sie.

»Ich warte, Mrs. Reynolds«, sagte Claire mit gelangweilter Stimme.

»Warten? Sie wissen doch gar nicht, was das ist. Ich schon. Ich habe auf Sheridan gewartet, Tag für Tag, Jahr für Jahr.« Sie fuhr sich mit der Zunge über die Lippen, als könnte sie ihre eigene Bitterkeit schmecken. Dann stieß sie plötzlich hervor: »Sarah Grange ist die Tochter meines Mannes. Alisons Halbschwester. Er hat Cybella geschwängert, als Alison gerade mal ein Jahr alt war. Wie konnte er das nur tun?« Sie fragte das, als wäre alles erst gestern passiert. Eine neue Riege Tränen machte sich bereit. Nachdem sie versiegt waren, sagte sie:

»Wissen Sie, was mein Psychiater von mir verlangt? Ich soll meine Tränen aufgeben.« Ihre kleine Hand ballte sich zur Faust. »Dabei sind sie das einzige, was mir noch geblieben ist.«

»Ihre Tränen interessieren mich nicht, Mrs. Reynolds.« Claire stand auf und lehnte sich gegen die Balustrade. »Selbstmitleid langweilt mich.«

»Wie können Sie es wagen!«

»Sind Sie der Grund, warum Cybella ihr Kind aufgegeben hat?«

Zum ersten Mal lächelte Elizabeth Reynolds und zeigte dabei ihre kleinen, gelblichen Zähne. »Ich drohte Sheridan, mich von ihm scheiden zu lassen, wenn er Cybella nicht dazu brächte, ihr Baby wegzugeben.«

»Ich kann mir nicht vorstellen, daß das das einzige Mal war, daß Sie ihm mit Scheidung gedroht haben«, bemerkte Claire.

»Es war das einzige Mal, daß ich es ernst gemeint habe. Und das wußte er. Es gibt eine Sache, die Sheridan mehr liebt als Cybella. Mein Geld. Es ist ein Fluch, in eine reiche Familie hineingeboren zu werden. Ich weiß inzwischen, daß ich mich unsicher fühle, weil ich nichts getan habe, um mein Geld zu verdienen.«

»In anderen Worten: Ihr Reichtum macht Sie wertlos«, sagte ich.

»Ganz so kraß hat es mein Arzt nicht ausgedrückt.«

»Warum war es Ihnen so wichtig, daß Cybella ihr Kind aufgab?« fragte Claire.

»Ich wollte nicht zulassen, daß meine Alison im Schatten von Sarah Grange leben mußte, wie ich im Schatten von Cybella gelebt habe.«

»Glauben Sie nicht, daß es besser wäre, wenn Sie es Alison sagen würden?«

»Damit sie weiß, daß sie ihrem Vater so wenig bedeutete, daß er mit seiner Hure eine andere Tochter machte? Es überrascht mich nicht, daß Sarah in eine schmutzige Geschichte verwickelt ist. Abschaum bleibt eben Abschaum.«

»Und deswegen wollten Sie mit mir sprechen?«

»Da ist noch etwas anderes. Vor etwa einem Jahr waren

Cybella und ich zur selben Zeit hier. Die meisten Männer bringen nur eine Frau ins Sanatorium; mein Mann hat gleich zwei in die Isolation und Depression getrieben.« Ihr Mund verzog sich vor Selbstmitleid. »Eines Abends kam sie in mein Zimmer und wollte die Absolution. Vergebung wird in diesem Sanatorium großgeschrieben. Aber statt sie von ihrer Schuld freizusprechen, erzählte ich ihr das, wovon ich wußte, daß es sie zerstören würde: daß ich diejenige war, die über die Regeln ihrer Liebesbeziehung entschieden hatte. Ich erklärte ihr, daß sie ihre Tochter nicht für die Liebe meines Mannes oder für ihre sogenannte Karriere aufgegeben hatte, sondern weil ich es verlangt hatte. Das ist der Grund, warum sie sich schließlich umgebracht hat.«

»Hat Sarah Grange je mit Ihnen oder Ihrem Mann Kontakt aufgenommen?« fragte Claire.

»Nein. Finden Sie das nicht seltsam? Ich meine, bei dem vielen Geld, das ich habe. Sie will doch sicher etwas davon.« Die wäßrigen Augen wurden schmal. Claire stand direkt vor ihr.

»Warum sind Sie in Wirklichkeit hier, Mrs. Reynolds?«

»Weil ich mich wie alle in Shadow Hills dem amerikanischen Traum widersetze. Uns kann man nicht mehr in Ordnung bringen. Für uns gibt es keine Lösungen. Das dürre junge Mädchen, das in den teuersten Restaurants essen kann, so viel und so oft sie will, wird irgendwann verhungern. Die Frauen und Männer, die hier herumsprinten, als würden sie sich auf die Olympischen Spiele vorbereiten, werden nie schnell genug rennen können. Und ich werde niemals depressiv genug sein.« Die Tränen liefen ihr übers Gesicht.

Claire stützte eine Hand auf die Armlehne von Elizabeth Reynolds' Stuhl und beugte sich zu ihr hinüber, ganz nahe an ihr Gesicht. »Sie weichen meiner Frage aus. Warum so viele Tränen?«

»Ich dachte, meine Tränen langweilen Sie.«

»Das tun sie auch. Aber ihre Quelle beginnt mich allmählich zu faszinieren.«

»Ich habe Ihnen alles gesagt. Und jetzt verschwinden Sie! Raus hier!« Elizabeth Reynolds schlug den Kragen ihres Mantels vors Gesicht. »Ich will meine Tochter sehen! Wo ist meine Tochter?«

»Kommen Sie, Miss Hill.«

Wir ließen sie schluchzend zurück. Ein weiteres Stück Holz verrottete.

Wir gingen durch den Wintergarten zurück. Das verhungerte junge Mädchen war verschwunden. Ihr Glas, das immer noch mit der pinkfarbenen Flüssigkeit gefüllt war, stand auf dem Tisch. Der Strohhalm war geknickt und verdreht.

Wir traten vors Haus. Boulton stand gegen den Bentley gelehnt. Alison hatte ihre Kamera auf einen leeren Schaukelstuhl gerichtet. Ihr Haar, das die Farbe eines rotbraunen Herbstblattes hatte, glänzte in der Sonne. Sie blickte von der Kamera auf und lächelte.

»Das Licht ist hier so schön. Sind Sie fertig?«

»Ja«, sagte ich. »Ihre Mutter verlangt nach Ihnen.«

Die Kamera noch in der Hand, stützte sie sich mit den Armen auf die Rückenlehne des Stuhls. »Ich glaube, jetzt, wo Cybella endlich aus ihrem Leben verschwunden ist, weiß Mutter nicht mehr, was sie tun soll, wen sie hassen soll. Sie kann nur noch weinen. Ich hatte mir das anders vorgestellt.«

»Inwiefern?« fragte Claire.

»Ich weiß nicht. Als ich von ihrem Tod hörte, empfand

ich es irgendwie als Verlust, aber gleichzeitig fühlte ich mich unendlich erleichtert. Ich glaubte, Mutter würde endlich frei sein, aber sie ist es nicht. Tja, ich gehe jetzt wohl besser zu ihr.«

»Möchten Sie, daß wir auf Sie warten? Sie zu Ihrem Haus fahren?« fragte Claire.

»Das schaffe ich zu Fuß. Ich muß bloß hier durch den Wald. Vielen Dank.« Alison legte den Kopf zurück, musterte mich einen Moment lang und hob dann die Kamera an die Augen. »Nicht bewegen, Maggie!« Es summte wie ein mechanisches Insekt. Das Blitzlicht blendete mich. Ich lächelte. Wie immer zu spät.

14

»Ich könnte einen Happen zu essen gebrauchen«, verkündete Claire, als wir wieder im Bentley saßen.

»Ist Ihnen aufgefallen, Madam, daß das Sanatorium nicht von Mauern umgeben war?« Boulton lenkte den Wagen die kurvenreiche Straße hinunter. »Ich frage mich, was die Patienten davon abhält, sich aus dem Staub zu machen.«

»Ihr Wunsch, gesund zu werden«, antwortete ich.

Claire zog eine Grimasse. »Und wenn sie diesen Wunsch gar nicht haben, Miss Hill?«

»Wie Elizabeth Reynolds, meinen Sie?«

»Können die Patienten verschwinden und wiederkommen, wann es ihnen beliebt? Wissen Sie, Boulton, unsere Sarah Grange ist nämlich die Tochter von Sheridan Reynolds.«

»Tatsächlich, Madam?«

»Ein toter Franzose war schon immer eine praktische Ausrede, wenn Sie mich fragen.«

»Ich selbst habe auch schon viele Male darauf zurückgegriffen, Madam. Was war Ihr Eindruck von Alison Reynolds?«

»Sie hat sich insgeheim mit ihrer Mutter verbündet. Wie so viele Mütter und Töchter beschützen sie sich gegenseitig.«

»Wovor?« fragte er.

Ich starrte aus dem Fenster. *Nein, Maggie. Dein Vater wird nicht sterben. Du darfst dieses Wort nie in den Mund nehmen. Ich werde mich um dich kümmern, Mutter. Du wirst nie allein sein. Nie.*

»Sie beschützen sich vor der Wahrheit«, sagte ich.

Wir aßen in einem malerischen alten Gasthaus zu Mittag, das in Wirklichkeit brandneu, aber von einem New Yorker Designer auf alt getrimmt worden war. Die Speisekarte rühmte sich stolz ihrer gesunden Kur-Cuisine. Herzförmige Symbole verkündeten, welche der Vorspeisen einen bestimmt nicht umbrächten. Dafür garantiere der Koch höchstpersönlich. Unser Ober erklärte, daß er nicht unser Ober, sondern unser Bediener sei, und daß er Gerald heiße. Nach diesem Essen war Claire endgültig der Überzeugung, daß für die Menschheit keine Hoffnung mehr bestand. Auf der Rückfahrt in die Stadt verfiel sie in ein trübsinniges Schweigen, das nur durch gelegentliche Ausrufe unterbrochen wurde: »Kur-Cuisine?! Bediener? Gerald!«

Ich rief Gerta an, um nachzufragen, ob jemand eine Nachricht hinterlassen habe. Es hatte tatsächlich jemand angerufen. Nora Brown und Sarah Grange würden es nicht schaffen, sich um fünf mit Claire Conrad zu treffen.

»Die versuchen immer noch, eine Geschichte zusammenzubasteln«, sagte ich zu Claire.

»Der Fachausdruck für diese Verzögerungstaktik ist Obstruktion, glaube ich. Boulton, fahren Sie uns zum Horizon Club. Ich schätze, es ist an der Zeit, dem trauernden Mr. Reynolds einen Besuch abzustatten.«

Wir erreichten die Stadt gegen fünf Uhr und arbeiteten uns im Schrittempo in Richtung Stadtmitte vor. Boulton brachte den Wagen vor einem alten, unscheinbar wirkenden Sandsteingebäude zum Stehen. Ein kleines, auf Hochglanz poliertes Messingschild verkündete, daß hier der Horizon Club residierte.

»Nehmen Sie die Photos von Sarah Grange und Jackie mit, Miss Hill.«

Boulton half Claire aus dem Wagen. Ich schaffte es allein.

Sie und ich traten durch eine schwere Eichentür in die vertrockneten Träume reicher alter Männer. Ein alter Plankenboden ächzte unter unseren Füßen. Der Empfangsraum war von Messinglaternen schwach erleuchtet. Neben der Tür thronte ein schwarzer Portier in grauer Uniform auf einem Stuhl, der mit der ganzen Kühnheit einer presbyterianischen Kirchenbank entworfen war. Als er uns sah, stand er sofort auf.

»Kann ich Ihnen helfen?« Seine Worte hatten einen weichen, südlichen Klang.

»Claire Conrad würde gern mit Mr. Sheridan Reynolds sprechen.«

»Es tut mir leid, Ma'am. Ich habe Anweisung, ihn auf keinen Fall zu stören«, sagte er und scharwenzelte dabei neben uns her wie ein Hütehund, der zwei ausgerissene Schafe umkreist.

»Es handelt sich um einen Notfall.« Sie zog eine Karte

aus ihrer Tasche und nahm mir die Photos ab. »Geben Sie das Mr. Reynolds. Ich bin sicher, er wird mich empfangen.«

»Es tut mir leid, Ma'am, aber Sie dürfen sich in diesem Club nicht ohne Begleitung aufhalten.« Der Blick seiner dunklen Augen war schwer zu deuten. Es war ein einstudierter Blick. Niemand würde es je schaffen, aus seinem Gesichtsausdruck schlau zu werden.

»Aber ich bin doch in Begleitung.« Sie machte eine Kopfbewegung in meine Richtung. »Miss Hill.«

Ich mußte mich beherrschen, mich nicht in Positur zu werfen, wie manche Baseballspieler es tun.

»So habe ich es nicht gemeint. Sie dürfen sich nur hier aufhalten, wenn Sie in Begleitung eines Clubmitglieds sind.«

»Horen Sie, ich bin heute nicht gerade bester Laune. Ich war eben gezwungen, Kur-Cuisine zu essen, ein Widerspruch in sich, der aus Sojabohnen, Cilantro und gebratenen Salbeiblättern besteht. Falls es hier so etwas wie eine Bar gibt, dann bringen Sie uns jetzt auf der Stelle hin und bestellen mir einen Brandy.«

»Bitte folgen Sie mir«, sagte er steif.

Er führte uns einen dunklen, eichenvertäfelten Gang hinunter. Der Geruch und das verbrannt wirkende Braun der Wände gaben mir das Gefühl, die Pfeife meines Großvaters zu inspizieren. Der Portier geleitete uns in einen großen Raum mit einem prächtigen Steinkamin. Mehrere Orientteppiche waren so achtlos über die Eichenplanken des Fußbodens verteilt, wie man in einem Umkleideraum Handtücher auf den Boden warf. An den Wänden hingen nur Männerporträts. Die ältesten stammten aus den Tagen des Unabhängigkeitskrieges, die neuesten aus der Gegenwart. Männer mit weißen, gepuderten

Perücken, weißen Jacken und weißen Strümpfen. Männer mit langen Bärten und dunklen, langen Jacken. Männer mit schmalen Schnauzbärten und engen Tweedjacketts. Grauhaarige Männer mit Paisley-Krawatten und grauen Anzügen.

Männer.

Ein lebendes Exemplar saß in einem braunen Ledersessel und musterte uns. Auf seinem alten, rosigen Gesicht lag ein Ausdruck trauriger Resignation. Er blinzelte, als versuchte er, die Vision auf diese Weise zum Verschwinden zu bringen.

»Ein schöner Tag, finden Sie nicht auch?« sagte ich im herzlichsten Tonfall, dessen ich fähig war.

»Bitte versuchen Sie es gar nicht erst, Miss Hill. Das ist doch nur peinlich.« Claire stellte sich aufrecht neben den Kamin.

»Ich kann nicht anders.« Ich ließ mich auf dem Sofa nieder. Wir warteten.

Der Mann im Ledersessel stand auf und verließ mit steifen Schritten den Raum. Seine Knochen knirschten wie ein altes Boot, das man an ein Dock gebunden hat. Aus dem Kamin schlug uns der Geruch kalter Asche entgegen. Eine Uhr auf dem Kaminsims tickte schwerfällig vor sich hin. Claire stocherte mit ihrem Gehstock in der Asche herum. Sie sah aus, als gehörte sie in diesen Raum.

»Was für eine Rolle spielt Reynolds Ihrer Meinung nach bei der ganzen Sache?« fragte ich.

»Bisher wissen wir nur, daß er Cybellas Geliebter war. Und daß er Sarahs Vater ist.«

»*Und* Alisons Vater«, sagte ich. Ich mußte daran denken, wie die Augen der jungen Frau vor Aufregung und Kreativität geleuchtet hatten, als sie die Kamera in Händen hielt.

Und ich mußte an den großen, schweren Diamanten an ihrem Finger denken.

Wir schwiegen. Die Uhr tickte. Der Portier kam mit Claires Brandy und informierte uns, daß Mr. Reynolds in Kürze herunterkommen werde.

Ich war mir nicht sicher, was mich mehr deprimierte: das Peep Thrills oder der Horizon Club. Im Peep Thrills wurden die Frauen nur auf eine Weise gesehen: als Objekt männlicher Sexualphantasien. Im Horizon Club dagegen gab es überhaupt kein Frauenbild. In diesen eichenvertäfelten Gemäuern existierten wir einfach nicht.

»Wir existieren nicht«, brach ich das Schweigen.

»Ist das eine Bemerkung über das Leben schlechthin?« fragte sie.

»An diesem Ort, meine ich. Es ist, als hätte hier nie eine Frau existiert.«

»Erfrischend, finden Sie nicht?«

»Sie sind so reaktionär.«

»Ich weiß nicht, was daran so schlimm sein soll, wenn sich die Geschlechter mal für ein paar Augenblicke voneinander lösen und in ihr jeweiliges Lager zurückziehen.«

»Aber das eine Lager hat mehr Macht als das andere.«

»Welches?«

»Sie wissen verdammt gut, daß es keine Gleichheit zwischen den Geschlechtern gibt.«

Sie lächelte kurz und nippte an ihrem Brandy.

»A propos mangelnde Gleichheit – warum, glauben Sie, heiratet Alison diesen Paul Quentin?« fragte ich.

»Warum sollte sie nicht? Sie muß doch irgendwann ins kalte Wasser springen und jemanden heiraten.«

»Frauen in ihrem Alter verwechseln guten Sex gerne mit der großen Liebe. Vielleicht ist es das.«

Sie stützte sich mit der Hand auf den Kaminsims. »Da fällt mir etwas ein, Miss Hill. Was haben eigentlich Ihre sexuellen Fähigkeiten mit meiner Fähigkeit zur logischen Reflexion zu tun?«

»Wie bitte?«

»Fast jeder Mensch, Miss Hill, hat schon mal Sex gehabt. Nur Schriftsteller und Teenager halten Sex für eine erstaunliche Erfahrung. Aber nicht jeder hat schon mal einen Mordfall gelöst.« Sie stieß ihren Gehstock in die Asche. »Watson würde sich im Grab umdrehen, wenn er lesen müßte, was Sie geschrieben haben.«

»Ich habe deswegen über das Sexabenteuer mit meinem Ex-Mann geschrieben, weil ich erklären wollte, in was für einem emotionalen Zustand ich mich befand, als ich Sie kennenlernte. Können Sie sich noch an den Tag erinnern, als Sie mich baten, über Sie zu schreiben?«

»Ich verwünsche diesen Tag.«

»Sie haben damals zu mir gesagt, daß Männer kühn und mutig über andere Männer schreiben, während wir Frauen uns wie verwundete Tiere irgendwo verkriechen und diese verzweifelten, intimen Tagebücher verfassen. Nun, wir sind jetzt zwei von der Sorte, und Sie würden mir sehr helfen, wenn Sie mir mehr über sich erzählen würden. Zum Beispiel, was mit Ihnen geschehen ist, als Sie die weinende Frau im Duke Hotel gesehen haben.«

»Ein guter Detektiv zeichnet sich dadurch aus, daß er seinem Fall Zeit läßt. Ich nehme an, dasselbe gilt auch fürs Schreiben.«

»Sie genießen es, sich unmöglich zu benehmen, stimmt's?«

»Schuld sind die Sojabohnen«, antwortete sie reumütig.

»Mrs. Conrad?« Ein Mann stand in der Tür. Er hatte den

Umschlag mit den Photos in der Hand. Der Mann war groß und schlank und trug einen teuren grauen Anzug. Es war derselbe Mann, der auf dem Photo zusammen mit Cybella lächelte.

»*Miss* Conrad spiegelt meine Lebensphilosophie besser wider. Das hier ist meine Assistentin, Maggie Hill.«

Er nickte mir kurz zu. »Ich bin Sheridan Reynolds.« Sein welliges graues Haar war gerade lang genug, um über den Kragen seines blaugestreiften Hemds zu fallen, was ihm das Aussehen eines vorsichtigen reichen Rebellen verlieh. An einem besseren Tag war er sicher die Art von Mann, mit dem eine Frau gerne gesehen wurde. Im Moment aber wirkte er, als könne er diese Fassade nur mit Mühe aufrechterhalten. Seine Augen, die die Farbe von Rasierklingen hatten, waren von dunklen Ringen umgeben. Seine hängenden Mundwinkel verliehen seinem großflächigen Gesicht einen grimmigen Ausdruck. Rasch suchten seine Augen den Raum ab, um sicherzustellen, daß sich in den tiefen Ledersesseln keine anderen Männer verbargen.

»Wer sind Sie überhaupt?« fragte er, während er auf Claire zuging.

»Sie haben noch nicht von mir gehört?« Seine Ignoranz schien sie mehr zu ärgern als zu beleidigen.

»Nein, und mir ist auch nicht ganz klar, was diese Photos sollen.« Er schnippte mit einem sorgfältig manikürten Finger gegen den Briefumschlag.

»Die einzig bemerkenswerte Eigenschaft der Pornographie ist ihre absolute Klarheit. Was an diesen Photos ist Ihnen nicht klar?«

»Der Grund, warum Sie wollten, daß ich sie mir ansehe.«

»Ich dachte, Sie würden eine dieser Frauen erkennen, vielleicht sogar beide.«

»Nein, tut mir leid. Der Portier wird Sie hinausbegleiten.« Er warf den Umschlag auf den Kaffeetisch und ging mit schnellen Schritten zur Tür.

»Es überrascht mich, daß Sie Sarah Grange nicht erkannt haben«, sagte Claire.

Das ließ ihn erstarren.

»Ach, und übrigens«, fuhr sie fort, »ich war heute morgen in Shadow Hills und habe mit Alison und Ihrer Frau gesprochen.«

»Sie haben *was* getan?«

»Ich nehme an, Paul Quentin hat es Ihnen nicht erzählt.« Sie lehnte sich gegen den Kaminsims. Ihre Hand lag auf ihrem Gehstock. Der Blick ihrer harten, intelligenten Augen ruhte auf Sheridan Reynolds. Sie ließ ihn keine Sekunde aus den Augen.

»Was war der Grund für Ihren Besuch in Shadow Hills?« fragte er, während er sich widerwillig in einem Sessel mir gegenüber niederließ.

»Erzählen Sie mir erst, was Sie über die Photos wissen.«

Er rang sich zu einem Lächeln durch. Es wirkte ein bißchen müde und gezwungen, aber es hatte denselben bescheidenen Charme wie das von Quentin. »Ich erkenne Sarah, aber ich habe keine Ahnung, warum sie auf diese Weise posiert. Ist es schon lange her, daß das Photo aufgenommen wurde?«

»Zumindest wollen uns das einige Leute weismachen. Haben Sie auch die andere Frau erkannt?« fragte Claire.

»Ich habe sie noch nie gesehen.«

»Und das Kleid?«

»Welches Kleid? Darauf habe ich nicht geachtet.«

Sie reichte ihm das Photo von Jackie. Er betrachtete es, steckte es dann vorsichtig wieder in den Umschlag und legte ihn auf den Tisch. Seine Hand strich über das Kuvert. Er liebkoste es auf dieselbe Weise, wie man über den Dekkel eines Sarges streichelt, um sich von einem geliebten Menschen zu verabschieden. »Ich bin mir nicht sicher, aber das Kleid ähnelt einem Abendkleid, das ich für … jemanden gekauft habe.«

»Cybella?«

»Ja.« Seine Stimme klang brüchig.

»Wann haben Sie das Kleid gekauft?«

»Ich weiß nicht. Vor sechs Monaten etwa. Es war das letzte, was ich für sie gekauft habe, bevor sie … bevor sie starb.« Er fuhr sich mit der Hand übers Gesicht. »Was sollen all diese Fragen?«

»Warum hat Cybella Selbstmord begangen?«

Er lehnte sich in seinem Sessel zurück. »Ich werde ehrlich zu Ihnen sein. Ich habe es geschafft, die beiden Frauen, die ich in meinem Leben geliebt habe, sehr unglücklich zu machen. Ich bin der Grund, warum meine Frau wieder in Shadow Hills ist, und warum meine Geliebte Selbstmord begangen hat.«

Er schien sich in seinem Sessel wohl zu fühlen – zu wohl, um tatsächlich der Grund zu sein. Ich stand auf und begann, ruhelos das Sofa zu umkreisen. Er beobachtete mich. »Haben Sie jemals einen Menschen wirklich geliebt?« fragte er.

Seine Frage überraschte mich. »Natürlich.« Meine Stimme klang wie die eines Papageis, der Worte wiederholte, die er nicht verstand.

»Natürlich«, äffte er den hohlen Klang meiner Stimme nach. »Ich habe Cybella geliebt, von ganzem Herzen. Aber meiner Liebe fehlte der Mut. Ich habe mich nicht zu ihr bekannt.«

»Und trotzdem waren Sie sehr lange mit ihr zusammen«, bemerkte Claire.

»War ich das wirklich? Ich habe meine Frau nie verlassen.« Die Erinnerung verdüsterte seinen Blick, und die tiefen Falten um seinen Mund wirkten plötzlich noch tiefer. »Am Anfang, als wir jung waren, spielte das keine Rolle. Cybella wollte gar nicht heiraten. Ich flog immer nach Paris oder Rom, um bei ihr zu sein. Es war perfekt. Mein Gott, sie war damals so schön.« Wieder fuhr er sich mit der Hand übers Gesicht, als versuchte er sich zu zwingen, in die Gegenwart zurückzukehren. »An dem Tag, bevor Cybella sprang, sagte sie mir, daß sie sich wie eine Außenseiterin vorkomme – als würde sie von außen einen Blick in mein Leben und das ihrer Tochter werfen. Sie habe das Gefühl, Freiheit sei bloß ein anderes Wort für Isolation.« Er schloß einen Moment lang die Augen. Dann öffnete er sie wieder.

»Am nächsten Tag rief mich der Portier aus ihrem Haus an und sagte mir, ich solle sofort hinüberkommen. Ein schrecklicher Unfall sei passiert.«

»Ein Unfall?«

»Er wollte das Wort *Selbstmord* wohl nicht aussprechen. Aber jetzt sagen Sie mir endlich, warum Sie meine Frau und meine Tochter belästigen.«

»Warum hat Cybella Sarah Grange nicht gesagt, daß Sie ihr Vater sind?«

Er erstarrte. »Weil es nicht stimmt. Wir hatten einen Streit, sie fing etwas mit einem französischen Skifahrer an...«

»Ihre Frau hat es uns erzählt, Mr. Reynolds.«

»Verstehe.« Er betrachtete seine manikürten Hände. Er sah uns nicht an, als er weitersprach. »Cybella war sehr stolz. Sie wollte, daß Sarah aus eigener Kraft Erfolg hatte. Was ihr ja auch gelungen ist.«

»Warum haben Sie es ihr nicht gesagt?«

»Elizabeth kann sehr unvernünftig sein und schlimme Szenen machen. Ich sehe keinen Grund, meine Frau unnötig aufzuregen.«

»Wie bringt man eine Frau dazu, ihr Kind aufzugeben?« fragte ich ihn.

Er blickte von seinen Händen hoch und richtete seinen düsteren Blick auf mich. »Cybella war schon über Dreißig, als sie schwanger wurde«, sagte er. Dabei klang er, als habe das Ganze nichts mit ihm zu tun. »Ihre Karriere als Model war vorbei. Das Telefon hatte zu klingeln aufgehört. Sie war nicht mehr Cybella, sie war nur noch eine schwangere Geliebte. Sie ging nach Frankreich – um ihr Baby loszuwerden, wie ich glaubte, aber dem war nicht so.« Er machte eine kurze Pause. Die rasierklingengrauen Augen waren jetzt nicht mehr auf mich, sondern auf die Asche im Kamin gerichtet.

»Ich habe mein Leben lang keinen Penny aus eigener Kraft verdient. Ich hatte mich einfach an ein paar Dinge gewöhnt.« Ein elegantes Schulterzucken. »Als sie mit dem Baby zurückkam, mußte ich sie verlassen. Jetzt war Cybella eine Ex-Geliebte mit einem Kind. Sie brauchte Geld, also gab sie das Baby zu ihren Eltern und versuchte sich als Schauspielerin. Die Photokamera liebte sie, die Filmkamera nicht. Auf der Leinwand wirkte sie linkisch und steif. Ihre Stimme klang leer. Sie war am Boden zerstört. Sie ging nach Europa, versuchte es noch einmal mit der Schauspielerei, scheiterte aber auch dort. Nach fünf, sechs Jahren kam sie zurück. Ich richtete ihr die Wohnung am Bedford Place ein.«

»Um der guten alten Zeiten willen.«

»So könnte man es ausdrücken. Ihre Eltern wollten nicht, daß sie Sarah besuchte; sie waren mit Cybellas Lebensstil nie einverstanden gewesen. Und Cybella konnte dem Kind sowieso nicht in die Augen sehen. Sie wurde wieder meine Geliebte, begleitete mich manchmal auf Reisen und war immer für mich da.«

»Warum? Weil Sie ihr Bedford Place bieten konnten? Weil Sie Geld hatten und ihr schöne Kleider kauften?«

»Nein. Weil ich ihr immer noch das Gefühl gab, schön zu sein.« Er stand auf.

»So schön, daß sie sich umbrachte«, sagte Claire.

»Ich habe Ihre Fragen beantwortet.«

»Eine letzte Frage noch, Mr. Reynolds. Warum sind Sie hier im Club, und nicht zu Hause?«

»Ich fand es unpassend, vor meiner Tochter um meine Geliebte zu trauern. Ich werde dem Portier sagen, daß er Sie hinausbringen soll.« Er ging. Die Uhr tickte. Claire stocherte in der Asche herum.

»Es geht doch nichts über die Liebe eines Vaters«, sagte ich schließlich.

15

An diesem Abend kochte uns Gerta ein üppiges Mahl. Claire ging früh ins Bett. Niemand rief an. Niemand wurde ermordet. Ich arbeitete ein bißchen, wobei ich mir Mühe gab, nicht zu vergessen, warum Watson sich zum Schreiben hingesetzt hatte; dann ging ich auch ins Bett.

Ich träumte, daß ich vor dem Kleiderschrank meiner

Mutter stand. In dem Schrank waren lauter rote Abendkleider und – wie könnte es anders sein – eine Nonne. Ihr schweres schwarzes Gewand und die wehenden dunklen Schleier umspielten mich wie langes dunkles Haar. Meine Mutter betete, ich möge nach Hause zurückkommen.

Am nächsten Morgen begab sich Claire in ihren Queen Anne. Dort saß sie in meditativem Schweigen. Ich fragte sie, ob ich irgend etwas für sie erledigen solle, aber sie schüttelte bloß den Kopf. Ich wußte, daß sie nachdachte, daß sie all die Informationen durchsiebte, die wir inzwischen gesammelt hatten. Ich versuchte, meinerseits auch ein bißchen zu sieben, und kam zu dem Schluß, daß jeder, mit dem wir bisher gesprochen hatten, der Mörder war – oder auch nicht. Wir ließen uns gerade zum Mittagessen nieder, als das Telefon klingelte. Ich stand auf und nahm den Hörer ab. Eine gedämpfte Frauenstimme sagte, wir sollten sofort ins Duke Hotel kommen. Ich sagte es Claire.

»Haben Sie die Stimme erkannt?«

»Es könnte Linda Hansen gewesen sein.«

Sie starrte entnervt auf ihren Teller voll unberührtem Shrimps-Risotto. »Holen Sie den Wagen, Boulton.«

Violet wartete in ihrem Sessel. Der junge Trunkenbold hatte seinen Rausch ausgeschlafen und war längst verschwunden. Der Hotelangestellte hatte einen tragbaren Fernseher vor sich stehen und sah sich eine Talkshow an. Heute trug er ein kapuzenloses grünes Sweatshirt. Lange, feine Strähnen weißen Haars versuchten, eine zarte, rosafarbene Kopfhaut zu beschützen. Die Knopfaugen folgten uns. Wir marschierten den düsteren Korridor hinunter und dann die Treppe hinauf. Claire ging an der verschlossenen Tür der wimmernden Frau vorbei, als existiere sie gar nicht, als wüßten nur Boulton und ich, daß sie in diesem Zimmer war.

Jackies Tür stand einen Spalt offen. Als Boulton sie anstieß, schwang sie weit auf. Graues Licht drang durch das Fenster auf das Bett und die zerdrückten Blumen. Goldie lag auf dem Boden, den Kopf gegen die Seite des Bettes gelehnt. Sein Kinn ruhte auf seiner Brust. Ein Bein hatte er angezogen, das andere ausgestreckt. Seine Arme hingen leblos an ihm herunter; die Handflächen zeigten nach oben. Ein dunkler Fleck breitete sich über seinen Bauch aus.

»Eine höchst unangenehme Situation«, sagte Claire entrüstet. »Schließen Sie die Tür, Miss Hill.«

»Mir scheint, Goldie ist derjenige, der Grund hätte, sich aufzuregen, und nicht Sie«, antwortete ich, während ich die Tür zuzog .

»Schalten Sie das Licht an, Boulton.«

Sie knieten sich neben die Leiche. Ich starrte Goldie an. Er starrte auf das Blut auf seinem Bauch, als versuchte er immer noch herauszufinden, wie es dort hingekommen war.

»Stichwunden«, stellte Boulton fest.

»Ja. Ich höre Sie nicht mehr atmen, Miss Hill. Atmen Sie weiter.«

Der Geruch von verwelkten Nelken, Alkohol und Tod lag in der Luft. Ich fand es angenehmer, nicht zu atmen.

Claire ließ ihren Blick durch den Raum schweifen. »Irgend etwas stimmt nicht, Boulton.«

Er sah sich um. »Was ist es? Was beunruhigt Sie?« fragte er.

»Irgend etwas...« Sie legte den Kopf schief.

Jeder von uns dreien ließ den Blick durchs Zimmer schweifen, wobei wir es alle vermieden, das anzusehen, was meiner Meinung nach am offensichtlichsten nicht stimmte: die Leiche auf dem Boden.

»Ich komme nicht drauf. Egal.« Sie zog ihre schwarzen Handschuhe an und begann vorsichtig, Goldies Taschen zu durchsuchen. Was sie fand, war eine Peep-Thrills-Karte, auf deren Rückseite eine Telefonnummer notiert war. »Kommt Ihnen die Nummer bekannt vor, Miss Hill?«

»Bonton.«

Sie steckte die Karte in ihre Tasche.

»Ich glaube, wir können zu Recht davon ausgehen, daß er wußte, wer Jackie umgebracht hat«, meinte Boulton.

»Wäre eine Frau so ohne weiteres in der Lage, einen Mann dieses Kalibers umzubringen?« fragte ich.

»Er hatte etwas getrunken, und außerdem darf man den Überraschungseffekt nicht unterschätzen«, antwortete Claire.

»Es ist das Schicksal der Männer, von den Frauen überrascht zu werden«, bemerkte Boulton traurig.

»Es sei denn, Goldie ist von einem Mann überrascht worden«, entgegnete ich.

»Ich nehme an, wir kommen nicht umhin, die Polizei zu rufen«, sagte Claire.

»Der Hotelangestellte hat uns nach oben gehen sehen«, antwortete Boulton.

»Holen Sie ihn.«

»Ist gut.« Er verließ den Raum.

»Sehnen Sie sich nie nach einem normalen, glücklichen Leben?« fragte ich verzweifelt.

»Ich habe das normale, glückliche Leben stets gemieden, Miss Hill.« Sie lehnte sich auf ihren Gehstock und starrte auf den Toten hinunter, als läge er dort nur, um sie zu ärgern. »Goldie hat Jackies Leiche identifiziert. Die Polizei wird früher oder später dahinterkommen, daß es zwischen Jackie und mir eine Verbindung gibt. Sie werden nicht besonders glücklich darüber sein, daß ich fälschlicherweise behauptet habe, sie nicht zu kennen.«

»Könnten Sie nicht damit argumentieren, daß Sie Ihren Klienten gegenüber zu Diskretion verpflichtet sind?« meinte ich.

»Ich glaube nicht, daß sie das beeindrucken wird. Schließlich war meine Klientin bereits tot, als sie meine Klientin wurde. Wahrscheinlich werden sie so sauer sein, daß sie uns gleich zur Vernehmung mitnehmen.« Sie starrte auf Goldie, den Grund für ihre Misere, und dann auf mich, als käme ich auf ihrer Liste von Ärgernissen gleich an zweiter Stelle. »Ich möchte, daß Sie von hier verschwinden, nachdem wir mit dem Hotelangestellten gesprochen haben.«

»Ich soll den Tatort verlassen? Ist das nicht gegen das Gesetz?«

»Miss Hill, dies ist nicht der geeignete Zeitpunkt, um in den Morast spießbürgerlicher Moralvorstellungen zu versinken.«

»In *was* für einen Morast?! Sie haben leicht reden, Sie sind ja nicht diejenige, die den Tatort verläßt. Was passiert, wenn der Hotelangestellte der Polizei erzählt, daß ich Sie und Boulton begleitet habe?«

»Ich werde mich um alles kümmern. Ich möchte, daß Sie sich eine Telefonzelle suchen und bei der New York Insurance anrufen. Verlangen Sie Graham Sitwell. Fragen Sie ihn, ob er beim New York Police Department ein gutes Wort für mich einlegen kann. Ich werde nicht umhinkommen, mit ihnen zu reden, aber vielleicht kann ich die leidige Fragerei ein bißchen abkürzen.«

»Sonst noch was?« Ich hatte mich damit abgefunden, demnächst auf der Flucht zu sein.

»Ich möchte, daß Sie Nora Brown und Sarah Grange ins Parkfaire schaffen und dort festhalten, bis ich zurück bin.«

Die Tür ging auf. Der Hotelangestellte streckte seinen Kopf herein. Er stieß einen überraschten Pfiff aus.

Boulton schob ihn ins Zimmer. »Das ist ja Goldie!« Er fuhr sich mit der Hand durch die wirren weißen Strähnen seines Haars.

»Wer ist in der letzten Stunde hier heraufgekommen?« fragte Claire.

»Ihr drei.«

»Und vor uns? Denken Sie nach. War es eine Frau?« hakte sie nach. »Eine schlanke Frau mittleren Alters, mit dunklen, kurzen Haaren?«

»Ja, aber ich weiß nicht, ob sie hier raufgegangen ist. Doch von euch dreien weiß ich es.« Er sah uns an, als stünde er drei Serienkillern gegenüber. »Ich rufe jetzt die Polizei.«

»In einer Minute. Kennen Sie Linda Hansen? Sie arbeitet im Peep Thrills.«

»Ich habe sie reinkommen, aber nicht wieder rausgehen sehen.«

»Gibt es noch einen anderen Zugang zu diesem Hotel?«

»Warum stellen Sie mir diese Fragen?«

»Antworten Sie ihr«, sagte Boulton.

»Es gibt noch eine Tür, die auf die Seitenstraße hinausgeht, aber die ist immer abgeschlossen.«

»Zeigen Sie sie uns.«

»Ich rufe jetzt die Polizei.«

»Zeigen Sie sie uns«, sagte Boulton und schob ihn auf den Gang hinaus.

Die Tür befand sich im ersten Stock, unter der Treppe. Über dem Türrahmen war ein unbeleuchtetes Schild mit der Aufschrift EXIT angebracht.

»Sehen Sie?« Er lehnte sich dagegen. Die Tür ging auf. Licht, das die Farbe von Spülwasser hatte, ergoß sich auf den Gang. »Jesus, die sollte eigentlich verschlossen sein.«

Claire trat hinaus, ließ ihren Blick die Straße entlangschweifen und kam wieder herein. »Nora Brown ist durch das Foyer gekommen. Jemand anderer könnte das Hotel durch diese Tür betreten haben und in das Zimmer hinaufgegangen sein, ohne gesehen zu werden. Und dieser Jemand dürfte gewußt haben, daß diese Tür nicht verschlossen war.«

»Sie sollte eigentlich verschlossen sein«, wiederholte der Hotelangestellte wütend. »Wahrscheinlich sitzen in diesem Hotel Leute, die nicht bezahlt haben.«

»Haben Sie und Goldie sich unterhalten?« Claire ließ die Tür einen Spalt weit offen, damit sie das Gesicht des Angestellten sehen konnte. Das Licht tauchte uns alle in ein schmutziges Grau.

»Klar. Hallo. Wiedersehen.«

»Er hat nie über sich selbst gesprochen?«

»Goldie war nicht gerade das, was man redselig nennt, Lady«, antwortete der Hotelangestellte. Aber in seinen Augen flackerte eine Erinnerung auf.

»Er hat also doch etwas gesagt? Was war es?« drängte ihn Claire.

Der Angestellte drehte sich um und wollte den Gang hinunterlaufen, aber Boulton versperrte ihm den Weg.

»Hey, was soll das überhaupt?« protestierte der Mann. »Ich muß jetzt die Polizei rufen.«

»Beantworten Sie ihre Frage«, befahl Boulton.

Er sah zu Claire hinüber. »Goldie kam mit einer Videoausrüstung hier an. Ich sagte ihm, er solle sie lieber nicht hier herumliegen lassen, weil sie ihm sonst bestimmt geklaut würde. Das war alles.«

»Miss Hill?« sagte Claire mit Blick auf meine Tasche.

Ich faßte hinein, zog meinen Revolver heraus und zielte damit auf den Mann.

Seine Augen weiteten sich. Er riß den Mund auf. Seine Hände schnellten in die Höhe. Weiße Haarsträhnen flatterten.

»Nein, nein, Miss Hill«, sagte Claire mit der geduldigen Stimme eines Hundetrainers. »Nicht die Waffe. Das Geld. Ich glaube, unser Freund hier hätte gern ein bißchen Bargeld.«

»Tut mir leid. Ich bin heute leicht konfus.«

Ich schob den Revolver wieder ein und durchwühlte meine Tasche nach meiner Börse. Die Augen des Hotelangestellten wanderten nervös zwischen Claire, Boulton und mir hin und her. Er hielt immer noch die Hände hoch. Seine Finger zitterten. Ich zog einen Zwanziger aus der Tasche.

»Also«, sagte Claire zu ihm, »was machte Goldie mit der Videoausrüstung? Sie können die Hände wieder runternehmen.«

»Pornos.«

»Wann war das?«

»Ab und zu mal.«

»Aber Sie denken an einen ganz bestimmten Tag, habe ich recht?«

»Vor etwa vier, fünf Monaten.«

»Haben Sie die Leute zu Gesicht bekommen, die bei dem Video mitmachten?«

»Bloß eins von den Mädchen: langes dunkles Haar, große Sonnenbrille, sehr schön. Ich habe sie nach oben geführt.«

»Hatte sie eine Tasche dabei?«

»Eher eine Tüte, wie man sie in einer Reinigung bekommt. In der Tüte war ein rotes Kleid. Ich mußte daran denken, daß sie das Kleid bestimmt nicht brauchen würde.« Er grinste anzüglich. Dann warf er mir einen nervösen Blick zu, streckte die Hand aus und nahm den Zwanziger.

»Ich rufe jetzt die Polizei«, sagte er vorsichtig, während er sich rückwärts von Boulton entfernte. »Und Sie drei rühren sich besser nicht von der Stelle.« Er deutete mit einem knochigen Finger auf uns.

Dann drehte er sich um und rannte den Gang hinunter. Plötzlich blieb er stehen, warf den Kopf herum und schrie in die oberen Stockwerke hinauf: »Und anschließend sperre ich die Hintertür ab, ihr Bastarde. Ihr Irrenhaufen!«

»Schaffen Sie die zwei dummen Frauen ins Parkfaire, Miss Hill, und lassen Sie sie nicht aus den Augen. Wie spät ist es, Boulton?«

»Kurz nach zwei.«

»Alison Reynolds hat gerade ihre Anprobe bei Bergdorfs«, fuhr Claire fort. »Finden Sie heraus, was sie über Sarah Grange weiß, vor allem in bezug auf ihren Vater. Es ist an der Zeit, das schützende Band zwischen Mutter und Tochter zu zerreißen.«

Unten vor dem Hotel waren Sirenen zu hören.

»Beeilen Sie sich, Miss Hill.«

Ich rannte die Straße hinunter, als hätte ich einen Mord begangen. Ich kam in einer Seitenstraße heraus, in der gerade aus mehreren Lastwagen Waren ausgeladen wurden. Ein Mann, der eine Zigarre zwischen den Lippen hängen hatte, trug ein Tablett mit rohem Fleisch die Treppe zu einem Restaurant hinunter. Fliegen kreisten über dem Tablett wie der schwarze Heiligenschein eines gefallenen Engels. Ich folgte dem Mann in ein langgezogenes, leeres Restaurant. Nur durch die Fenster an der Straße drang Licht in den Raum. Der Lieferant steuerte zielstrebig auf den hinteren Teil des Raumes zu. Ein Asiate in einem knalligen Sporthemd saß an einem Tisch und rauchte. Er wedelte mit der Hand in meine Richtung, als wäre ich eine der Fliegen, die dem rohen Fleisch folgten.

»Nicht offen. Nicht offen. Heute abend.«

»Ich muß dringend ihr Telefon benutzen.«

»Nicht offen.«

»Telefon.«

Er zog an seiner Zigarette und starrte ins Leere. Ich nahm einen Fünfer aus meiner Tasche und legte ihn vor ihn hin. Er zuckte mit den Achseln, nahm das Geld und erklärte mir, daß das Telefon ganz hinten sei. Man kann in dieser Stadt alles bekommen; man muß nur wissen, wie.

Das Telefon war hinter einem roten Vorhang versteckt. Ich schaffte es, erst zu Sitwells Sekretärinnen und dann zu seinem Assistenten durchzudringen. Man bat mich zu warten. Die Küchentür schwang auf, und der Typ mit der Zigarre kam heraus, diesmal mit einem leeren Tablett. Bevor die Tür wieder zuschwang, erhaschte ich einen Blick auf einen sehnigen jungen Mann mit einem Stirnband, auf das ein Sonnenaufgang aufgedruckt war. Er hatte ein Messer in der Hand, und vor ihm lag der Fleischberg. Die Tür fiel zu.

»Graham Sitwell am Apparat.«

»Hier spricht Maggie Hill.«

»Maggie? Ich dachte, Sie und Claire wären schon längst nach Los Angeles aufgebrochen.«

Ich berichtete ihm in knappen Worten, was passiert war.

»Eine tote Klientin? Sie hat einfach keinen Geschäftssinn. Ich habe sie schon mehrfach gefragt, ob sie nicht für unsere Versicherung arbeiten will. Dann hätte sie für ihr ganzes Leben ausgesorgt.«

»Tja, also, ich glaube, sie möchte ihren Sitz weiterhin in Los Angeles haben. Ich schätze, im Moment würde sie einiges dafür geben, schon wieder dort zu sein. Meinen Sie, Sie könnten ein gutes Wort für sie einlegen? Bei jemandem, der im New York Police Department Einfluß hat? Vielleicht beim Polizeipräsidenten? Oder sogar beim Bürgermeister?«

»Keine Sorge. Ich werde mich darum kümmern.«

Ich bedankte mich bei ihm und wählte die Nummer von *Bonton.* Nora Brown war nicht zu sprechen. Ich hinterließ eine bedrohliche Nachricht, die sie davon überzeugen sollte, daß es in ihrem Interesse lag, Sarah Grange in Claire Conrads Hotel zu schaffen. Die chablisfarbene Sekretärin informierte mich, daß Nora es unmöglich schaffen werde, vor fünf Uhr irgendwo zu erscheinen. Ich antwortete ihr, daß ich die Regenbogenpresse und die Polizei informieren würde, falls Nora und Sarah um Viertel nach fünf nicht im Hotel wären. Dann rief ich Gerta an und sagte ihr, daß wir zwei Besucherinnen erwarteten, und daß ich so bald wie möglich ins Hotel kommen würde.

Ich verließ das Restaurant und marschierte los, während ich nach einem Taxi Ausschau hielt. Ich hörte immer noch Sirenen heulen, doch das war nichts Besonderes. Es war die übliche Melodie der Stadt. Die Sonne war herausgekommen, aber das schien ebenfalls keine Bedeutung zu haben. Ich traue keiner Stadt, in der die Sonne herauskommt und man trotzdem keine Sonnenbrille braucht. Zugegeben, hier in New York haben sie verschiedene Jahreszeiten. Aber wir in Los Angeles sind wenigstens in der Lage, zwischen Tag und Nacht zu unterscheiden. Ich winkte einem Taxi und stieg ein. »Bergdorf Goodman.«

»Was?« Der Taxifahrer hatte seine rote Strickmütze bis zu seinen buschigen Augenbrauen heruntergezogen.

»Bergdorf's in der Fünften Straße, gleich neben dem Plaza Hotel.«

Er fädelte in den Verkehr ein.

»Sie sind nicht von hier, oder?« Glänzende schwarze Augen betrachteten mich im Rückspiegel.

Verdammt, er wollte sich mit mir unterhalten. Ich lehnte den Kopf zurück, schloß die Augen und dachte an Goldie, Jackie und Nelken. Das Taxi roch nach irgendeinem seltsamen, starken Gewürz. Ich kurbelte das Fenster ein Stück herunter. Kühle Luft, vermischt mit Abgasen, strömte über mein Gesicht.

»Ich sehe es Ihnen an, daß Sie nicht von hier sind«, fuhr der Taxifahrer fort. »Man merkt es an Ihrem Gang.«

An meinem Gang? Halt bloß den Mund, Maggie. An meinem Gang?

»Die New Yorker Frauen haben so einen komischen Gang. Ich glaube, das liegt an ihren kurzen Beinen.«

Sag nichts, Maggie. Die New Yorker Frauen können selbst auf sich aufpassen.

»Und an ihren kurzen Armen. Sie haben alle kurze Arme und kurze Beine. Und komische Haare.«

»Kurze Arme?« Scheiße. »Und kurze Beine? Alle New Yorker Frauen haben kurze Arme, kurze Beine und komische Haare? Ist es das, was Sie sagen wollen?!«

»Yeah. Sie gehen genau wie Mickey Mouse.«

»Es überrascht mich, daß Sie nicht Minnie gesagt haben.«

»Minnie wer?« Er verdrehte den Hals und sah mich an.

»Mouse. Und passen Sie auf, wo Sie hinfahren.« O Gott, warum hatte ich mich bloß auf dieses Gespräch eingelassen?

Er richtete seinen Blick wieder auf die Straße. »Nein, Mickey. Sie gehen wie Mickey.«

»Ich will gar nicht hören, wie sie gehen.« Ich lehnte mich nach vorne, die Hand am Sicherheitsgurt. »Ich will gar nicht wissen, ob die Frauen hier kurze Arme oder kurze Beine haben. Ich will nicht wissen, ob wir wie Mickey oder Minnie aussehen. Ich bin es müde, zu hören, was Männer über Frauen denken. Oder was Frauen über Frauen denken. Und am allerwenigsten interessiert mich, was Sie über Frauen denken. Ich will einfach bloß zu Bergdorf's.«

»Ich bringe Sie ja hin. Kein Grund, sich so aufzuregen. Ich liebe die Frauen.«

»Das glaube ich Ihnen aufs Wort.« Ich lehnte mich zurück und hörte mir mit geschlossenen Augen an, warum er die Frauen liebte.

16

Die Abteilung für Brautmode war im sechsten Stock. Drei bombastische weiße Kleider, die aussahen, als würden sie es auch ohne Braut bis zum Altar schaffen, hingen neben einem zierlichen Sofa an einem Ständer. Eine Verkäuferin saß hinter der Kopie eines Louis-Quinze-Schreibtisches. Seine vergoldeten Ecken waren abgeschlagen. Sie wühlte durch eine Schachtel voller weißer Spitzenstrumpfbänder. Ihre Hände waren mit braunen Altersflecken gesprenkelt.

Ihr matt gewordener Diamantring sah aus, als gehörte er mal richtig poliert. Dasselbe galt für ihren Ehering. Ich warf einen Blick in die Schachtel. Winzige blaue Rosenknospen aus Seide zierten die Spitze der Strumpfbänder.

Ich mußte an all die schrecklichen, neckischen Photos von Bräuten denken, die den Saum ihres Brautkleids hochhoben, um ihre Beine und Strumpfbänder zur Schau zu stellen. Ich hatte kein Strumpfband getragen, als ich heiratete. Allerdings hatte ich bei meiner Hochzeit auch kein Brautkleid getragen. Irgendwie hatte all das jungfräuliche Weiß nicht nach Las Vegas gepaßt.

»Ist Alison Reynolds hier?« fragte ich.

»Sie ist in der letzten Kabine. Gleich hier durch die Vorhänge.«

»Danke.«

Ich ging durch die Vorhänge und klopfte an die letzte Tür.

»Herein.«

Alison stand allein in der Kabine. Sie trug ein Hochzeitskleid aus weißem Brokat. Oberteil und Saum waren mit unzähligen Reihen winziger Perlen bestickt. Ein Schleier aus Chantilly-Spitze lag weich über ihrem lockigen, kastanienroten Haar und fiel über ihren Rücken hinunter bis auf den Boden. Noch mehr winzige Perlen glitzerten wie gefrorene Tränen in der Spitze. Sie war auf eine kultivierte, altmodische Weise schön – als wäre sie einem Gemälde von Sargent entstiegen. Ihre Augen glänzten vielversprechend. Vor Überraschung errötete sie wie eine Braut, als sie mich sah.

»Maggie, was machen Sie denn hier?«

»Ich muß Ihnen ein paar Fragen stellen.«

»Setzen Sie sich. Ich warte auf die Schneiderin. Das Kleid

ist zu lang. Ich darf nicht vergessen, daß ich Füße habe.« Sie lachte.

Ich nahm ihre Tasche und Geldbörse von einem Stuhl und setzte mich, bemüht, keinen Blick in den Spiegel zu werfen. Aber dann tat ich es doch. Ja, ich sah wirklich aus wie ein Mensch, der gerade einen Toten gesehen hat. Vielleicht ein bißchen Lippenstift?

»Ich biete einen etwas albernen Anblick«, sagte sie.

»Nein, das stimmt nicht. Sie sehen sehr hübsch aus.«

»Warum tragen wir immer noch Weiß?« fragte sie. »Es ist so verlogen, aber das scheint niemanden zu stören.«

»Tragen Sie es mit einem Augenzwinkern. Mit einem Hauch Ironie«, schlug ich vor.

»Das kann ich nicht. Aber wenn man sich das Weiß als eine Art Vermächtnis vorstellt, bekommt es doch wieder einen Sinn. Ich werde dieser Farbe einen Sinn geben.« Sie hielt inne, fingerte an ihrem Schleier herum und wandte sich dann dem Spiegel zu. »Anders als meine Eltern. Was wollten Sie mich fragen? Hat es mit Cybella zu tun?«

»Ja.«

»Als Sie meine Mutter besuchten, hat Sie Ihnen da gesagt, daß Sarah meine Halbschwester ist?«

»Jetzt brauche ich die Frage gar nicht mehr zu stellen. Ihre Mutter glaubt, Sie wüßten es nicht.«

»Es ist leichter für Mutter, zu glauben, daß ich gewisse Dinge nicht weiß.«

»Und für Ihren Vater?«

»Für ihn auch. Man hat mir zwar nie verboten, Fragen über Cybella zu stellen, aber mir war schon als Kind klar, daß ich das nicht durfte. Mutter war immer so labil. Ich wollte sie nicht aufregen. Und Vater war mein Vater. Ich hatte Angst, daß ich ihn verlieren würde, wenn ich das

Thema zur Sprache brächte. Ich habe immer in der Angst gelebt, daß er uns verlassen würde, um mit ihr auf- und davonzugehen.« Sie strich ihr Kleid glatt.

»Hat er Ihnen das gesagt?«

»Mutter hat es mir gesagt.«

»Sie haben also vor, eine bessere Ehe zu führen als Ihre Eltern.« Ich klang nicht besonders überzeugt.

Sie bemerkte es und starrte trotzig auf mein Spiegelbild. »Ja. Das ist es doch, was sich alle Eltern für ihre Kinder wünschen, oder etwa nicht? Ein besseres Leben, als sie selbst geführt haben?«

»Müssen Sie unbedingt heiraten, um das zu beweisen?«

»Das ist mein Schlachtfeld, Maggie. Das ist der Boden, auf dem ich gewinnen muß.« Ihre Finger strichen über eine Reihe Perlen.

»Wer hat Ihnen das mit Sarah erzählt?« fragte ich.

»Sie müssen mir versprechen, daß Sie es meiner Mutter nicht sagen.«

Ich hielt es für das beste, Claire zu zitieren. »Wenn mein Beruf mich nicht dazu zwingt, werde ich ihr nichts sagen.«

»Cybella.«

»Wann?«

»Ich habe sie ein paar Wochen vor ihrem Tod besucht.«

»Warum?«

»Ich weiß nicht, wie ich es erklären soll. Ich glaube, es hat damit zu tun, daß ich heiraten werde; damit, daß sich in meinem Leben so vieles verändert. Ich wollte irgendwie mit ihr ins reine kommen.«

»Und Ihrer Muse von Angesicht zu Angesicht gegenübertreten?«

Die haselnußbraunen Augen sahen mich fragend an. »Machen Sie sich über mich lustig?«

»Überhaupt nicht. Mir ist nur gerade klargeworden, daß ich die Assistentin meiner Muse bin.«

»Claire Conrad ist Detektivin. Das darf ich nicht vergessen. Ich habe nicht viele Freunde, Maggie. Niemanden, dem ich mich anvertrauen kann. Es ist so leicht, mit Ihnen zu reden. Ich muß mir immer wieder ins Gedächtnis rufen, daß Sie mir und meiner Familie schaden könnten.«

»Wie denn?«

»Ich weiß es nicht.«

Ich wollte ihr nicht schaden. Am liebsten hätte ich sie hier zurückgelassen, wie sie war. Perfekt. Noch unberührt von den Folgen ihrer Entscheidungen, und von Paul Quentins bescheidenem Selbstbedienungslächeln. Aber ich tat es nicht. Ich stellte ihr eine weitere Frage. »Was hat Ihnen Cybella über Sarah erzählt?«

»Sie hat mir gesagt, daß es nur zwei Dinge gäbe, die ihre Liebe zu meinem Vater überschattet hätten: der Schmerz, den sie Sarah zugefügt habe, und der Schmerz, den sie mir zugefügt habe. Mutter hat sie dabei mit keinem Wort erwähnt.«

»Hatten Sie den Eindruck, daß Cybella depressiv war?«

»Eher durcheinander.«

»Weswegen?«

»Sarah. Sie sagte, sie fühle sich in Gegenwart ihrer eigenen Tochter unwohl. Cybella gab sich selbst die Schuld. Aber sie war der Meinung, daß Sarah Angst vor ihr habe, Angst, sich ihr zu öffnen. Sie machte sich sogar Sorgen, daß sie in irgendwelchen Schwierigkeiten stecken könnte.«

»Wie fühlten Sie sich, als Sie erfuhren, daß Sie eine Halbschwester haben?«

»Ich war überhaupt nicht schockiert. Es kam mir vor, als hätte ich es schon immer gewußt. Vielleicht war das ja auch so. Wie ich schon gesagt habe, meine Eltern stritten sich ständig, vor allem, als ich noch ein Kind war. Bestimmt habe ich bei einer ihrer Auseinandersetzungen mitbekommen, daß Vater noch eine Tochter hatte.«

»Haben Sie Cybella erzählt, daß Sie früher immer in die Bibliothek gegangen sind, um sich ihre Photos anzusehen?«

»Nein. Das konnte ich nicht.«

»Das wäre Verrat an Ihrer Mutter gewesen.«

»Ja.«

Bevor ich nachfragen konnte, wieso sie das als Verrat betrachtet hätte, ging die Tür auf. Eine kräftig gebaute Frau mit breiten Hüften kam herein; an ihrem schwarzen Rock hingen lauter weiße Fäden. Sie kniete vor Alison nieder, als wäre sie die Jungfrau Maria. Aber anstatt zu beten, nahm sie eine Dose mit Stecknadeln aus ihrer Tasche und begann, den Saum hochzustecken.

»Nicht zu lang«, befahl Alison.

Die Schneiderin nickte. Glitzernde Stecknadeln ragten zwischen ihren farblosen Lippen hervor. Ihre dicken Beine waren von beigefarbenen Wollstrümpfen umhüllt; die geschwollenen Füße hatte sie in enge schwarze Schuhe gezwängt. Ihre flinken Finger wanderten so geschickt am Saum des Kleides entlang, als führten sie ein eigenes, glückliches Leben.

Alison warf einen Blick in den Spiegel und zupfte etwas zurecht, das gar nicht zurechtgezupft werden mußte. »Ich habe Ihr Photo dabei, Maggie. Es ist in meiner Tasche.«

»Mein Photo?«

»Das Photo, das ich gestern von Ihnen gemacht habe. Ich wollte es Ihnen später im Hotel vorbeibringen.«

»Darf ich es mir ansehen?«

»Es ist in dem weißen Umschlag.«

Der Umschlag steckte gleich neben ihrer Kamera. Ich zog das Photo heraus. Der Schwung meiner Lippen wirkte viel zu arrogant, der Blick meiner Augen viel zu traurig. Es war ein brutal ehrliches Photo.

»Woran liegt es? Am Timing?« fragte ich.

»Wie meinen Sie das?«

Die Schneiderin bewegte sich langsam um Alison herum. Ich hörte, wie ihre dicken Beine gegeneinanderrieben.

»Wie schafft man es, genau den richtigen Gesichtsausdruck einzufangen?«

»Man schießt viele Photos und hofft.«

»Sie sind viel zu gut, um nur drauflloszuknipsen und zu hoffen.«

»Waren Sie jemals verheiratet?« wechselte sie das Thema.

»Ja.«

»Waren Sie vor Ihrer Hochzeit glücklich und aufgeregt?«

»Ja.«

»Dachten Sie, die Ehe würde halten?«

»Ja.«

»Sind Sie noch verheiratet?«

»Nein.«

»Haben Sie ihn geliebt?«

»Ja.«

»Und jetzt?«

»Nein. Wie lange kennen Sie Paul schon?«

»Seit er für meinen Vater arbeitet. Etwa drei Jahre.«

»War es Liebe auf den ersten Blick?«

»Liebe auf den ersten Blick habe ich nur durch die Linse meiner Kamera erlebt.«

»Sie meinen, nur in Ihrer Kunst?«

»Ich betrachte meine Arbeit nicht als Kunst.«

»Warum haben Sie Angst, ihr diesen Wert zuzugestehen?«

»Sie haben geglaubt, jemanden zu lieben, und dann irgendwann festgestellt, daß es nicht mehr so war. Man sollte die Dinge nicht zu hoch bewerten, Maggie. Sie könnten einem wieder weggenommen werden.«

Nur das Rascheln des weißen Brautkleides und die schwerfälligen Bewegungen der Schneiderin waren zu hören.

»Sie haben gesagt, Weiß stünde für ein Vermächtnis«, erinnerte ich sie. »Das ist doch auch ein Wert.«

»Das ist der einzige Wert, der mir geblieben ist.« Sie preßte ihre bleichen, fein gezeichneten Lippen aufeinander und reckte das zarte Kinn trotzig vor.

Die Schneiderin stand mühsam auf. Sie senkte den Schleier über Alisons Gesicht.

Wir hatten alle den festen Vorsatz, eine glückliche Ehe zu führen, dachte ich. Alle jungen Bräute sahen durch einen Schleier, egal, ob sie einen trugen oder nicht. Jede glaubte, *ihr* werde es gelingen, die Zeit wieder aufleben zu lassen, als die Ehe noch etwas bedeutete. Als Männer und Frauen noch wußten, wie man sich richtig liebte. Als wir alle noch wußten, wo unser Platz in der Liebe war. Alle wollten sie es schaffen, und zwar besser als ihre Mütter. Die Schneiderin steckte den Schleier ab. Ihre Finger tanzten die Schleppe hinunter. Ein einfacher, glatter Ehering glänzte an ihrem Finger.

»Gut so?« fragte sie Alison.

Alison drehte sich um, bis ihr Spiegelbild wieder und wieder in dem dreiteiligen Spiegel zu sehen war – als stünde da nicht nur eine Braut, sondern Tausende.

»Perfekt.« Unter dem Schleier wirkte sie wie ein Schatten.

Die Schneiderin notierte etwas auf eine Karte und ging.

Dann rauschte die Verkäuferin herein und begann Alison beim Ausziehen zu helfen.

Ich wartete draußen. Als Alison erschien, war sie ganz außer Atem.

»Ich treffe mich mit Paul im Plaza auf eine Tasse Tee.«

Ich sah auf meine Uhr. Bis zu dem Treffen mit Sarah und Nora hatte ich noch ein bißchen Zeit. »Eine Tasse Tee könnte ich auch gebrauchen«, sagte ich. In Wirklichkeit wollte ich noch einmal einen Blick auf den Mann hinter dem Lächeln werfen.

Unsicher starrte sie mich an. »Sie mögen Paul nicht, stimmt's?«

»Wie kommen Sie darauf?«

»Ich weiß es eben.«

»Er kann sich glücklich schätzen, das Herz einer so talentierten Künstlerin gewonnen zu haben.«

»Maggie, ich bin keine Künstlerin.« Sie klang wie ein Schulmädchen, das sagte: »Ich bin nicht hübsch«, obwohl sie genau wußte, daß sie sehr wohl hübsch war.

Wir nahmen den Aufzug nach unten. Die Schaufensterpuppen mit den kahlen Köpfen und geschlechtslosen Augen beobachteten mich. Sie wußten, daß ich sie in ihrem Brautkleid hätte zurücklassen sollen, allein in jener Umkleidekabine.

17

Das Palm Court ist im Foyer des Plaza Hotel untergebracht. Auf einem roten, geblümten Teppich sind kleine runde Tische mit rosafarbenen Leinentischdecken verteilt. Um weiße Marmorsäulen scharen sich riesige Töpfe mit Palmen. Heute spielte dort ein Geiger, dessen Musik eine Migräne sowohl vertreiben als auch verursachen konnte, je nachdem, was für einen Musikgeschmack man hatte. Sich schwungvoll hin- und herwiegend, umkreiste er die Tische. Neben dem Eingang zum Café stand ein Oberkellner; seiner Miene nach hätte er auch Leichenbestatter sein können. An der Decke glitzerten kristallene Lüster. Vor dem Eingang wartete eine Schlange von Leuten darauf, hineingelassen zu werden. Es strengte sie sichtlich an, Geduld zu heucheln. Hätten sie nicht alle so reich ausgesehen, hätte man meinen können, sie stünden um einen Teller Suppe an.

Alison ging schnurstracks auf den Oberkellner zu und verkündete ihren Namen.

»Gleich hier entlang.« Er klemmte sich ein paar Speisekarten unter den Arm. Wir folgten ihm zu einem Ecktisch. Als ich mich in einem der roten, samtbezogenen Sessel niederließ, streiften die fedrigen Arme einer Palme meinen Nacken. Alison bestellte Tee für drei. Nachdem der Kellner gegangen war, lehnte sie sich mit spitzbübischer Miene vor. »War Ihr Ex ein guter Liebhaber?«

»Ich finde schon. Alle anderen Frauen, die ihm über den Weg liefen, fanden das auch.«

Wir lachten.

»Was für einen Beruf hatte er?« Sie strich sich ihr widerspenstiges Haar aus dem Gesicht.

»Polizist. In L. A. Ist Paul ein guter Liebhaber?«

Sie lächelte mich weiter an, aber irgend etwas passierte mit ihren Augen. Sie wirkten plötzlich nicht mehr so strahlend.

»Der beste«, sagte sie.

Wir schwiegen beide. Okay, sie heiratete Paul Quentin also nicht aus Lust und Leidenschaft. Ich ließ meinen Blick durch den Raum schweifen. Schicke Frauen – so dünn und scharfkantig, daß man sich wahrscheinlich wie an einem Blatt Papier schnitt, wenn man sie berührte – steckten über ihren Teetassen die Köpfe zusammen. Ich wußte, daß sie sich gegenseitig ihre Geheimnisse beichteten, daß sie jedes noch so kleine Detail ihres Lebens minuziös durchkauten. Man sagt, Beichten sei gut für die Seele, aber ich glaube, daß die meisten Frauen nie aus ihrem dunklen Beichtstuhl herauskommen. Sie spähen ihr Leben lang durch das Gitter und warten auf den nächsten Priester in Form einer Freundin, mit der sie alles von neuem durchkauen können. Für diese Frauen gibt es keine Rettung; ihnen bleibt nur die Hoffnung auf das nächste Mittagessen, die nächste Teestunde.

Der Geiger näherte sich schwungvoll einem Tisch, an dem sich ein Mann und eine Frau schon seit längerem anschwiegen. Die Wedel der Palmen flatterten kaum merklich, als hätten die Musik, die Stimmen und das Klappern des Porzellans eine leichte Brise erzeugt.

Der Kellner stellte den Tee mit der ganzen Anmut eines gut trainierten Preisboxers auf unserem Tisch ab. Ich sah zu, wie Alison uns mit der einstudierten Grazie einer gut trainierten Debütantin einschenkte. Ich mochte sie. Was hatte ich eigentlich in ihrem Leben zu suchen? Ich gehörte hier ebenso wenig hin wie ins Peep Thrills oder den Horizon Club. Wir lächelten uns über den Rand unserer Teetassen an. Der Geiger sägte gerade durch einen Walzer.

»Ich wünschte, wir hätten uns unter anderen Umständen kennengelernt, Maggie.«

»Daß ich für Claire Conrad arbeite, heißt doch nicht, daß wir keine Freundinnen sein können. Warum sind Sie meinetwegen so nervös? Wen versuchen Sie zu schützen?«

»Niemanden. Warum stellen Sie mir so viele Fragen?« Ihr Blick wanderte nach oben; ich spürte die Anwesenheit eines anderen Menschen.

»Paul!« sagte sie. »Du erinnerst dich sicher an Maggie Hill.«

Er verließ seinen Platz hinter meinem Rücken und trat an unseren Tisch. Sein Lächeln saß, wo es hingehörte. Er streckte mir die Hand hin. Ich schüttelte sie. »Natürlich erinnere ich mich. Wie geht es Ihnen?« Dann nahm er Alisons Hand und küßte sie. »Wie war die Anprobe?«

»Das Kleid ist so schön! Warte nur, bis du mich vor dem Altar in deine Arme schweben siehst«, sagte sie theatralisch, während sie ihn fixierte, als wolle sie ihn nie wieder aus den Augen lassen. Er dagegen ließ den Blick durch den Raum schweifen.

»Ich wußte gar nicht, daß du dich mit Maggie treffen wolltest«, sagte er, während er weiter nach bekannten Gesichtern Ausschau hielt. »Ich darf Sie doch Maggie nennen?« Er ließ sich in einem Sessel nieder.

»Nein, natürlich nicht.«

»Sie hat mich bei Bergdorf's aufgespürt.« Alison schenkte ihm Tee ein.

»Wie das ein guter Spürhund eben so macht.« Sein Lächeln wurde breiter, aber der Blick seiner blauen Augen blieb kalt.

»Ich habe lediglich Claire Conrads Anweisungen befolgt, wie das eine gute Assistentin eben so macht. Sie wissen ja selbst, wie das ist.«

Er strich seine Jacke glatt. Schon wieder so ein phantastisch aussehendes Sportjackett, diesmal grau-braun kariert. Man brauchte es nicht erst anzufassen, um zu wissen, daß es Kaschmir war.

»Was war denn so dringend, daß Sie meine Verlobte bei der Anprobe ihres Brautkleids stören mußten?«

»Sie wollte bloß noch mehr über Cybella und Sarah wissen«, antwortete Alison.

Er betrachtete sie einen Moment lang, wie ein Insektensammler wohl einen aufgespießten Schmetterling betrachtete. »Du brauchst ihre Fragen nicht zu beantworten, Alison.«

»Ich weiß.« Ihre Stimme klang gepreßt.

»Ich war der Meinung, dein Vater hätte dir das klar und deutlich gesagt.«

»Ach, hat er endlich seinen Club verlassen? Hat er ausgetrauert?« fragte ich.

»Das ist nicht lustig, Maggie«, fuhr Alison mich an.

Nun folgte ein peinliches Schweigen. Paul Quentin nahm einen Bissen von einem Kressesandwich, schluckte, überlegte einen Moment und sagte dann höflich: »Wenn ich das richtig verstanden habe, hat Claire Conrad ihren Sitz in L. A.«

Ich nickte.

»Ich war einmal dort.«

Ich wartete darauf, daß er weitersprechen würde, aber es kam nichts mehr. Er schien die Spannung zu genießen, als gäbe sie ihm irgendwie Macht über Alison. Mit finsterem Gesichtsausdruck beobachtete sie den Geiger, der schwungvoll zwischen den Tischen herumfidelte. »Mutter ist hier immer gerne hergekommen. Hier war sie glücklich. Was in ihrem Leben selten genug vorkam.«

»Sie sind nicht ihre Beschützerin!« platzte ich heraus.

Alison sah mich an, als hätte ich sie ins Gesicht geschlagen. »Sie braucht mich, Maggie. Sie hat mich schon immer gebraucht.«

»Erst bringen Sie Alisons Leben mit telefonischen Drohungen durcheinander, und jetzt gebärden Sie sich, als wären Sie ihre Psychotherapeutin. Was genau wollen Sie eigentlich von ihr?« fragte Paul.

Ich wußte keine Antwort.

»Du brauchst dir das nicht gefallen lassen«, sagte er zu ihr. »Ich glaube, ich bringe dich jetzt besser nach Hause.«

Sie stand auf und nahm ihre zwei Taschen. »Ich wünschte, wir hätten uns eher kennengelernt, Maggie.« Sie ging in Richtung Foyer davon.

Paul zog ein paar Münzen aus der Tasche. »Wagen Sie ja nicht, sie noch mal zu belästigen.« Er warf das Geld auf den Tisch. Ein paar Münzen rollten um die Teekanne herum. Er griff danach, aber ich war schneller. Ich öffnete die Hand und schaute auf ein Vierteldollarstück und eine große Münze, in die die Silhouette eines nackten Mädchens eingeprägt war. Es war die Art von Münze, die einem Zutritt zu einer Einzelkabine im Peep Thrills verschaffte. Ich blickte zu ihm auf. Sein markantes Kinn zitterte.

»Lassen Sie sich irgendeine Ausrede einfallen, setzen Sie sie in ein Taxi, und kommen Sie zurück. Wenn nicht, werden Sie vielleicht doch nicht so bald zum Altar schreiten, wie Sie gedacht haben.«

Er drehte sich um und ging mit steifen Schritten hinaus. Ich trank meinen Tee und biß in ein Schokoladen-Eclair von der Größe eines großen Zehs. Endlich ein handfester Hinweis. Einer, den ich sogar in der Hand halten konnte. Warum hatte ich dann kein besseres Gefühl bei der Sache? Ach verdammt, wenigstens war Alisons Diamant groß genug, um ihn Paul ins Gesicht zu schleudern. Der Geiger tänzelte auf meinen Tisch zu; er spielte gerade eine Melodie, die sich nach einer Kreuzung zwischen »Liebestraum« und »Stranger in Paradise« anhörte. Er wiegte sich in einstudierter Ekstase hin und her. Ohne einen Takt auszulassen, weil er sowieso nicht im Takt spielte, glitt er weiter zu einem Tisch voller Touristen. Die Kameras, die sie umhängen hatten, sahen aus wie Albatrosse, die sie an all das erinnern würden, was sie gesehen oder verpaßt hatten. Höflich nickend hörten sie zu. Ich schenkte mir noch eine Tasse Tee ein und aß den Rest des Eclairs. Da kam Paul zurück.

Wir starrten uns über die Teller mit den dünn geschnittenen Sandwiches und den winzigen Desserts hinweg gegenseitig an. Sehr kultiviert. Ich lehnte mich in meinem Sessel zurück. Sanft strichen die Blätter der Palme über mein Haar und berührten mich im Nacken. Es war eine gespenstische Berührung – als würden mir die langen, feingliedrigen Finger einer toten Frau auf die Schulter tippen.

»Wissen Sie«, sagte er, während er sich Tee einschenkte, »Peep-Shows sind von ihrem Konzept her eigentlich sehr viktorianisch.«

»Hören Sie, Ihre Komplexe interessieren mich nicht.«

»Die Peep-Show ist ihrem Wesen nach deswegen viktorianisch, weil sie das Leben in Fächer aufteilt. Die Viktorianer liebten es, allen Dingen einen eigenen Platz zu geben. Sie liebten kleine Dosen, Schreibtische und Kommoden mit Geheimfächern und versteckten Schubladen. Es machte ihnen Spaß, die Dinge wegzuräumen.« Er nahm einen Schluck Tee.

»Höchst faszinierend.«

»In gewisser Weise bin ich auch ein Viktorianer. Ich muß meine sexuellen Bedürfnisse in einen bestimmten Bereich bannen. Ich will nicht, daß mir die Frauen zu nahe kommen. Ich will sie nicht berühren, und sie sollen mich auch nicht berühren. Ich möchte bloß das Geheimfach aufsperren und sie vor mir sehen.«

Er musterte mich und kam zu dem Ergebnis, daß ein Lächeln nicht schaden könnte.

»Was war mit Jackie?«

»Jackie war auch eine von denen, die ich mir gerne ansah.«

»Und jetzt ist sie tot.«

»Das kommt bei solchen Mädchen gelegentlich vor.«

»Erst haben Sie abgestritten, sie zu kennen.«

»In Anbetracht der Umstände keine ungewöhnliche Reaktion.«

»Haben Sie sich jemals außerhalb des Peep Thrills mit ihr getroffen?«

»Nein.« Er nahm einen weiteren Schluck Tee und tupfte sich mit seiner Serviette die Lippen ab.

»Ich glaube Ihnen nicht.«

Der Geiger wirbelte zu uns herüber. Er sägte vor sich hin, bemüht, etwas zustande zu bringen, das entfernt an »Some Enchanted Evening« erinnerte. Schweißperlen sammelten sich auf der Oberlippe des Musikers, und sein gefärbtes schwarzes Haar war an den Schläfen naßgeschwitzt. Geige spielen war harte Arbeit. Paul ließ mich keine Sekunde aus den Augen. Der Geiger absolvierte seine Wiege-Nummer und eilte dann zum nächsten Tisch.

»Viele Männer gehen in Peep-Shows. Ich bin kein Einzelfall, Maggie.«

»Es sei denn, Sie sind ein Mörder.«

Eine Frau, die an einem der Nebentische saß, drehte den Kopf in unsere Richtung. Sie kaute auf einem winzigen Törtchen herum. Er bedachte sie mit einem entwaffnenden Lächeln, ehe er sich wieder mir zuwandte. »Was halten Sie von einem Spaziergang?« fragte er, während er sorgfältig seine Serviette faltete.

Wir verließen das Hotel und gingen die Treppe hinunter.

Ich schaute zur Grand Army Plaza hinüber. Auf den Stufen, die zum Brunnen hinaufführten, saßen Touristen, Obdachlose und Prostituierte. Schäumend fiel das Wasser über mehrere Kaskaden ins Becken hinunter. Ich setzte meine Sonnenbrille auf.

»Als ich in Los Angeles war, wohnte ich in einem großen, rosa gestrichenen Hotel«, sagte er; meine Sonnenbrille schien ihn daran zu erinnern.

Wir steuerten auf den Park zu. Aus den langgezogenen Fenstern des Hotelspeisesaals spähten ein paar Kellner. Am Central Park South warteten immer noch die Pferde mit ihren Kutschern. Der Geruch nach Pferdepisse vermischte sich mit dem Gestank der Autoabgase.

»Jackie hatte das Gefühl, verfolgt zu werden«, sagte ich. »Wo waren Sie am Dienstag gegen elf Uhr morgens?«

»Bei den Reynolds. Alison wird das bestätigen.«

»Erzählen Sie mir von dem Video«, sagte ich.

»Ich weiß nichts von einem Video.«

»Manche Männer führen bei solchen Pornovideos gerne Regie.«

»Möglich.«

Wir blieben auf der Fünften Straße. Paul bewegte sich

mit der Geschmeidigkeit eines Athleten, das Gewicht leicht nach vorne verlagert, als wäre er jederzeit bereit loszusprinten.

»Haben Sie Sarah Grange auch gerne zugesehen?«

»Sie ist nicht mein Typ.«

»Übrigens glaubte Goldie zu wissen, wer Jackie umgebracht hat.«

»Goldie?«

»Der Rausschmeißer aus dem Peep Thrills. Ein Riese. Schwer zu übersehen.«

»Ach ja, der mit den Goldringen.«

»Er ist tot. Damit sind es schon zwei Leute, die Sie aus dem Peep Thrills kannten und die ermordet wurden.« Ich erwischte ihn zwischen zwei Lächeln. Seine Lippen machten einen jämmerlichen Eindruck.

»Als nächstes werden Sie behaupten, ich hätte Cybella umgebracht.«

»Weiß Familie Reynolds von Ihren viktorianischen Neigungen?«

»Nein. Aber Sheridan ist selbst ein Mann, der eine Geliebte hatte und vom Geld seiner Frau lebte. Ich glaube, er wird mein einziges Laster tolerieren.«

»Und Mrs. Reynolds?«

»Ich schätze, sie weiß, was für ihre Tochter das beste ist.«

»Und das beste sind Sie?«

»Alison ist eine Frau, die die Welt durch eine Linse sieht. Ich dagegen ziehe es vor, einen bestimmten Teil der Welt durch eine verschmierte Trennwand aus Plexiglas zu sehen. Wir haben mehr gemeinsam, als Sie glauben.«

»Wie alt ist Alison? Einundzwanzig?«

»Zweiundzwanzig.«

»Meinen Sie nicht, daß Sie ein bißchen alt für sie sind?«

»Ich brauche das. Eine junge Frau macht mir nicht soviel Angst. Dachte ich zumindest.« Er wandte mir den Kopf zu. »Alison ist sehr eifersüchtig – aber das liegt bei ihr wohl in der Familie.«

»Daß sie Geld hat, ist natürlich ein Pluspunkt.«

»Ja, das ist es. Aber ich werde sie gut behandeln.«

»Genauso gut, wie Sie Jackie behandelt haben?«

Er blieb stehen und sah mich an. »Es war klar, daß Jackie früher oder später sterben würde. Jetzt ist sie in Sicherheit.«

»Sie meinen, sie ist da, wo sie hingehört. An dem für sie bestimmten Ort. Sie haben sich nie danach erkundigt, wie sie gestorben ist.«

»Wie ist sie gestorben?« Der Wind fuhr ihm durchs Haar. Schnell strich er es wieder glatt.

»Sie wurde erstochen.«

»Das ist für meinen Geschmack ein bißchen zu intim. Ich habe eine Verabredung. Auf Wiedersehen, Maggie.« Er streckte mir die Hand hin.

»Glauben Sie wirklich, daß ich Ihnen die Hand gebe? Ich fasse keinen Mann an, von dem ich glaube, daß er ein Mörder sein könnte.« Meine Stimme klang kalt und präzise. »Ich fasse keinen Mann an, von dem ich glaube, daß er eine junge Frau nur um ihres Geldes willen heiratet und wahrscheinlich ihr Leben zerstören wird. Ich möchte, daß Sie da landen, wo Sie hingehören.«

Blitzschnell schlang er die Arme um mich, zog mich an sich und preßte seine geöffneten Lippen auf meinen Mund. Genauso schnell ließ er mich wieder los, lächelte und schlenderte davon.

Ich konnte meine Wut bis in die Fingerspitzen spüren. Ich hatte mich verhalten wie jede andere dumme Gans, die nicht auf der Hut war, weil sie glaubte, alles unter Kontrolle zu haben. Mit dem Handrücken wischte ich mir den Geschmack Paul Quentins von den Lippen.

Ich wartete, bis die Ampel umschaltete und eilte dann Richtung Madison.

Ich brauchte einen Moment Ruhe. Deshalb blieb ich stehen und betrachtete die schwarzweißen *Spectator*-Pumps.

18

Gerta ließ mich in die Suite und sagte mir, daß Besucher da seien. Sarah Grange saß im Queen Anne und ließ ihre langen Beine über die Armlehne baumeln. Sie trug einen engen gelben Pullover und einen kurzen Rock. Nora Brown, in einem rotem Kostüm mit unzähligen Taschen und Goldknöpfen, saß auf dem Sofa und balancierte eine Krokodilleder-Handtasche auf ihrem Schoß. Sie wirkte so glänzend und hart wie ein neuer Sportwagen.

»Sie können auf jedem anderen Stuhl im Zimmer sitzen, aber nicht auf diesem da«, informierte ich Sarah.

Sie blickte unter ihren langen Wimpern zu mir auf.

»Das ist Claire Conrads Sessel. Auf dem können Sie nicht sitzen.« Ich ließ mich an meinem Schreibtisch nieder.

»Finden Sie das nicht ein bißchen kindisch?« fragte sie, ohne sich von der Stelle zu rühren.

»Wo ist Claire Conrad?« fragte Nora. »Wir warten schon seit zwanzig Minuten.«

»Ich schätze, sie ist immer noch bei der Polizei. Warum setzen Sie sich nicht aufs Sofa?«

»Bei der Polizei?« Sarahs Augen weiteten sich.

»Sie ist zur Polizei gegangen?« fragte Nora.

»Nein. Die Polizei ist zu ihr gekommen. Wir waren im Duke Hotel. Sie erinnern sich doch an das Duke Hotel?« fragte ich Sarah.

Sie war zu sehr damit beschäftigt, die Haut ihrer manikürten Hände zu betrachten, um mir eine Antwort zu geben. Und sie saß immer noch in Claires Queen Anne.

»Wir haben in Jackies Zimmer eine Leiche gefunden«, fuhr ich fort. Nora verzog keine Miene.

»Linda?« fragte Sarah vorsichtig. Inzwischen war sie dazu übergegangen, die Spitzen ihrer dichten, glänzenden Haarmähne zu untersuchen.

»Nein, ein Mann namens Goldie. Je von ihm gehört?«

»Nein.« Ihre Finger streichelten über ihren Hals. Es war, als würde man einem schönen Affen dabei zusehen, wie er sich den Schmutz aus dem Fell zupfte.

»Er hat das Video gedreht, in dem Sie zu sehen sind.«

»Das heißt noch lange nicht, daß ich ihn kenne.«

»Wie kommen Sie auf Linda?«

»Sie geht nicht ans Telefon.«

Sie strich sich das Haar aus dem perfekten Gesicht, nahm es am Hinterkopf hoch und ließ es wieder fallen. Diese Bewegung wiederholte sie in einem fort. Eines mußte man ihr lassen, sie war eine richtige Alleinunterhalterin.

»Wie lauten Lindas Telefonnummer und Adresse?«

Sie nannte mir beides. Ich sprach auf Lindas Anrufbeantworter, daß sie mich zurückrufen solle. Dann faßte ich in meine Tasche, zog meinen Revolver heraus und zielte damit direkt auf Sarahs Stirn.

»Raus aus Claire Conrads Sessel!«

Nora sprang auf; ihre Tasche fiel zu Boden. »Sind Sie jetzt übergeschnappt?«

Sarah ließ ihr Haar fallen. Sie starrte auf den Revolver, als wäre es eine Kamera. Sie lächelte. Schon wieder so ein göttliches Lächeln. Ich war es müde, daß mich die Leute ständig anlächelten. Ich entsicherte die Waffe.

»Um Himmels willen. Der Revolver könnte versehentlich losgehen«, sagte Nora.

»Bestimmt nicht versehentlich«, gab ich zurück.

»Sarah ist Millionen wert. Bitte, legen Sie die Waffe weg.«

Sarah lächelte noch immer. »Wie nett, daß du dich so um mich sorgst, Nora.«

Wie schaffen es die Leute bloß, gleichzeitig zu reden und zu lächeln? Vielleicht ist das der Grund, warum sie das große Geld scheffeln.

Sarah schwang mit einer anmutigen, gelangweilten Bewegung ihre Beine herum und stand auf.

»Ich bin Millionen wert. Haben Sie etwas dagegen, wenn ich mir einen Drink hole?« fragte sie.

»Bedienen Sie sich.«

Sie ging zu dem Tisch mit den Getränken hinüber und schenkte sich ein Glas Mineralwasser ein. Wir lebten in einem antialkoholischen Jahrzehnt, aber deswegen schienen die Manieren der Leute nicht besser zu werden; genausowenig schien es sie davon abzuhalten, Morde zu begehen. Ich sicherte meine Waffe und legte sie in die Schreibtischschublade. Nora hob ihre Handtasche vom Boden auf, als könnte sie ihr sonst davonkriechen, und setzte sich wieder.

»Wissen Sie, wie es ist, als schöne Frau ein paar Millionen wert zu sein, Maggie?« fragte Sarah. Dabei hielt sie ihr Wasserglas in der Hand, als wäre es ein doppelter Martini und sie selbst der Mittelpunkt einer Party.

»Lassen Sie mich mal ins Blaue hinein raten.« Ich lehnte

mich in meinem Stuhl zurück und streckte die Arme aus. »Lassen Sie mich raten: Es macht keinen Spaß, Millionen wert zu sein. Jeder nutzt dich aus. Niemandem liegt wirklich etwas an dir. Sie lieben dich nur wegen deiner Schönheit, und nicht um deiner selbst willen. Ich bin froh, daß Sie das endlich losgeworden sind. Fühlen Sie sich jetzt besser?«

»Sie haben keine Ahnung, wie das ist. Sie werden es nie wissen. Ein Mann verläßt eine schöne Frau viel schneller als eine, die nicht so schön ist. Die Männer genießen es, eine schöne Frau zu erobern und eine Weile mit ihr anzugeben. Was ihnen nicht so gut gefällt, ist die Aufmerksamkeit, die man ihr schenkt. Auf Dauer ist das ein großes Problem für sie. Aber wenn man Geld hat, ist gar nichts mehr ein Problem. Zum ersten Mal in meinem Leben ist für mich gar nichts mehr ein Problem.«

»Nicht einmal der Tod Ihrer Mutter?« fragte ich, während ich die Schreibtischschublade aufzog und mein Schreibzeug herausnahm.

»Sei still, Sarah«, sagte Nora und streifte etwas von ihrem Rock. Vielleicht hatte ihr das Krokodil auf den Schoß gemacht. »Wir sind hier, um mit Claire Conrad zu sprechen.« Ihr Ton ließ mich wissen, daß sie nicht hier war, um mit mir zu sprechen.

Sie sah auf die Uhr, nahm ein Handy von der Größe eines Crackers aus dem Krokodil und begann zu telefonieren. Sarah griff nach einer großen Ledertasche, die neben dem Queen Anne auf dem Boden lag, und ließ sich aufs Sofa fallen. Sie stellte die Tasche zwischen ihre Füße und begann darin herumzustöbern. Schließlich zog sie eine Bürste, einen Handspiegel und ein paar kleine Toilettentäschchen heraus. Sie machte die Reißverschlüsse auf und kippte den Inhalt der Täschchen auf den Kaffeetisch.

Zum Vorschein kam ein ansehnliches Sortiment, bestehend aus Make-up, Vitaminpillen, Parfum, Körperlotion und einer Zahnbürste.

»Und wo ist Ihr Pessar?« fragte ich.

»Wer braucht heutzutage noch Sex?« gab sie zurück.

»Ach, das hatte ich ganz vergessen. Sie sind ja Millionen wert.«

Während sie ihr Styling erneuerte und Nora am Telefon wichtige Entscheidungen traf, verfaßte ich für Claire einen minuziösen Bericht über mein Treffen mit Alison und Paul Quentin. Ich nahm eine Rolle Klebeband aus der Schublade und klebte die Peep-Thrills-Münze mit auf das Blatt. Zwanzig Minuten später hatte Sarah ihr Gesicht in Ordnung gebracht, ihre Vitamine eingenommen, mit der Zahnbürste ihre Zähne bearbeitet, nachgespült und hinuntergeschluckt. Jetzt war sie damit beschäftigt, ihre Make-up-Sammlung wieder einzupacken. Nora hing immer noch am Telefon. Ich war gerade am Ende meines Berichts angelangt, als an der Wohnungstür das Geräusch eines Schlüssels und Claires Stimme zu hören war.

»Diese Idioten!«

»Sie sagen es, Madam«, antwortete Boulton.

Sie rauschte in den Raum, ihren Gehstock nach vorne gestreckt wie eine Machete. Boulton folgte ihr.

»Es ist reiner Zufall, daß diese sogenannten Kriminalbeamten Polizisten sind, und keine Autodiebe«, verkündete sie. Dann entdeckte sie unsere Besucherinnen, blieb stehen und unterzog insbesondere Sarah einer genaueren Inspektion. »Hinter Ihrem jugendlichen Trotz ist tatsächlich eine gewisse Ähnlichkeit mit Cybella zu erkennen.«

Nichts hätte Sarah in diesem Moment weniger interessieren können. Ihre ganze Aufmerksamkeit war auf Boulton gerichtet. Jede ihrer Bewegungen war jetzt eine Reaktion auf seine Anwesenheit. Ich mag keine Frauen, die nur zum Leben erwachen, wenn ein Mann den Raum betritt. Ich wette, sie ging nie ohne ihr Pessar aus dem Haus. Nora faltete ihr Handy wieder auf Crackergröße zusammen und verstaute es in ihrer Tasche. Claire nahm in ihrem Sessel Platz. Ich reichte ihr meine Aufzeichnungen.

»Tee, Boulton!« befahl sie.

Er zog sich zurück. Sarah machte ein enttäuschtes Gesicht. Sie verlegte sich wieder darauf, ihre Haut, ihr Haar und ihre Nägel zu betrachten.

»Haben Sie der Polizei das Video gezeigt?«

»Ich sah keinen Grund, das zu tun.«

»Dann haben Sie Sarahs Namen bis jetzt aus der Sache herausgehalten?«

»Bis jetzt.«

»Gut.«

»Aber ich erwarte eine Gegenleistung«, sagte Claire.

»Und die wäre?« Die schwarzen Augen wurden schmal.

»Die Wahrheit. Offenheit. Aufrichtigkeit. Ist eine von Ihnen mit diesen Worten vertraut?«

»Wie können Sie es wagen, so herablassend mit uns zu reden!«

»Drei Personen sind ermordet worden, Miss Brown, von denen Sie eine sehr gut kannten.«

»Cybellas Tod war Selbstmord«, gab Nora trocken zurück.

»Ja, ja, ich weiß.« Ein Lächeln umspielte Claires Lippen. »Die Depressionen einer Frau mittleren Alters. Es überrascht mich, daß nicht alle Treppenhäuser Manhattans mit den Leichen alternder, depressiver Frauen überfüllt sind.« Ihr Blick richtete sich auf Sarah. »Im Schrank Ihrer Mutter hängt ein rotes Abendkleid von St. Rome. Sie bekam es vor sechs Monaten von Sheridan Reynolds geschenkt. Vor vier Monaten haben Sie es ins Duke Hotel mitgenommen. Es wurde in dem Video von Jackie getragen – einem Video, das vor vier Monaten im Duke Hotel gedreht wurde. Der Portier wird Sie nötigenfalls identifizieren.«

»Erzähle Miss Conrad, was du mir erzählt hast«, kam ihr Nora zu Hilfe; dabei tätschelte sie verlegen Sarahs Hand.

»Als ich sechzehn war, klaute ich manchmal Make-up bei Mr. Feller. Ihm gehörte die Drogerie.« Sarah schob Noras Hand weg.

Claire begann, meine Aufzeichnungen zu lesen.

»Eines Tages war ich allein im Laden«, erzählte Sarah mit brüchiger Stimme weiter. »Da kam er auf mich zu und sagte, ich könne jeden Lippenstift haben, den ich wolle.« Sie wandte sich an Nora. »Sie hört mir überhaupt nicht zu.«

Claire, die immer noch mein Gekritzel überflog, sagte: »Ich bin durchaus in der Lage, mich gleichzeitig auf mehr als eine Sache zu konzentrieren.«

»Es fällt mir schwer, mit jemandem zu reden, der mich nicht ansieht.« Ihre Stimme klang weinerlich.

»Mr. Feller bot Ihnen einen Lippenstift an. Erzählen Sie weiter.«

»Einen Lippenstift. Ich sollte bloß ein bißchen nett zu ihm sein. Ich sagte ihm, ich wolle fünfunddreißig Dollar.« Sie warf ihr Haar zurück und kicherte wie ein ungezogenes kleines Mädchen. »Ich war nett zu ihm und bekam meine fünfunddreißig Dollar. Jetzt bin ich Millionen wert und brauche zu niemandem mehr nett zu sein.« Sie sah zu Nora hinüber.

»Weiter«, befahl Nora.

»Ich kannte Jackie schon länger. Aus dem Wäscheladen.

Vor ein paar Monaten haben wir uns zufällig auf der Straße getroffen. Wir kamen ins Gespräch. Sie war wegen meines Erfolgs sehr beeindruckt. Ich habe sie zum Bedford Place mitgenommen, um ihr die Wohnung zu zeigen. Wir haben uns ein bißchen Koks reingezogen. Es wurde ziemlich spät.«

»Jackie hat uns gegenüber nicht erwähnt, daß sie in der Wohnung am Bedford Place war.« Claire wandte sich der nächsten Seite meiner Aufzeichnung zu.

»Dann erwähne ich es eben jetzt.« Sarahs Stimme klang unverschämt. »Sie erzählte mir, daß sie ab und zu bei Pornovideos mitmache. So, wie sie es schilderte, klang es irgendwie aufregend.« Sie fuhr sich mit den langen Fingern durchs lange Haar und schlug die langen Beine übereinander. »Sie ließ nicht locker, fragte mich immer wieder, ob ich nicht auch mal mitmachen wolle. Ich sagte ja. Ich weiß nicht genau, warum. Wahrscheinlich, weil es einfach mal was anderes war. Aus Jux, verstehen Sie.«

»Sie haben aus Jux zugesagt? Oder weil Sie an Mr. Feller, den Drogeriebesitzer, denken mußten?« fragte Claire, die ihre durchdringenden Augen endlich auf Sarah gerichtet hatte.

Da sie nicht wußte, was sie antworten sollte, beschloß Sarah, statt dessen ein paar Strähnen ihres Haars zu untersuchen. Nora versetzte ihrer Handtasche einen Klaps, als wäre sie ungezogen gewesen, und sagte dann: »Mr. Feller ist ein Beispiel dafür, wie Sarah gezwungen wurde, von ihrer Sexualität Gebrauch zu machen, um sich eine Art Identität zu schaffen. Sonst hatte sie ja nichts. Zumindest empfand sie das so. In dieser Hinsicht unterscheidet sie sich gar nicht so sehr von Jackie. Und Jackie spürte das. Nützte es aus.«

»Wie ist Jackie an das Abendkleid gekommen?« fragte Claire gelangweilt, während sie ihre langen Beine ausstreckte und sich in ihrem Sessel zurücklehnte. Nur der Finger mit dem Lapis klopfte ungeduldig vor sich hin.

»Sie sagte, sie wolle etwas Hübsches tragen«, antwortete Sarah. »Ich zeigte ihr Cybellas Sachen, und sie entschied sich für das rote Abendkleid. Ich habe nicht aufs Etikett gesehen. Ich wußte nicht, daß es von St. Rome war.«

»Und Jackie?«

»Falls sie es wußte, hat sie nichts gesagt. Ich habe über das alles schon mit Nora gesprochen und dabei festgestellt, daß ich wirklich wütend auf Cybella war.«

»Weil sie Sie verlassen hatte«, fügte Nora hinzu.

»Ich hatte immer das Gefühl, daß es an mir lag. Daß ich irgend etwas an mir hatte, das Mutter veranlaßte, mich bei meinen Großeltern zurückzulassen.« Sie bemühte sich, nachdenklich zu wirken, aber ihre Augen sahen aus, als suchten sie nach einem Spiegel. »Ich dachte, wenn ich sein könnte wie sie, würde sie mich vielleicht lieben. Aber ich konnte mich noch so sehr bemühen, ihre Tochter zu sein, sie wollte mich einfach nicht haben.«

»Sarahs Bedürfnis, bei diesem Video mitzumachen, entsprang dem emotionalen Tauziehen zwischen Mutter und Tochter«, erklärte Nora. »Inzwischen versteht Sarah die Zusammenhänge.« Sie tätschelte das Krokodil.

Sarah nickte zustimmend. Beide beobachteten Claire, die sich mittlerweile auf die Zimmerdecke konzentrierte. Boulton rollte den Teewagen herein.

»Na also, jetzt haben sie sich endlich eine Geschichte zusammengebastelt«, stellte ich fest.

»Hatten Sie keine Angst, daß ein pornographisches Video Ihnen irgendwann schaden könnte?« fragte Claire.

»Darüber habe ich mir einfach keine Gedanken gemacht.« Sarahs Augen folgten Boulton.

»Das ist die erste ehrliche Antwort, die wir von Ihnen zu hören bekommen.«

»Wollen Sie damit sagen, daß sie lügt?« fragte Nora.

Claire gab ihr keine Antwort. Boulton servierte den Tee. Sarah machte ein ziemliches Trara wegen ihres Gewichts, nahm dann aber das größte Stück Kuchen auf dem Teller. Den Blick immer noch auf Boulton gerichtet, biß sie hinein, als wäre es das Gesicht ihres Liebhabers. Claire nippte an ihrem Tee. Ich sah zu, wie Sarah ein weiteres Stück ihres Kuchens verdrückte. Und ich beobachtete, wie Boulton Sarah beobachtete.

»Was hat Cybella gesagt, als sie ihr das Video zeigten?« fragte Claire.

Es kostete sie große Anstrengung, aber sie zwang sich, die Augen von Boulton abzuwenden und zu Claire hinüberzusehen. »Ich habe es ihr nicht gezeigt.«

»Wozu ist Rache gut, wenn der Mensch, an dem man sich rächen will, nichts davon weiß?«

»Das Ganze war mir irgendwie peinlich. Und ...«

»Und sie wollte nicht, daß jemand davon erfuhr. Aus Schmerz und Wut tun wir manchmal törichte Dinge. Sie hatte plötzlich Angst, daß Cybella mir das Video zeigen würde und ich ihr deswegen böse sein könnte.« Nora streichelte Sarah übers Haar. Es war eine vorsichtige Geste, als würde sie einen Löwen streicheln.

Sarah beglückte Boulton mit einem verführerischen Lächeln. Er stellte immer noch sein Butlergesicht zur Schau, aber die Fassade begann schon zu bröckeln.

»Wir haben versucht, Ihnen zu helfen, so gut wir konnten.« Nora stellte ihre Teetasse auf den Tisch.

Sarah war mittlerweile dazu übergegangen, mit ihrer Serviette ihre Lippen zu liebkosen.

»Das war sehr gut«, sagte sie zu Boulton, als hätten sie gerade einen gemeinsamen Orgasmus erlebt.

»Es schickt sich nicht, mit dem Butler zu sprechen«, erklärte ich.

»Wir sind hier in Amerika.« Sie stand auf und gab ihm ausgiebig Gelegenheit, sich anzusehen, was Amerika zu bieten hatte, bevor sie mit wiegenden Hüften um den Tisch mit den Getränken herumging und sich ein zweites Glas Mineralwasser einschenkte.

»Die Teestunde ist beendet«, sagte ich zu Boulton. Er verzog keine Miene, aber seine rechte Hand ballte sich zur Faust.

Claire drehte sich um und starrte mich an. Sie sagte nichts, aber ich wußte, daß ich zu weit gegangen war. Diskretion war immer noch ein weit entferntes Ziel. Sie nickte Boulton zu, der daraufhin den Teewagen aus dem Raum rollte. Später würde ich von den beiden einiges zu hören bekommen, aber im Moment fühlte ich mich großartig. Ich hatte Sarahs Liebesspiel ein vorzeitiges Ende gesetzt.

»Laß uns gehen, Sarah.« Nora stand auf und strich über ihren Rock.

»Setzen Sie sich wieder«, befahl Claire.

Sie blieben stehen.

»Die Wohnungstür ist abgeschlossen. Sie kommen hier erst raus, wenn Boulton oder Miss Hill aufsperren. Aber wenn Sie es vorziehen zu stehen, bitte.«

Sie setzten sich wieder aufs Sofa.

»Das ist doch lächerlich.« Nora zerrte an ihrem Rock und schlug die Beine übereinander.

Claire lehnte sich nach vorne und fixierte Nora mit ihren

dunkelblauen Augen. »Ich glaube kein Wort von dem, was Sie und Sarah mir erzählt haben. Miss Brown, Sie besitzen die ganze psychologische und intellektuelle Tiefe Ihrer ebenso kapriziösen wie schwachsinnigen Zeitschrift.«

Nora machte eine verärgerte Handbewegung und setzte zu einer Antwort an.

»Kein Wort mehr!« warnte Claire.

Nora ließ ihren Mund so heftig zuklappen, daß ich befürchtete, wir würden ihn später mit Gewalt wieder öffnen müssen.

»Jackie war nie in der Wohnung am Bedford Place. Genausowenig war sie in Cybellas Schlafzimmer, um sich ein Kleid von St. Rome auszusuchen, das sie in einem Pornovideo tragen sollte, weil Sie auf Ihre Mutter böse waren.« Ihr Blick richtete sich auf Sarah. »Wenn ich etwas verabscheue, dann Dummheit.« Sie stieß ihren Gehstock auf den Boden.

»Die Wahrheit ist nicht immer das, was wir gerne hören wollen.« Noras Lippen funktionierten wieder. »Und manchmal wird sie unseren sogenannten hohen Ansprüchen nicht gerecht. Aber es bleibt trotzdem die Wahrheit.«

»Jackie hat Bedford Place mir gegenüber nicht erwähnt«, sagte Claire. »Wenn sie jemals dort gewesen wäre, hätte sie mir bereitwillig und in allen Einzelheiten davon erzählt. Genausowenig hat sie erwähnt, daß sie Sarah schon kannte, bevor das Video gedreht wurde.«

»Daß Sie Ihnen diese Dinge nicht erzählt hat, bedeutet noch lange nicht, daß sie nicht passiert sind.«

Ich denke, Sarah wurde gezwungen, das Video zu machen, weil sie etwas weiß oder getan hat. Etwas, von dem Sie beide nicht wollen, daß wir es herausfinden.«

Sarahs kaffeebraune Augen verdüsterten sich. Claire lehnte sich in ihrem Sessel zurück und beobachtete Nora. »Ich glaube, daß Sie deswegen heute morgen zu Goldie gegangen sind. Derselbe Hotelangestellte, der Sarah kommen sah, hat auch Sie gesehen.«

Nora saß starr auf ihrem Platz. Ich konnte fast spüren, wie sie ihre Möglichkeiten gegeneinander abwog. »Ich habe ihn nicht getötet«, sagte sie schließlich. »Er war schon tot, als ich hinkam.«

»Ich habe sie gebeten, zu Goldie zu gehen«, gestand Sarah. »Er wollte so viel Geld. Er verlangte immer mehr. Ich hatte einfach nicht so viel.«

»Ich dachte, Sie seien Millionen wert«, sagte ich.

»Nur, wenn sie am Ball bleibt«, entgegnete Nora. »Ich hoffte, den Mann zur Vernunft zu bringen. Er verlangte eine letzte Zahlung von vierhunderttausend Dollar.«

»Wo kommt Linda Hansen ins Spiel?« wandte sich Claire an Sarah.

»Ich habe das Geld an sie bezahlt. Sie hat es Goldie gegeben.«

»Warum hat er Sie in Wirklichkeit erpreßt?«

»Das haben wir Ihnen doch schon gesagt«, antwortete Nora. »Weil sie das Video gemacht hat.«

»Cybella hat Ihnen viel bedeutet, nicht wahr, Miss Brown?« fragte Claire mit sanfter Stimme.

»Ich weiß nicht, was Sie meinen.«

»Miss Hill war in Cybellas Schlafzimmer. Sie ist eine eifrige Leserin – Miss Hill, meine ich, nicht Cybella –, deswegen hat sie natürlich einen Blick auf die Bücher geworfen, die Sie Cybella geschenkt haben.«

»Sie hat meine Bücher nicht geliebt. Genausowenig, wie sie mich geliebt hat.«

Sie sah Claire gelassen an. »Ja, ich habe Cybella geliebt. Sind Sie jetzt schockiert?«

»Die Leute verlieben und entlieben sich jeden Tag. Das einzige, was mich daran schockiert, ist die Tatsache, daß sie nie damit aufhören.«

»Können wir jetzt gehen?«

»Eine letzte Frage noch.« Sie wandte sich an Sarah. »Wer ist Ihr Vater?«

»Ich habe meinen Vater nie kennengelernt. Er war Franzose. Er starb, als ich noch ganz klein war.«

»Stimmt das?« Diese Frage war an Nora gerichtet.

Sie nickte.

»Führen Sie sie hinaus, Miss Hill«, sagte Claire. Dann lehnte sie sich in ihrem Sessel zurück und schloß die Augen.

Ich sperrte die Wohnungstür auf. Nora rauschte an mir vorbei auf den Gang hinaus. Sarah zeigte mir ihre perfekten Zähne. »Es muß toll sein, einen Butler ganz für sich allein zu haben. Zu schade, daß Sie nicht mit ihm sprechen dürfen.«

Sanft schloß ich die Tür hinter ihr. Nachdem ich mit einem Revolver auf ihre Stirn gezielt und dafür gesorgt hatte, daß ihr die Teetasse weggenommen wurde, wollte ich nicht ungastlich erscheinen.

Wieder im Wohnzimmer, setzte ich mich an meinen Schreibtisch. »Die beiden lügen«, verkündete ich. »Sogar, was Sarahs Vater betrifft.«

»Sarah glaubt, daß der tote Franzose ihr Vater ist, weil das die Geschichte ist, die man ihr erzählt hat.«

Claire stand auf und bezog in der Nähe des Fensters Stellung. »Paul Quentin gibt also zu, Jackie gekannt zu haben.« Ihre Haltung sagte mir, daß sie nach Tauben Ausschau hielt. »Daß er in die Sache verwickelt ist, läßt den ganzen Fall in einem anderen Licht erscheinen.«

»Er hat sie umgebracht.«

»Warum?«

»Vielleicht wollte Jackie der Reynolds-Familie erzählen, daß er ihr Kunde war. Er macht eine Tonne Geld, indem er Alison heiratet.«

»Aber als Sie drohten, der Reynolds-Familie von Jackie zu erzählen, regte ihn das gar nicht auf. Er war sogar ziemlich sicher, daß sie ihn unterstützen würden. Und wieso hätte er vor dem Hotel auf sie warten sollen?«

»Er war Jackie gefolgt.«

»Damit stehen wir wieder vor unserem alten Problem. Wenn er Jackie mit dem Vorsatz gefolgt war, sie umzubringen, warum tat er es dann nicht, bevor sie ins Parkfaire ging?« Langsam hob Claire ihren Stock. »Warum ließ er sie noch so lange vor dem Hotel stehen, während Sie hier oben Ihr Frühstück einnahmen? Warum hat er sie nicht schon da getötet?« Sie schwang ihren Stock gegen das Fenster. Die Scheibe splitterte. Die Taube blieb auf dem Fensterbrett sitzen und betrachtete Claire.

»Lassen Sie jemanden kommen, Miss Hill«, stieß sie zwischen zusammengebissenen Zähnen hervor.

Ich griff nach dem Telefon, verlangte nach den dienstbaren Geistern des Hotels und teilte ihnen mit, daß wir eine neue Scheibe für unser Fenster brauchen würden. Claire ging vor meinem Schreibtisch auf und ab. Sie wartete, bis ich aufgelegt hatte.

»Noch etwas, Miss Hill: Sie haben meine Teestunde unterbrochen. Solange Sie nicht bereit sind, Boultons Gehalt zu bezahlen, überlassen Sie es doch bitte mir, ihm Anweisungen zu erteilen.«

»Es wird nicht mehr vorkommen.«

»Sie haben ihn in Verlegenheit gebracht.«

»Boulton? Unmöglich.«

»Ich möchte, daß Sie sich bei ihm entschuldigen. Ich weiß, daß er schmollt. Und ich kann es nicht ertragen, wenn er schmollt, weil das den ganzen Haushalt durcheinanderbringt.«

»Ich soll mich bei ihm entschuldigen?!«

»Ja, Miss Hill, Sie haben richtig gehört. Ach übrigens, das hätte ich beinahe vergessen. Die Polizei ist auch sehr verärgert über Sie«, erklärte sie in vorwurfsvollem Ton.

»Weswegen?«

Sie überlegte einen Augenblick und machte dann eine vage Handbewegung. »Ich glaube, weil Sie den Tatort verlassen haben. Irgend etwas in der Art.«

»Aber Sie haben mich doch weggeschickt! Sie haben gesagt, Sie würden sich darum kümmern.«

»Ich bin mir sicher, daß es Ihnen gelingen wird, sie zu besänftigen. Sie müssen bloß darauf achten, daß Sie ihnen keine wichtigen Informationen verraten.«

»Besänftigen?«

»Sie müßten eigentlich jeden Augenblick hier sein. Ein Detective Alvarez und ein Detective McGuire. Warum treten die eigentlich immer paarweise auf wie Unzertrennliche? Ich bin jedenfalls in meinem Zimmer. Ich muß nachdenken. Es besteht kein Grund, mich zu holen.« Sie stolzierte hinaus. Ach, verdammt.

19

Ich streckte meinen Kopf in die Küche. Gerta spülte gerade das Teegeschirr ab. Ihre Arme und Beine hoben sich weiß wie Mehl von ihrem gediegenen schwarzen Kleid und den klobigen schwarzen Schuhen ab. Boulton war nicht da. Sie sah mich an und schüttelte den Kopf. »Er ist in seinem Zimmer, Maggie.«

»Das ist doch lächerlich.«

»Er ist sehr sensibel, Maggie.« Sie spülte eine Tasse aus.

»Ungefähr so sensibel wie eine Revolverkugel.«

Sie schüttelte wieder den Kopf. »Wie können Sie sich als Frau bezeichnen, wenn Sie nicht einmal wissen, wie man mit einem Mann umgeht?«

»Die bezeichnen sich doch auch als Männer, obwohl sie keine Ahnung von Frauen haben.«

»Das liegt daran, daß man mit uns Frauen sowieso nicht klarkommen kann. Mit den Männern schon.«

»Wirklich?«

Sie nickte weise.

»Was schlagen Sie vor? Abgesehen von Hühnersuppe, meine ich?«

»Sie halten mich für eine dumme alte Bauersfrau.«

»Nein, das tue ich nicht. Was schlagen Sie vor?«

»Maggie, ich weiß, was da drin passiert ist.« Sie wischte sich die Hände an ihrer Schürze ab und nahm meine Hand. Ich mußte an die feuchten Hände und die gepunktete Schürze meiner Mutter denken.

»Ich habe alles gehört. Sie haben aus Eifersucht gehandelt.«

»Ich konnte bloß nicht mit ansehen, wie Sarah sich ihm

an den Hals warf. Manche Frauen bringen Schande über das weibliche Geschlecht.«

Sie zuckte mit den Achseln. »Dann bringen Sie aber auch Schande über das weibliche Geschlecht.«

»Mit Ihnen zu reden ist, als würde ich mit meiner Mutter reden. Das Gespräch verliert jeden Bezug zur Realität und endet damit, daß wir über Schande reden. Dabei weiß ich noch nicht mal, was das bedeutet.«

Sie sah mich an und schüttelte enttäuscht den Kopf. Ich war ein hoffnungsloser Fall. »Wenn Sie eifersüchtig sind, müssen Sie etwas für ihn empfinden. Das ist alles, was ich sage. Ich habe getan, was in meiner Macht stand. Sie hören einfach nicht richtig zu.«

Sie wandte sich wieder dem Geschirr zu, das sie gar nicht abzuspülen brauchte. Es gab einen Zimmerservice, aber das kam für Gerta nicht in Frage.

Zugegeben, ich hatte etwas empfunden – nicht Eifersucht, sondern etwas Tieferes, Defensiveres. Der Abstand, den ich zwischen Boulton und mir hielt, erlaubte es jeder Frau, sich dazwischenzudrängen. Nur mir nicht. Ich ging den Gang hinunter und klopfte an seine Tür.

»Herein.«

Ich öffnete die Tür. Er saß auf dem Rand seines Bettes und reinigte einen Derringer, den er manchmal in seiner Westentasche herumtrug. Die Weste und sein Jackett hingen über einem Stuhl. Die Ärmel seines weißen Hemds waren hochgerollt, und er hatte seine Krawatte gelockert. Das Kamm- und Bürstenset seines Ur-Ur-Großvaters lag auf der Kommode. Er ist der einzige Mann in meinem Bekanntenkreis, dessen Ur-Ur-Großvater von Zulu-Kriegern umgebracht worden war. Er überprüfte, ob die Waffe gesichert war, und sah zu mir auf. »Worum geht's, Maggie?«

»Ich bin gekommen, um mich zu entschuldigen. Es scheint, als hätte ich Sie in Verlegenheit gebracht, und glauben Sie mir, Boulton, das ist wirklich das letzte, was ich Ihnen antun möchte. Ich weiß, daß Sie nur von Claire Befehle entgegennehmen und daß ich meine Kompetenzen überschritten habe.«

Er lehnte sich vor, die Arme auf die Knie gestützt, die Waffe in der Hand. »Wen verachten Sie am meisten?« Seine aufmerksamen braunen Augen musterten mich. »Den Bodyguard oder den Butler?«

»Ich weiß nicht, was Sie meinen.«

»Wenn Sie an mich denken – und ich weiß, daß Sie an mich denken –, bin ich dann der Diener, der das Silber poliert, Gästen die Tür öffnet und den Tee serviert? Oder bin ich der Macho, der immer eine Waffe mit sich herumträgt und darauf gedrillt wurde, für Miss Conrad die Kugeln aufzufangen? Seien Sie ehrlich.«

»Sie glauben, ich blicke auf Sie herab, weil Sie Butler sind? Wenn Sie es genau wissen wollen, schüchtert mich diese Tatsache eher ein bißchen ein. In der Familie, in der ich aufgewachsen bin, gab es keine Bediensteten – höchstens vielleicht unsere Rubbermaid-Produkte.«

»Rubbermaid?« Er sah mich verständnislos an.

»Sie würden es sowieso nicht verstehen.«

»Wissen Sie, was ich glaube? Ich glaube, Sie sind zu klassenbewußt, um mit jemandem ins Bett zu gehen, der es bloß zum Butler gebracht hat. Deswegen glaube ich, daß Sie doch einen Bodyguard brauchen, egal, was Sie heute morgen gesagt haben.«

»Hören Sie, ich bin gekommen, um mich zu entschuldigen. Soweit ich mich erinnern kann, war nicht die Rede davon, daß ich mit Ihnen ins Bett gehen will.« Ich hatte diese

Worte in verschiedenen Varianten zu anderen Männern gesagt und jedesmal so gemeint, aber jetzt klangen sie hohl.

»Worum dreht sich dann diese ganze Unterhaltung, wenn nicht um die Tatsache, daß Sie und ich einander begehren?«

»Sie haben doch meinen Ex-Mann kennengelernt. Worin unterscheiden Sie sich von ihm? Okay, er ist kein Butler und auch kein Engländer. Aber ich würde zur Abwechslung gerne mal einen Mann begehren, der keine Waffe trägt. Ich bin sicher, so ein Exemplar muß irgendwo herumlaufen.«

Ein Lächeln umspielte seine Lippen. »Finden Sie es nicht seltsam, daß Sie jetzt, wo Sie selber eine Waffe tragen, einen Mann kennenlernen wollen, der keine trägt?«

»Hören Sie, ich will damit nur sagen, daß ich es für keine gute Idee halte, wenn wir beide uns zu nahe kommen. Ich fühle mich im Moment sehr unsicher.«

»Unsicherheit. Das letzte Refugium der amerikanischen Frau.«

Es klingelte an der Wohnungstür. Er griff nach seiner Weste und seinem Jackett.

»Bemühen Sie sich nicht«, sagte ich. »Ich mache schon auf. Es ist die Polizei. Sie wollen mit mir reden. Es scheint, als hätte ich den Tatort verlassen. Weiß der Himmel, wie es dazu kommen konnte.«

Er kam mit dem Revolver in der Hand auf mich zu.

»Sie wollen mich erschießen und aus meiner Misere erlösen.«

»Nehmen Sie ihn.« Er reichte mir den Revolver.

»Sie wollen, daß ich Sie erschieße?«

»Er ist nicht geladen.« Er griff an mir vorbei und schloß die Tür. »Ich möchte, daß Sie die Waffe halten. Ich möchte, daß Sie wissen, daß ich unbewaffnet und völlig entwaffnet vor Ihnen stehe.«

Er legte die Hände auf meine Schultern und ließ sie an meinen Armen hinuntergleiten. Er senkte den Kopf und rieb seine Wange gegen mein Haar. Ich schlang die Arme um seinen Hals. Ich spürte seinen gestärkten Kragen, sein weiches Haar an meinen Handgelenken, seine harte Brust an meinen Brüsten. Sein Mund fand meinen Mund.

Es klingelte wieder an der Tür. Er trat einen Schritt zurück. Sein Mund war feucht von meinen Lippen.

»McGuire und Alvarez werden Ihrem Charme nicht so leicht erliegen.« Er hielt mir die Tür auf. Ich gab ihm seinen Revolver zurück.

Auf dem Weg zur Diele versuchte ich ein Lächeln zu unterdrücken. Ich bemühte mich, nicht zur Kenntnis zu nehmen, daß die Erde ganz leicht gebebt hatte. Schließlich war ich eine erwachsene Frau, die wußte, daß das ein Kuß wie jeder andere war, und ich hatte weiß Gott schon meinen Teil an Küssen und den dazugehörigen Männern abbekommen. Ich versuchte so zu tun, als wäre ich nicht auch so ein überglücklicher, vor Freude umnebelter Lemming. Aber bei Gott, dieser Kuß versprach ungeahnte Möglichkeiten.

McGuire und Alvarez hatten mich schon seit einer halben Stunde in der Mangel. Ich saß an meinem Schreibtisch. McGuire, ein großer Mann mit gewölbtem Brustkasten und Beinen, die so dünn waren wie die eines Rockstars, stand neben dem Fenster. Alvarez lehnte sich gegen den Kaminsims. Natürlich hatte ich ihnen das erstbeste erzählt, das mir eingefallen war, und nun mußte ich mich damit herumschlagen.

»Habe ich das jetzt richtig verstanden?« sagte Alvarez und fuhr mit seinen langen gebräunten Fingern über seinen glänzenden schwarzen Schnauzbart. »Sie starren gerade auf diese Leiche hinunter, und plötzlich bittet Sie Claire Conrad, schnell zu Bergdorf's zu laufen und ein paar Sachen für sie abzuholen.«

»›Handschuhe‹, die kleine Lady hier hat ›Handschuhe‹ gesagt«, fügte McGuire gereizt hinzu, während sein Blick auf mir ruhte. Er rieb sich das Kinn. Ich konnte hören, wie seine Hand über die Bartstoppeln kratzte.

»Handschuhe.« Alvarez' Stimme klang sanft und geduldig, aber der Blick seiner beunruhigenden schwarzen Augen war schwer zu deuten. »Einfach so. Sie starren auf eine Leiche, und Claire Conrad will plötzlich ein Paar neue Handschuhe?«

»Sie ist ziemlich exzentrisch«, erklärte ich.

»Claire Conrad verscheißert uns doch bloß!« bellte McGuire.

Ich hielt es für das beste, ihm darauf nicht zu antworten.

»Wenn sie diesen Sitwell nicht kennen würde, säße sie längst im Gefängnis, und Sie dazu«, drohte McGuire. Sein taubenblaues Jackett platzte fast aus den Nähten.

Ich sagte nichts. Boulton kam ins Zimmer und blieb neben der Doppeltür stehen. Alvarez ignorierte ihn. Doch McGuires Körper wirkte plötzlich angespannt.

»Sind Sie bewaffnet?« fragte er.

Boulton nickte.

»Lassen Sie das!« wandte sich Alvarez in warnendem Ton an McGuire.

»Die Sache gefällt mir nicht. Drei Verrückte aus L. A., die uns hier zum Narren halten. Handschuhe, meine Fresse. Meine Fresse!« Letzteres sagte er, glaube ich, um Boulton zu imponieren. Ich werde die Männer nie verstehen. Manchmal liege ich gerne in ihren starken Armen, das ja, aber verstehen werde ich sie nie.

»Eins würde mich noch interessieren«, sagte Alvarez und richtete seine unergründlichen, gefährlich glitzernden Augen auf mich. »Haben Sie die Handschuhe bekommen, nach denen Sie gesucht haben?«

»Nein. Sie müssen wissen, daß Claire Conrad nur schwarze oder weiße Handschuhe tragen kann, je nachdem, welcher Wochentag gerade ist.«

Ich befürchtete, daß Alvarez seine Unterlippe durchbeißen würde, aber er riß sich zusammen. »Warum trägt sie nur Weiß oder Schwarz?«

»Ich kann nicht glauben, daß Sie sich diese Scheiße bieten lassen«, stieß McGuire hervor.

»Beantworten Sie meine Frage«, sagte Alvarez zu mir.

Ich holte tief Luft. Das mache ich immer, wenn ich keinen blassen Schimmer habe, was ich gerade tue. »Wissen Sie, es hat etwas mit der hellen und der dunklen Seite des Lebens zu tun.«

»Sprechen Sie von Hautfarben?« Alvarez' Augen wurden schmal.

»Jesus Christus«, murmelte McGuire.

»Mit Hautfarben hat das nichts zu tun«, versicherte ich Alvarez. »Es geht um die zwei verschiedenen Welten, in denen Claire Conrad lebt und arbeitet, ähnlich wie Sie. Das eine ist die ehrliche Welt, die Welt des Lichts, der Antworten, der Wahrheit. Die andere ist die Welt der Lügen, des Mordes, des Bösen.« Ich konnte nicht zu Boulton hinübersehen. McGuire wurde gefährlich rot im Gesicht.

»Ach ja?« Mit geblähter Brust baute er sich vor meinem Schreibtisch auf. »Zeigen Sie uns diese Handschuhe.«

Ich stand auf und ging in Claires Zimmer hinüber. Die Vorhänge waren zugezogen. Sie lag auf dem Bett und starrte an die Decke. Ihr ausgeprägtes Profil hob sich scharf gegen das dämmrige Licht ab.

»Gemütlich?« fragte ich.

»Dritte Schublade rechts«, sagte sie. »Sogar in den besten Hotels sind die Wände dünn.«

»Tut mir leid, daß wir Ihr Nickerchen stören.«

Ich öffnete die Schublade und zog das Päckchen mit den Handschuhen heraus, das ich vor zwei Tagen abgeholt hatte. Vor einer Ewigkeit.

»Miss Hill?«

»Ja?«

»Mir hat gefallen, was Sie über die Handschuhe gesagt haben. Verwenden Sie das, wenn Sie über mich schreiben. Falls es Ihnen mal wieder in den Sinn kommen sollte, über mich zu schreiben, meine ich. So etwas schafft Mythen. Mythen sind immer gut.«

»Aber entspricht es auch der Wahrheit?«

»1948 war ich zehn Jahre alt. Meine Familie und ich waren in England.« Die dunkelblauen Augen blieben weiterhin auf die Decke gerichtet. »Es war an einem Sommerabend. Es war noch hell. Meine Mutter hatte das schönste weiße Abendkleid an, das man sich vorstellen kann. Mein Vater trug einen schwarzen Smoking. Sie gaben mir beide einen Abschiedskuß. Ich überreichte Mutter einen Strauß Feldblumen. Sie stiegen in den Bentley, und der Chauffeur fuhr die lange Kiesauffahrt hinunter. Ich winkte. Der Bentley explodierte. Tausende von Metallsplittern und Fleischfetzen schossen durch die Luft. Als ich auf sie zulief, wurde ich von dem fliegenden Schrapnell getroffen, das einmal ihr Wagen gewesen war. Aber ich spürte keinen Schmerz. Ich empfand nur den unbeschreiblichen Horror, sie nicht finden zu können, ihnen nicht helfen zu können. Ich kann Mutter immer noch schreien hören, obwohl ich weiß, daß sie gar keine Zeit zum Schreien hatte. Ich werde sie mein Leben lang hören.«

Ich sagte nichts. Das wollte sie auch gar nicht.

»Daß ich abwechselnd Weiß und Schwarz trage, soll mich an den einzigen Mord erinnern, den ich nicht aufgeklärt habe. Den Mord an meinen Eltern.«

Ich nahm die Handschuhe aus der Verpackung und betrachtete sie. Ein weißes Paar, das zu einem weißen Abendkleid paßte. Ein schwarzes Paar, das zu einem schwarzen Smoking paßte.

»Aber Ihre Version ist nicht schlecht, Miss Hill. Sie gefällt mir sogar ziemlich gut. Sie hat Stil.«

Leise verließ ich den Raum und legte die Handschuhe auf meinen Schreibtisch. McGuire hob sie hoch. Es paßte mir nicht, daß er sie berührte. Ich riß sie ihm aus der Hand. Er packte meinen Arm. Boulton stürzte auf ihn zu. »Lassen Sie sie los!«

McGuire lächelte. »Werden Sie von Ihrer Schußwaffe Gebrauch machen?«

»Gehen Sie an Ihren Platz zurück«, wandte sich Alvarez warnend an Boulton.

McGuire ließ mich los.

»Ich kann an diesen Handschuhen nirgends den Namen Bergdorf Goodman entdecken. Wo ist die Rechnung?« fragte Alvarez.

»Bergdorf's hatten nicht, was ich wollte. Deswegen ging ich in diesen kleinen Laden, der von einer Französin betrieben wird.« Ich gab ihnen Namen und Adresse. Sie hatte nie von den Handschuhen aufgeblickt, die sie gerade nähte.

Sie würde sich nicht daran erinnern, an welchem Tag oder zu welcher Uhrzeit ich dagewesen war. Sie würde nur wissen, was für eine Art Handschuhe ich gekauft hatte.

»Und dann?« fragte er.

»Dann habe ich hier auf Claire gewartet.«

Wir kauten das Ganze weitere fünfzehn Minuten durch. Aber mein Herz war nicht bei der Sache. Nachdem Alvarez und McGuire uns noch einmal alles mögliche angedroht hatten, brachen sie auf. Boulton führte sie hinaus. Dann kam er ins Wohnzimmer zurück und lehnte sich gegen den Kamin.

»Was ist los, Maggie?«

Ich starrte auf die Handschuhe hinunter. »Sie hat mir gerade erzählt, warum sie Detektivin geworden ist.« Ich lehnte mich in meinem Sessel zurück. Wir blickten uns quer durch den Raum an. »Wer hat den Wagen gefahren, Boulton?«

»Mein Großvater.«

Das Telefon klingelte. Erschrocken zuckte ich zusammen. Meine Hand schoß vor und packte den Hörer.

»Conrad Suite.«

»Hier spricht Sheridan Reynolds. Ich bin im Foyer. Ich möchte mit Claire Conrad sprechen.«

»Augenblick bitte.« Ich sah zu Boulton hinüber. »Fragen Sie Claire, ob sie Sheridan Reynolds sehen möchte.«

Claire erschien im Türrahmen. Ihr großer, schlanker Körper neigte sich leicht der Hand zu, mit der sie sich auf ihren Ebenholzstock stützte. Ihr silberweißes Haar reflektierte das Licht. Ihre klugen Augen glänzten. Ich fragte mich, wem sie wohl ähnlich sah. Ihrer Mutter? Ihrem Vater? Kann das sonnenblonde – oder vielleicht auch brünette – Haar eines zehnjährigen Mädchens in einem einzigen schrecklichen Moment weiß werden? Sie nickte.

»Claire Conrad ist bereit, Sie zu empfangen«, sagte ich in den Hörer.

20

Claire hatte sich in ihrem Queen Anne niedergelassen, und ich saß immer noch hinter meinem Schreibtisch, als Boulton hinausging, um die Tür zu öffnen. Wir konnten Reynolds', wütende Stimme hören, dann ein Handgemenge. Es krachte. Glas splitterte.

»Glauben Sie, das war diese schreckliche grüne Vase?« fragte Claire.

»Ja.«

»Mr. Desanto wird sehr verärgert sein.«

»Ja.« Ich lächelte.

Sheridan Reynolds stolperte ins Wohnzimmer. Boulton war ihm dicht auf den Fersen; in der einen Hand hielt er eine Waffe, in der anderen einen Lederaktenkoffer.

»Das ist unerhört!« Reynolds' gestreifte Krawatte war verrutscht und sein welliges graues Haar ein bißchen durcheinander, aber ansonsten konnte ich keine Kampfspuren entdecken. Sein großflächiges, attraktives Gesicht wirkte immer noch müde, was seine rasierklingengrauen Augen noch kleiner aussehen ließ.

»Setzen Sie sich.« Boulton schob ihn aufs Sofa und stellte dann den Aktenkoffer auf meinem Schreibtisch ab. »Er enthält einen Revolver und einen Umschlag mit zirka hunderttausend Dollar.« Er öffnete den Koffer und reichte Claire den Umschlag. »Mit der Waffe ist in letzter Zeit nicht geschossen worden.«

»Kann ich wenigstens die Schlüssel zu meinem Koffer zurückhaben?« fragte Reynolds gereizt. Boulton warf sie ihm hinüber. Er fing sie lässig auf.

»Wofür ist dieses Geld, Mr. Reynolds?« Claire spähte in den Umschlag.

»Eine geschäftliche Transaktion«, antwortete er vorsichtig.

»Tätigen Sie Ihre Transaktionen immer in bar?«

»Nein.« Er strich sein Haar glatt und zog seine Krawatte gerade. »Es ist für Sie.«

»Bestechung?«

»Wenn Sie es so nennen wollen. Ich persönlich würde es nicht so kraß ausdrücken.«

»Und die Waffe?«

»Hätten Sie keine Waffe dabei, wenn Sie so viel Bargeld mit sich herumtragen würden?«

»Und was wollen Sie für Ihr Geld?«

Er lehnte sich zurück und schloß die Augen. »Frieden.« Er fuhr sich mit der Hand übers Gesicht. »Kann ich für hunderttausend Dollar Frieden haben?«

»Ich glaube, Mr. Reynolds könnte einen Brandy gebrauchen, Boulton. Vielleicht könnten wir alle einen gebrauchen.«

Boulton schob seinen Revolver in seine Schulterhalfter zurück und schenkte drei Brandys ein.

»Ich glaube nicht, daß ich Ihnen Frieden geben kann, Mr. Reynolds, und wäre die Summe noch so groß«, sagte Claire. »Abgesehen davon, daß hunderttausend Dollar keine große Summe sind.«

»Sie können noch mehr haben.«

»Eine reiche Frau ist schon ein Geschenk Gottes«, bemerkte ich.

Er sprang auf. Boulton machte eine schnelle Bewegung und rammte Sheridan den Rand eines silbernen Tabletts in die Brust. Die drei Kristallgläser klirrten. Ein wenig Brandy schwappte über. Aber das war alles.

»Ihr Drink, Sir«, bot Boulton an.

»Wie nett. Der Mann, der mich zusammenschlägt, serviert mir hinterher meinen Brandy.« Er nahm sich ein Glas. Boulton verzog keine Miene.

»Die meisten unserer Gäste zeigen Boulton, was er sehen will, und vermeiden auf diese Weise jeden unnötigen Körperkontakt«, erklärte Claire feinfühlig.

»Ich habe nicht damit gerechnet, durchsucht zu werden. Ich kann so etwas nicht ausstehen.« Letzteres ging an Boultons Adresse.

»Ich glaube, Sie haben mehr von Ihrem Brandy, wenn Sie sich hinsetzen«, warnte die Butlerstimme.

Reynolds setzte sich aufs Sofa und stürzte die Hälfte seines Brandys hinunter. Boulton servierte uns unsere Drinks und bezog dann hinter Reynolds Stellung.

»Was wollen Sie wirklich von mir, Mr. Reynolds?« Claire ließ den Brandy in ihrem Glas herumwirbeln.

»Ich möchte, daß Sie meine Familie in Ruhe lassen. Daß Sie Ihre Nachforschungen einstellen.«

»Zählen Sie Paul Quentin auch zu Ihrer Familie?« Sie streckte ihre langen Beine aus und nippte an ihrem Brandy.

»Natürlich.«

»Miss Hill hält ihn für einen Mörder.« Genausogut hätte sie eine Bemerkung übers Wetter machen können.

»Weil er im Peep Thrills Stammkunde war? Ich bin sicher, daß er dort nicht der einzige Kunde ist.«

»Wann hat Ihnen Mr. Quentin von Jackie erzählt?«

»Nachdem er mit *ihr* gesprochen hatte.« Er deutete mit

dem Kopf in meine Richtung. »Du meine Güte, deswegen ist er doch noch lange kein Mörder. Ich kenne den Mann. Er arbeitet schon seit drei Jahren für mich. Und meine Frau setzt inzwischen großes Vertrauen in ihn.«

»Und Ihre Tochter?«

»Sie wird ihn heiraten.«

»Aber wenn Sie auch nur den leisesten Verdacht hätten, daß Mr. Quentin in einen Mordfall verwickelt sein könnte, würden Sie die Hochzeit doch bestimmt verschieben, nicht wahr?« meinte Claire. »Allein schon wegen Ihrer Tochter.«

»Er ist aber in keinen Mordfall verwickelt. Lassen Sie mich versuchen, Ihnen etwas zu erklären. Als ich eine Tochter bekam, und keinen Sohn, dachte ich, meine Taten und mein Privatleben hätten mit ihrem Leben nichts zu tun. Dann sah ich mir eines Tages den Mann, den sie heiraten wollte, etwas genauer an. Und raten Sie mal, wen ich da sah. Mich. Mich selbst als jungen Mann.« Er starrte auf die schwere Gold-Rolex an seinem Handgelenk. Seine Finger streichelten über das Glas der Uhr, als wäre es die Wange einer Frau.

»Vielleicht war das der Grund, warum ich Paul überhaupt angestellt habe. Ich war früher genau wie er. Arm, aber aus einem guten Stall. Die richtigen Schulen, aber kein Geld. Dafür ein gewisses Quantum an Rücksichtslosigkeit. Es war mir ziemlich egal, auf welche Weise ich reich wurde, solange ich nicht zu hart dafür arbeiten mußte.« Seine Stimme klang jetzt leise und unverbindlich, als wolle er niemandem zu nahe treten – vor allem nicht sich selbst.

»Warum nicht eine reiche junge Frau aus den richtigen Kreisen umgarnen und heiraten? Eine Geliebte konnte ich mir immer noch suchen. Was ich dann ja auch tat.« Er lächelte. Ein müder Abklatsch von Paul Quentins Lächeln.

»Und Paul wird immer seine billigen Mädchen haben. Alison heiratet einen charmanten Mann, und sie heiratet einen Mann, der sie betrügen wird. Sie heiratet, was sie gewohnt ist, womit sie aufgewachsen ist. Aber sie heiratet keinen Mörder.« Er nahm einen großen Schluck von seinem Brandy. »Ich möchte für mein Geld noch etwas anderes.«

»Ja?«

»Haben Sie konkrete Beweise dafür, daß Cybellas Selbstmord in Wirklichkeit Mord war?«

»Nein. Alles, was wir haben, ist Miss Hills Wunsch, eine schöne Frau möge ausnahmsweise einmal nicht durch eigene Hand ums Leben gekommen sein.«

Sheridan starrte sie ungläubig an, den Mund leicht geöffnet. »Sie haben Ihre Enten also gar nicht aufgereiht?«

»Enten?« wiederholte sie.

»Sie tappen völlig im dunkeln!« sagte er wütend.

»Wie sind die Enten in dieses Gespräch geraten?« fragte sie verwundert.

»Er meint«, schaltete ich mich ein, »daß man im Schießstand nur dann auf Enten schießen kann, wenn man sie vorher aufgereiht hat. Mit anderen Worten: Sie haben nichts, worauf Sie aufbauen können. Keine wirklichen Fakten.«

»Aber warum sollte jemand seine eigenen Lockvögel erschießen?«

»Wenn ich mich nicht irre«, sagte Boulton, »kommt diese Redewendung in Wirklichkeit daher, daß eine Entenmutter ihre Jungen hinter sich aufreiht.«

»Und dann erschießt man sie?« fragte sie.

»Könnten wir die verdammten Enten mal vergessen und uns auf die Tatsache konzentrieren, daß Sie mich und meine Familie völlig grundlos quälen?« ereiferte sich Reynolds.

»Ich tue nie etwas ohne Grund, Mr. Reynolds.«

»Ich schlage vor, Sie nehmen mein Geld und verschwinden nach Los Angeles.«

»Ich habe im Moment keinen zahlenden Klienten, dafür aber weiß Gott hohe Unkosten.« Sie deutete auf mich und Boulton, als wären wir die geistig behinderten Verwandten, die sie auf dem Speicher versteckt hatte. »Aber leider bin ich unbestechlich. Es kann natürlich nie schaden zu fragen. Das stärkt das Ego der Privatdetektivin, gibt ihr neues Selbstvertrauen und läßt sie vermuten, daß sie der Lösung schon recht nahe ist.«

Er stand auf. »Sie wissen ja gar nicht, was für einen Schaden Sie anrichten.«

»Geben Sie dem Mann sein Geld und seinen Aktenkoffer, Boulton.«

»Wenn Sie nicht aufhören, meine Familie zu belästigen, werden Sie von meinen Anwälten hören.« Er riß Boulton den Aktenkoffer aus der Hand und stürmte aus dem Zimmer. Boulton folgte ihm.

Claire lehnte sich in ihrem Sessel zurück und trank ihren Brandy aus. »Ich verstehe immer noch nicht, wie die Enten in unsere Unterhaltung geraten sind.«

Ich hielt es für das beste, auf weitere Erklärungen zu verzichten. Boulton kam zurück.

»Schenken Sie sich einen Brandy ein.«

»Danke, Madam.«

Während er sich bediente, ging sie in die Diele hinaus. Ich hörte sie mit ihrem Gehstock in den Scherben der Vase herumstochern. Dann kam sie zurück und lehnte sich gegen den Kaminsims.

»Das war ja ein ziemliches Gerangel mit Mr. Reynolds.«

»Ja, Madam.«

»Er wollte Sie nicht in den Aktenkoffer sehen lassen?«

»Sie sagen es.«

»Aber warum? Wenn er doch sowieso hier hereinspazieren und mir das Geld anbieten wollte?«

»Manche Menschen neigen zu Überreaktionen, wenn sie durchsucht werden, Madam. Sie nehmen es persönlich.«

»Wollen Sie damit sagen, daß das Geld gar nicht für Sie bestimmt war?« fragte ich.

»Genau das will ich damit sagen.«

»Wen kann er denn sonst noch zum Schweigen bringen wollen?« überlegte ich.

»Vielleicht ging es ihm nur um den Revolver, Madam«, meinte Boulton. »Vielleicht wollte er nicht, daß wir ihn sehen. Ich werde mich mal um das Essen kümmern.« Er kippte den Rest seines Brandys hinunter und ging.

»Irgendwie läuft es am Ende immer auf einen Revolver hinaus.« Claire starrte in den Kamin.

Boulton erschien wieder in der Tür. »Das Essen ist serviert, Madam.«

Während wir aßen, ließ die Hotelverwaltung die zerbrochene Scheibe austauschen und die grüne Vase durch eine ebenso häßliche blaue ersetzen. Ich versuchte, Claire und Boulton weitere Informationen über ihre Vergangenheit zu entlocken, aber ohne Erfolg. Von der Harmonie, die kurz zuvor zwischen Claire und mir geherrscht hatte, war nichts mehr zu spüren. Dasselbe galt für die Vertrautheit, die ich mit Boulton erlebt hatte. Beides war einem unnahbaren Schweigen gewichen. Ich gehörte immer noch nicht dazu.

Als ich an diesem Abend zu Bett ging, stellte ich zu meiner eigenen Verwunderung fest, daß ich auf Boulton wartete. Das war genau das, was ich jetzt am allerwenigsten gebrauchen konnte.

Genau dieses Gefühl hatte ich seit meiner Scheidung zu

vermeiden versucht. Und jetzt lag ich hier und wartete darauf, daß es *tap, tap, tap* machte und mein zukünftiger Liebhaber vor der Tür stand. In meinen Augen war das eine reaktionäre Haltung. Warten, immer warten. Meine Mutter wartete darauf, daß mein Vater nach Hause kam. Sie wartete darauf, daß die Nonnen sie besuchen kamen. Sie wartete darauf, daß der Priester sie segnete. Sie wartete darauf, daß ich wieder zu ihr nach Hause kam. Warten war ein Zeichen von Verletzlichkeit, von Schwäche. Heutzutage brauchten die Frauen nicht mehr zu warten, und trotzdem...

Das Telefon klingelte. Jemand nahm ab. Das Photo, das Alison von mir gemacht hatte, lehnte auf der Kommode vor dem Spiegel. Ich starrte auf mein dunkles, vom Winde verwehtes Haar. Um meine Lippen zogen sich tiefe Falten. Falten, die mir noch nie aufgefallen waren.

Ich wartete.

Ich dachte an die junge Frau mit der Kamera. Ich dachte an ihren Vater, der hunderttausend Dollar und einen Revolver mit sich herumtrug. Ich griff nach dem Schalter und knipste das Licht aus.

Plötzlich war ich mir meiner Nacktheit, meiner Brüste und der Rundung meiner Hüften extrem bewußt. Ich spürte das Laken an meinen Brustwarzen. Ich wollte meine Hand über Boultons nackten Rücken und über die Rundung seiner Pobacken gleiten lassen. Ich wollte spüren, wie er mich in die Arme nahm. Ich wollte ihn in mir spüren. Natürlich konnte ich meinen Bademantel anziehen und an seine Tür klopfen. *Tap, tap, tap.* Er war gleich nebenan. Nur vier Schritte entfernt. Es war doch nur ein Kuß, Maggie. Warum also sollte ich auf ihn warten? Auf sein *tap, tap, tap?*

Tap, tap, tap. Ich setzte mich auf. *Tap, tap, tap.* Da klopfte *tatsächlich* jemand.

»Herein?«

Die Tür ging langsam auf. Boulton stand im Türrahmen. Die obersten Knöpfe seines Hemds standen offen, die Ärmel waren hochgerollt. Das Licht aus der Diele tauchte die Hälfte seines Gesichts in Schatten. Er trat ins Zimmer. »Maggie?«

»Ja?«

»Linda Hansen ist unten an der Bar. Sie möchte Sie sehen. Sie allein.«

Claire erschien in der Tür. »Fragen Sie Miss Hansen, was sie für die hunderttausend Dollar tun soll, und danken Sie ihr für den Tip wegen Goldie.«

»Vergessen Sie Ihren Revolver nicht.« Boultons Finger strichen sanft über die Bettkante. Dann ging er wieder hinaus und schloß die Tür hinter sich.

Ach, verdammt.

21

Wieder einmal sprang ich in Hose und Pullover und machte mich auf den Weg nach unten in die Bar. Nur hatte ich diesmal eine Waffe in der Tasche und fragte mich, woher Claire wußte, daß das Geld für Linda Hansen bestimmt war. Desanto lauerte in der Nähe der Tür. Sofort stürzte er sich auf mich.

»Miss Hill, ich habe Ihnen doch gesagt, daß wir solche Frauen in diesem Hotel nicht dulden.«

»Sie ist nicht geschäftlich hier, Desanto. Ihr Besuch hat

mit dem Fall zu tun, an dem Claire Conrad gerade arbeitet.«

»Ich möchte nicht, daß es irgendwelche Probleme gibt. Mr. Orita ist da drin.« Er spähte nervös in die Bar und wandte sich dann wieder mir zu. »Ich habe gehört, daß es ihretwegen kürzlich fast zu einer Schlägerei gekommen wäre.«

»Es wird keine Probleme geben.«

»Andererseits, falls Mr. Orita sie attraktiv finden sollte...« Seine Stimme wurde leise und vertraulich, als wolle er mich um ein Rendezvous bitten. »In diesem Fall könnte ich natürlich in die andere Richtung sehen.« Nervös sah er in die andere Richtung.

»Das gefällt mir an Ihnen so, Desanto. Sie sind ein Mann, der nicht nur auf seinen Prinzipien besteht, sondern auch mit beiden Füßen darauf herumtrampelt.«

Sein Kinn war gerade wieder am Verschwinden, als ich die Bar betrat. Linda saß in einem kurzen schwarzen Lederrock und einer schwarzen Lederbomberjacke am Fenstertisch. Die lässige Art, wie sie ihre langen Beine übereinanderschlug, vermittelte immer noch den Eindruck von lockerem Sex. Am Ecktisch saß ein untersetzter Japaner mittleren Alters, der mit seinem blauen Jackett und seiner grauen Hose aussah wie aus dem Ei gepellt. Seine Augen und sein Haar waren so dunkel wie ein CD-Player von Sony. Er war von einem Harem junger Amerikaner in grauen Anzügen umgeben; sie hatten alle große, helle Augen und große Füße. Keiner von ihnen würdigte Linda eines Blickes; alle starrten sie wie gebannt auf Mr. Orita.

»Ganz meine Meinung«, sagte einer der jungen Männer gerade mit gurrender Stimme zu Mr. Orita, als ich mich an Lindas Tisch niederließ.

»Es ist nicht leicht, mit den Japanern zu konkurrieren.« Sie steckte sich eine Zigarette zwischen die Lippen.

»Reden Sie eigentlich auch mal tagsüber mit jemandem?« fragte ich sie gereizt.

»Was ist denn mit Ihnen los?«

»Gar nichts«, fauchte ich.

»Du meine Güte, sind wir aber heute miesepetrig. Das klingt verdammt nach Sexentzug.« Sie zwang sich zu einem Lächeln und blies eine gespenstische Rauchschleife in die Luft. »Ich weiß, wo wir uns beide flachlegen lassen können.«

Ich seufzte. »Großartig. Das muß wahre Gleichberechtigung sein, wenn zwei einigermaßen intelligente Frauen herumsitzen und miteinander reden können wie zwei schwachsinnige Machos.«

»Sie sind so spießig.«

»Irgend jemand muß es ja sein.«

»Die Polizei hängt ständig im Peep Thrills herum und stellt eine Menge Fragen. Polizisten machen mich nervös.«

»Was wollen Sie, Linda?«

»Sie haben eine Nachricht auf meinem Band hinterlassen. Was wollen *Sie?*«

»Claire Conrad möchte Ihnen für den Tip wegen Goldie danken.«

»Ich weiß nicht, wovon Sie reden.« Ihre grauen Augen erwiderten meinen Blick. Ihr Mund wirkte hart.

»Goldie ist tot. Sie glaubt, daß Sie uns angerufen haben, um uns über seinen Tod zu informieren.«

»Wie kommt sie darauf, daß ich das gewesen sein könnte? Sie kennt mich doch gar nicht.«

»Doch, durch mich.«

» Setzt Sie soviel Vertrauen in Ihre Beobachtungsgabe?«

Ihre Frage überraschte mich. Ich fand eigentlich nur, daß ich sehr gut darin war, mir Informationen zu merken und sie an Claire weiterzugeben. An Vertrauen hatte ich dabei nie gedacht. Aber in gewisser Weise hatte es tatsächlich etwas mit Vertrauen zu tun. Claire Conrad vertraute mir.

»Ja«, sagte ich nicht ohne Stolz.

»Es muß schön sein, jemandem so sehr vertrauen zu können.«

»Warum probieren Sie es nicht mal aus?«

»Machen Sie Witze?«

»Waren Sie die Anruferin?«

»Ich mochte Goldie. Er hat uns beschützt. Wir Frauen genießen heutzutage nicht viel Schutz.«

»Aus welchem Grund waren Sie im Duke?«

»Ich wollte nach ihm sehen«, antwortete sie vage.

»Oder wollten Sie ihm das Geld geben, das Sie Sarah Grange abgenommen hatten?«

»Ich habe keine Ahnung, wovon Sie reden.«

»Wir wissen, daß Sie und Goldie sie erpreßt haben.«

»Wer sagt das?«

»Sarah selbst.«

Linda wandte sich dem Fenster zu. Draußen stand ihr BMW. Die Kirchen behaupteten immer noch ihren Platz auf der anderen Straßenseite.

»Haben Sie sie gezwungen, das Video zu machen?« fragte ich.

»Ich mußte sie zu gar nichts zwingen.« Sie betrachtete ihre Zigarette. »Sie macht gerne Soft-Pornos. Vielleicht ist es die Kamera. Schauen Sie, Sarah hat vielleicht fünf Jahre. Dann ist ihre Karriere vorbei. Lassen Sie es uns einfach so ausdrücken: Es liegt auch in meinem Interesse, daß sie so lange wie möglich an der Spitze bleibt.«

»Claire kauft Ihnen das nicht ab. Was war der wahre Grund für Sarahs Auftritt in dem Porno?«

»Warum fragen Sie mich nicht einfach direkt, ob ich Jackie und Goldie umgebracht habe? Genau das will Claire Conrad doch wissen, oder etwa nicht?«

»Sie hat nichts davon erwähnt. Sie weichen meiner Frage aus.«

»Aber Sie glauben, daß ich sie umgebracht habe.«

»Ich weiß nicht, was ich glauben soll.«

Ärgerlich drückte sie ihre Zigarette aus. »Ich bin gekommen, um mich zu verabschieden. Hätte ich das bloß bleiben lassen.«

»Wohin gehen Sie?«

»Weg.« Sie drehte sich um und sah zu Orita hinüber. »Vielleicht Japan. Oder L. A. Vielleicht eröffne ich dort eine Boutique und verkaufe ausschließlich sexy Dessous.«

»Genau das, was L. A. noch gefehlt hat. Es kostet Geld, eine Boutique zu eröffnen.«

»Ich habe ein Händchen dafür, Kapital aufzutreiben. Wiedersehen, Maggie.« Sie stand auf und rauschte mit wiegenden Hüften in Richtung Ausgang. Keiner der jungen Amerikaner drehte sich nach ihr um. Sie waren zu sehr damit beschäftigt, mit Orita genau einer Meinung zu sein. Ich war ihr dicht auf den Fersen.

»Bezahlt man Sie dafür, die Stadt zu verlassen?« fragte ich.

Sie gab mir keine Antwort. Ich folgte ihr durch das Foyer auf die Straße hinaus.

»Bezahlt man Sie dafür, daß Sie weggehen?« fragte ich noch einmal.

»Ich mag Sie, Maggie.« Sie steuerte auf den BMW zu. »Lassen Sie uns im Guten auseinandergehen.«

»Ich bin es leid, daß die Leute mich mögen. Ich will endlich ein paar Antworten. Wer bezahlt Sie? Sheridan Reynolds?«

»Ich kenne keinen Sheridan Reynolds. Wer soll das sein?«

»Ein Typ, der mit hunterttausend Dollar und einem Revolver in seinem Aktenkoffer herumspaziert. Er war Cybellas Liebhaber.«

Sie machte die Wagentür auf und stieg ein. Ich stand am Randstein.

»Was haben Sie gegen ihn in der Hand?« fragte ich.

»Ich weiß nicht, wovon Sie sprechen.« Sie scherte aus. Ich machte einen Satz nach vorn, stützte mich seitlich am Wagen ab, schwang meine Beine über die Tür und landete auf dem Beifahrersitz.

»Das ist doch nur peinlich, Maggie. Verschwinden Sie verdammt noch mal aus meinem Wagen!«

»Finden Sie es nicht ein bißchen gefährlich, zwei Leute gleichzeitig zu erpressen?«

Sie lenkte den Wagen wieder an den Straßenrand und blieb in zweiter Reihe neben einer Limousine stehen. »Steigen Sie aus.«

»Reden Sie mit mir.«

»Steigen Sie aus!«

Die Autos hinter uns hupten. Sie trat aufs Gas und fuhr los. Der Wind begann mit meinem Haar Tauziehen zu spielen.

»Sie können es einem ziemlich schwer machen, Maggie.«

Die Straßenlaternen warfen einen gelblichen Schein auf unsere Gesichter.

»Was haben Sie gegen Sarah Grange und Sheridan Reynolds in der Hand?«

»Ich bin keine Erpresserin.«

»Also gut, Sie haben etwas für die beiden getan, und jetzt bezahlen sie Sie dafür. Aber was?«

Sie gab mir keine Antwort. Sie fuhr wie eine Irre, nahm die Kurven mit Vollgas. Schließlich bog sie scharf in eine Seitenstraße ein. In meiner Jackentasche hielt ich den Griff meines Revolvers umklammert. Abrupt brachte sie den Wagen zum Stehen, ließ aber den Motor laufen. Sie blickte starr geradeaus und atmete dabei so heftig, als wäre sie gerannt. Die Scheinwerfer beleuchteten Plastiktüten mit Müll, eine Feuerleiter und die rauhen Steinmauern der Gebäude zu beiden Seiten der Straße. Als sie sich zu mir umdrehte, griff sie mit einer Hand unter den Fahrersitz. Bevor ich meinen Revolver aus der Tasche ziehen konnte, hatte sie ihren schon auf mich gerichtet.

»Steigen Sie aus, Maggie. Steigen Sie aus!«

»Wenigstens ist es kein Messer. Der Mörder benutzte ein Messer.«

»Steigen Sie aus.«

»Ich glaube nicht, daß Sie auf mich schießen würden.«

Der Knall war ohrenbetäubend. Wie durch ein Wunder verfehlte mich die Kugel. In meinen Ohren dröhnte es. Meine Augen fühlten sich an, als wäre in ihrem Inneren der Blitz einer Kamera losgegangen. Ich blinzelte.

»Steigen Sie aus, Maggie!« schrie Linda.

Ich stieg aus. Was hätte ich sonst tun sollen – meinen Revolver hervorholen, damit wir uns gegenseitig erschießen konnten?

»Tut mir leid, Maggie. Schieben Sie es auf mein mangelndes Selbstwertgefühl.« Sie legte den Rückwärtsgang ein und fuhr langsam los. »Mangelnde Identität, mangelndes Selbstbewußtsein«, rief sie mir zu.

Mangelndes Selbstbewußtsein, meine Fresse, dachte ich und zog den Revolver aus der Tasche. Es war ein egozentrischer Akt. Ich brauchte sie gar nicht umzubringen. Mir war etwas viel besseres eingefallen. Ich folgte ihr die Nebenstraße hinunter und zielte sorgfältig auf ihre Motorhaube. Ich schoß und traf. *Ping!*

»Mangelnde Liebe!« schrie sie zurück. Ich zielte auf die glänzende neue Stoßstange, schoß und traf den linken Scheinwerfer. Er splitterte. Sie stieg auf die Bremse und sprang aus dem Wagen.

»Was zum Teufel machen Sie da?«

Ich ging auf sie zu, den Revolver immer noch auf das Auto gerichtet.

»Nennen Sie es mangelnde Geduld. Mangelndes Mitgefühl. Mangelnde Dummheit. Schieben Sie es einfach auf meine Spießigkeit.«

»Ich hatte nicht vor, Sie zu töten, Maggie.«

»Ich habe auch nicht vor, Sie zu töten. Bloß Ihren Wagen.«

Ich jagte eine Kugel in die Ledersitze.

»Scheiße!«

»Ich mag diese Art Autos nicht. In L. A. fahren bloß reiche Kids und erfolglose Agenten mit solchen Autos herum. Wer bezahlt Sie dafür, daß Sie die Stadt verlassen?«

»Das kann ich Ihnen nicht sagen.«

Ich jagte eine weitere Kugel in den Rücksitz. »Solche Autos sind passé, wußten Sie das?«

»Hören Sie auf. Der Wagen ist alles, was ich vorzuweisen habe.« Ihre Lippen zitterten.

»Sie rücken jetzt besser mit der Wahrheit heraus, Linda. Jemand könnte sich durch die Schüsse gestört fühlen. Jemand könnte die Polizei alarmiert haben.« Ich zielte wieder. »Polizisten machen Sie nervös, erinnern Sie sich?«

»Also gut. Es ist Sheridan Reynolds.«

»Was haben Sie gegen ihn in der Hand?«

»Hören Sie, ich habe das Geld noch nicht. Vermasseln Sie mir die Sache nicht.«

»Wann sollen Sie es bekommen?«

»Das läßt er mich noch wissen. Und ich werde ihm genüßlich dabei zusehen, wie er mir das Geld gibt. Mehr bekommen Sie aus mir nicht heraus, Maggie. Sie können gerne Ihr Magazin leerschießen. Und es ist mir egal, ob Sie dabei auf meinen Wagen zielen oder auf mich. Mehr bekommen Sie aus mir nicht heraus.«

Wieder einmal hörte ich Sirenen näherkommen. Wir starrten uns an.

»Und was müssen Sie für das Geld tun, Linda?«

»Einfach nur die Stadt verlassen, das ist alles.«

»Es hat mit dem Video zu tun, nicht wahr? Sie haben herausgefunden, daß er Sarahs Vater ist, und erpressen ihn jetzt damit. Wie haben Sie es herausgefunden?«

»Fragen Sie ihn.«

Sie stieg wieder in den Wagen, legte den Gang ein und fuhr los. »Geld ist Macht, Maggie!« rief sie und winkte mir mit ihrem langen, anmutigen Arm, bevor sie davonbrauste.

Die Sirenen kamen näher. Ich rannte davon wie jede gemeine Kriminelle mit einer Waffe in der Hand.

22

»Warum haben Sie nicht auf die Reifen gezielt, Miss Hill?« fragte mich Claire am nächsten Morgen beim Frühstück.

»Vielleicht hat sie ja auf die Reifen gezielt, Madam, aber

statt dessen den Scheinwerfer getroffen.« Boulton schenkte ihr Kaffee ein.

»Ich habe auf die Stoßstange gezielt und statt dessen den Scheinwerfer getroffen. Vielleicht bin ich für diese Art von Arbeit einfach nicht geschaffen.«

»Ganz im Gegenteil, Sie haben Talent für diesen Beruf. Finden Sie nicht auch, Boulton?«

»Jede Menge Talent, Madam.« Sie lächelten mich an.

»Sie erwidert unser Lächeln nicht, Boulton«, stellte Claire fest.

»Nein, Madam.«

»Wenn Sie beide zur selben Zeit so nett zu mir sind, habe ich jedesmal das dringende Bedürfnis, das Silber zu zählen.«

»Die Löffel sind noch vollzählig«, gab sie zurück.

»Wenn ich soviel Talent habe, warum verstehe ich dann nicht, woher Sie wußten, daß Sheridan Reynolds' Geld für Linda Hansen bestimmt war? Natürlich ist mir der Grund inzwischen klar: Es geht um das Video, und er will keine Publicity wegen Sarah Grange. Aber wie konnten Sie das schon gestern abend wissen, bevor ich mit Linda gesprochen hatte?«

»Durch Ausschlußverfahren. Unser schönes Model und Nora Brown haben keinen Grund, Geld von ihm zu erpressen. Aber daß Sheridan Reynolds Linda Hansen soviel Geld zahlt, hat nichts mit dem Video zu tun, Miss Hill.« Sie nippte an ihrem Kaffee.

Ich bemühte mich um einen intelligenten Gesichtsausdruck.

»Nein?«

»Es gibt nur einen möglichen Grund, warum er es ihr bezahlt. Vergessen Sie nicht, es ist das Geld seiner Frau. Er tut, was sie ihm befiehlt. Fahren Sie den Wagen vor, Boulton. Ich möchte zu der Wohnung am Bedford Place.«

Ich drehte Cybellas Schlüssel um. Die Tür ging auf. Claire und ich betraten das Apartment. Die Luft im Wohnzimmer war stickig. Auf den kristallenen Briefbeschwerern, den Lampen und den vielen Kunstgegenständen hatte sich Staub angesammelt. Die Bilderrahmen aus Sterlingsilber begannen anzulaufen, und die Seidenschirme der Lampen wirkten so trocken und spröde wie die Knochen einer alten Frau. Die leuchtend gelben Kissen auf dem Sofa schienen dringend eine neue Füllung zu brauchen.

»Eine schöne Umgebung war für Cybella lebensnotwendig.« Claire ließ den Blick durch den Raum schweifen.

Sie ging zum Kamin hinüber und betrachtete das vergrößerte Photo von Mutter und Tochter. Ich schaute aus dem Fenster auf den East River hinaus. Ein Schleppkahn, der so aussah, als wäre er geradewegs aus einem Kinderbuch herausgesegelt, tuckerte langsam durch das schmutzige Wasser. Am anderen Flußufer schmierte eine Pepsi-Cola-Reklame rote Buchstaben quer über die Landschaft.

»Wo ist Sarahs Schlafzimmer?« fragte Claire.

»Die Tür neben Ihnen.«

Sie öffnete die Tür, und wir gingen hinein. Das Bett war nicht gemacht. Eine Strumpfhose lag wie ein geschrumpftes Paar Beine verlassen auf dem zerknitterten Laken. Auf der Kommode standen mehrere halbvolle Wasserflaschen zwischen kleinen, leeren Make-up-Fläschchen. Eine eingetrocknete Mascara-Bürste zeigte auf ein paar ausrangierte Lippenstifte ohne Kappe, von denen nur noch kleine rosafarbene Stummel übrig waren. Eine Puderdose aus schimmerndem blauen Plastik lag offen da. Der gepreßte Gesichtspuder war weggerieben worden, so daß darunter bereits die metallene Auskleidung der Dose zum Vorschein kam. Vier kleine Gesichtsschwämme, die mit mehreren Schichten beigefarbenen Make-ups verschmiert waren, lagen wie Klumpen schmutzigen Fleisches über den Boden verstreut.

Im Schrank klammerte sich eine billige Baumwollbluse wie eine Ertrinkende an ihren Bügel. Eine marineblaue Hose, die vom vielen Tragen schon glänzte, hing über einem Gürtelring. Am Boden lag wie ohnmächtig ein mit Schleifen und Knöpfen überladenes Kleid. Claire stocherte mit ihrem Gehstock in den Ecken des Schranks herum.

»Wonach suchen Sie?« fragte ich.

»Linda Hansen hat Ihnen doch erzählt, daß Sarah einen Karton mit Zeitschriften in ihrem Schrank aufbewahrte. Sarahs einzige Verbindung zu ihrer Mutter.«

»Vielleicht hat Sarah den Karton mit in Noras Wohnung genommen.«

Claire zog die Bluse vom Bügel und sah sie sich näher an. »Selbstgemacht, und so oft gewaschen, daß sie schon fast gelb ist.« Sie untersuchte den Saum der Hose. »Mit Klebeband zusammengehalten. Dies sind die Sachen eines Menschen, der sehr wenig Geld zur Verfügung hatte. Nein, Miss Hill, ich glaube nicht, daß Sarah die Schachtel mit den Zeitschriften mitgenommen hat.«

»Vielleicht hat sie sie auf den Müll geworfen, nachdem sie Buffalo verlassen hatte.«

»Leute, die hungern, horten das bißchen Nahrung, das sie haben, statt sie zu essen. Genauso ist es, wenn man nach der Aufmerksamkeit einer Mutter hungert. Man hortet jedes kleine bißchen, das einen an sie erinnert, und gibt es so schnell nicht wieder her.«

»Aber Sarah war doch mit ihrer Mutter zusammen«, wandte ich ein.

»Nein, Miss Hill.« Ihre klugen Augen blickten in meine. »Wo ist Cybellas Zimmer?«

Ich zeigte es ihr. Sie öffnete die Tür, und wir gingen hinein. Claire gab mir mit einer Handbewegung zu verstehen, daß ich mich nicht bewegen sollte. Wir verhielten uns so reglos wie der Raum selbst. Ihre Augen musterten das Bett, den Frisiertisch mit den aufgereihten Parfumfläschchen, den kleinen, antiken Bücherschrank, die silbergerahmten Photos auf der Marmorplatte des Nachtkästchens. All das schien unter einer feinen Schicht Staub zu verblassen.

Der Spiegelschrank präsentierte uns unser Spiegelbild. Claire, groß und gelassen, den Kopf zur Seite geneigt, um die drückende Stille besser hören zu können; ihr weißer Hosenanzug bildete einen harten Kontrast zu den Gelbtönen des Raumes. Daneben ich, in meiner beigen Hose und dem beige-weiß karierten Jackett, die Beine leicht gegrätscht, das Kinn vorgereckt, als wollte ich jemanden zum Kampf herausfordern. Claire hob ihren Gehstock, deutete lächelnd auf unser Spiegelbild und stieß dann die Schranktüren auf. Unsere Abbilder verschwanden.

Wieder einmal erfüllte Cybellas Duft den Raum. Seine Macht schien die Stille zu zerbrechen und den sich sammelnden Staub wegzublasen. Wir betrachteten die Designerklamotten, die so fein säuberlich aufgereiht in ihren durchsichtigen Kleiderhüllen hingen. Ich öffnete die Hülle mit den Abendkleidern. Leere Oberteile und schlaffe Röcke warteten immer noch darauf, daß Cybellas Körper sie wieder zum Leben erwecken würde. Das Kleid von St. Rome war nicht viel mehr als ein Hauch roten Stoffs. Es fühlte sich kühl und glatt an.

»Jackie muß es genossen haben, diesen Stoff auf ihrer Haut zu spüren«, sagte ich.

Claire nahm ihren Gehstock und stocherte damit in die dunklen Ecken des Kleiderschranks.

»Der Karton mit den Zeitschriften ist nicht da.« Claire ging zum Frisiertisch hinüber und setzte sich auf einen Stuhl, der mit einem golddurchwirkten Stoff bezogen war. »Cybella brauchte ihre Kleider. Sie brauchte ihr Parfum, ihren Schmuck. Sie brauchte das Gefühl, photographiert zu werden. Sie mußte immer wieder in den Spiegel sehen. Sie brauchte seine Bestätigung. Sie mußte sich immer wieder vergewissern, daß man ihr ihre Schuld nicht ansah.« Claire zog eine Schublade heraus und starrte auf eine sauber geordnete Ansammlung von Make-up. »Sie mußte sich die Lippen rot schminken. Sie brauchte den jugendlichen Hauch Rouge auf ihren Wangen. Nur so konnte Cybella sich einreden, daß sie keine gute Mutter gewesen wäre. Daß es richtig war, ihr Kind aufzugeben. Daß ihre Liebe zu Sheridan Reynolds das einzige war, was zählte.« Sie schloß die Schublade. »Erst dann konnte Cybella ihr rotes Kleid anziehen und ausgehen. Erst dann konnte sie so tun, als würde sie auch nach all diesen Jahren noch zu ihrer Entscheidung stehen.«

Claire stand auf und fuhr mit der Hand über die goldene Damastdecke auf dem Bett.

»Cybella brauchte ihre Besitztümer. Sie brauchte Dinge, die sie nicht verletzen konnten. Sie brauchte eine schöne Tochter.«

»Wie meinen Sie das?«

Claire drehte sich um und betrachtete den Bücherschrank. Sie zog ein Buch aus dem Regal und schlug es auf.

»Cybella wollte die Wahrheit gar nicht wissen. Sie hatte

Angst davor. Angst, daß ihr diese Wahrheit ihr leeres, narzißtisches Leben vor Augen führen könnte.« Nachdem sie die Widmung gelesen hatte, schob sie das Buch wieder ins Regal zurück.

»Warum versucht jeder liebende Mensch, das Objekt seiner Begierde in sein eigenes Ebenbild zu verwandeln?« überlegte sie. »Und warum wünscht sich jede Mutter eine Tochter, die ihr eigenes Abbild ist?« Sie hob die Hand, und wieder lauschten wir der Stille.

»Cybellas Photos waren Stilleben. Und eine Geliebte muß sich wegen ihrer prekären Situation immer still verhalten. Trotzdem reichte sie Elizabeth Reynolds die Hand, nur um zu erfahren, daß sie ihr Kind nicht für den Mann aufgegeben hatte, den sie liebte, sondern wegen seiner Frau und deren Geld. Und schließlich streckte sie ihre Hand der eigenen Tochter entgegen.« Claires Blick richtete sich auf mich. »Zumindest glaubte sie das. Schließen Sie die Schranktüren, Miss Hill. Lassen Sie sie ruhen.«

Im Bentley bat Claire Boulton, uns zu Linda Hansens Wohnung zu fahren. Sie wohnte ein paar Häuserblocks vom Central Park West entfernt. Als wir einen Parkplatz gefunden hatten, sagte Claire: »Kommen Sie mit uns hinein, Boulton.«

»Rechnen Sie mit Schwierigkeiten?« fragte ich.

Sie gab mir keine Antwort.

Die Haustür des Wohnblocks war nicht abgeschlossen. Lindas Apartment lag im Erdgeschoß und ging nach hinten hinaus. Ich klopfte an die Tür. Sie machte sofort auf.

»O Gott, Maggie, verschwinden Sie!« Linda versuchte, die Tür zuzuschieben, aber Boulton stand schon mit einem Fuß in der Wohnung und drängte sie zurück.

»Claire Conrad möchte Ihnen bloß ein paar Fragen stellen«, sagte ich.

»Ich habe nichts zu sagen.« Sie ging unruhig in dem kleinen Raum auf und ab. An einer Wand stand ein weiches, butterfarbenes Sofa, das so aussah, als könnte man es zu einem Bett ausziehen. Ein Kelim-Teppich bedeckte den Großteil des hellen Holzbodens. Auf einem kleinen, auf Art-déco gestylten Tisch standen ein Telefon und ein Anrufbeantworter. Der Aschenbecher neben dem Telefon quoll von Zigarettenkippen über, deren Filter dick mit pinkfarbenem Lippenstift verschmiert waren.

»Ist Sheridan Reynolds noch gar nicht da?« fragte Claire.

Linda musterte sie mißtrauisch. Bei Tageslicht sah sie jünger und verletzlicher aus. Ohne die dicke Schicht pinkfarbenen Lippenstifts wirkte die Form ihres Mundes weicher. Sie trug ein T-Shirt und ihren kurzen, engen Lederrock. Dazu noch eine Perlenkette um den Hals, und sie hätte es aufs Titelblatt von *Bonton* schaffen können. Vielleicht aber auch nicht. Da waren schließlich immer noch die Pockennarben.

»Stellen Sie Ihre Fragen, und dann verschwinden Sie von hier.« Sie stemmte die Hände fest in die Hüften.

»Wo ist Ihr Schlafzimmer?« fragte Claire.

»Sie stehen bereits drin. Man nennt das ein Studioapartment. Sie selbst haben in so etwas bestimmt noch nie gewohnt.«

Gegenüber dem Sofa war eine Tür; Claire stieß sie auf.

»Moment mal!« Linda stürzte auf Claire zu. Aber Boulton hielt sie fest. »Wonach suchen Sie?« Ihre Augen wurden vor Angst ganz schmal. Die Tür führte in einen begehbaren Schrank mit eingebauten Schubläden. Aufreizende Kleider und ein paar kurze Lederjacken und -röcke hingen ordentlich auf ihren Bügeln. Mit ihrem Gehstock hob Claire eine Decke vom Boden auf; darunter kam ein Karton zum Vorschein.

»Wären Sie so nett, das für mich zu holen, Miss Hill?«

Ich nahm die Schachtel und brachte sie zum Sofa hinüber. Sie war halb voll mit Zeitschriften. Obenauf lag eine *Bonton*-Ausgabe von 1966. Eine junge Cybella, deren schlanker Körper in einem goldenen Paillettenkleid steckte, lächelte vom Cover. Ihre Augen waren schwer von schwarzem Kajal und falschen Wimpern, die Lippen blaßrosa geschminkt. Ihr langes dunkles Haar war zu einer wilden Mähne toupiert, und die verführerischen Rundungen ihres Körpers sahen aus, als würden sie von den Händen eines unsichtbaren Liebhabers geformt. Ich reichte die Zeitschrift an Claire weiter.

»Alles, was Sie Miss Hill in jener Nacht auf dem Weg zu Cybellas Wohnung erzählt haben, entsprach der Wahrheit. Mit einer einzigen Ausnahme: Ihrer wahren Identität«, erklärte sie. »Diese Zeitschriften sind Ihre einzige Verbindung zu Ihrer Mutter.«

Claire begann systematisch, die Zeitschriften auf dem Boden auszubreiten.

»Ich bewahre sie für Sarah Grange auf.« Lindas Stimme klang gepreßt.

»Sie haben einen Fehler gemacht. Als Sie Miss Hill zu Cybellas Wohnung fuhren, haben Sie ihr zu viel erzählt. Ein Schriftsteller würde die Information genießen. Ein Detektiv dagegen könnte mißtrauisch werden. Die meisten Leute verraten uns so wenig wie möglich. Selbst wenn sie unschuldig sind, haben sie immer irgendwelche Geheimnisse, von denen sie nicht wollen, daß wir sie entdecken. Aber Sie mußten die Szene vorbereiten, damit es für Miss

Hill keinen Zweifel gab, wenn sie unsere schöne Hochstaplerin kennenlernte.«

»Ich bin nicht Sarah, und ich weiß überhaupt nicht, wovon Sie reden.«

Auf dem Boden lagen jetzt an die zwanzig Zeitschriften, jede mit Cybella auf dem Cover. Wie ein Chamäleon veränderte sie sich mit jedem neuen Kleid, jeder Perücke, jedem neuen Make-up. Jeder Photograph sah sie anders. Sie war niemals nur eine einzige Frau gewesen. Nur ihre dunklen, faszinierenden Augen verkündeten eine verletzliche Individualität.

»Außerdem würde man doch annehmen, daß Cybella ihre eigene Tochter erkennen würde«, fügte sie hinzu.

»Der Mutterinstinkt wird oft überschätzt«, erwiderte Claire. »Cybella hatte Sie nicht mehr gesehen, seit Sie ein kleines Kind waren, vielleicht sogar noch ein Baby. Sie wollte einfach glauben, daß sie ihrem Kind keinen Schaden zugefügt hatte, indem sie es verließ. Sie wünschte sich eine Tochter, die so schön war wie sie selbst früher. Dieser Wunsch war stärker als alles andere.«

»Eine Schachtel voll Zeitschriften beweist überhaupt nichts.«

»Stimmt. Aber ich habe nicht die geringste Lust, nach Buffalo zu fahren, um zu beweisen, daß ich recht habe. Miss Hill, Boulton, durchsuchen Sie die Wohnung nach irgendeiner Art von Ausweis.«

Boulton ging in die winzige Küche hinüber, die durch eine Theke aus rosa Granitimitat vom Wohnzimmer abgeteilt war.

Ich durchsuchte ihre Jackentaschen. Tastete alle Nähte ab. Nichts. Ich ging ins Bad. Die Luft war feucht, und es roch nach Seife und Shampoo. Ich zog eine Schublade auf.

Ihr Make-up war genauso ordentlich aufgeräumt wie das von Cybella.

»Ich bin fündig geworden«, verkündete Boulton. »Eine Geburtsurkunde und ein in Buffalo ausgestellter Führerschein. Beides war an die Rückseite des Kühlschranks geklebt. Kein besonders raffiniertes Ver…« Er brach mitten im Wort ab.

Ich kam aus dem Bad. Linda zielte mit einem Revolver auf Claire. Tränen liefen ihr übers Gesicht und ließen die Pockennarben glänzen. »Was schauen Sie so, Maggie?«

»Ich schaue Sie an.«

»Das können Sie sich sparen. Sie werden keine Ähnlichkeit mit Cybella finden.«

»Sie haben die Figur Ihrer Mutter und die grauen Augen Ihres Vaters«, widersprach ich.

»Dieser Revolver stellt eher ein Ärgernis als eine Bedrohung dar.« Claire thronte gelassen auf der Armlehne des Sofas. »Wenn Sie vorhätten, jemanden zu töten, dann hätten Sie Miss Hill schon gestern abend erschossen, als Sie die Gelegenheit dazu hatten.«

»Ich möchte bloß, daß Sie gehen. Und zwar sofort!« Ihre Hand zitterte.

»Außerdem kann Ihnen Boulton die Waffe abnehmen, wann immer es ihm beliebt.«

Linda sah zu Boulton hinüber. In diesem Moment schwang Claire ihren Gehstock und schlug ihr den Revolver aus der Hand. Boulton hob ihn auf.

Linda schloß die Augen und lehnte sich gegen die Wand. »Wenn ich die Straße hinunterging, stellte ich mir jedesmal vor, daß ich eine Frau meinen Namen rufen höre. Dann drehte ich mich um und stellte mir vor, daß Cybella vor mir steht und die Arme nach mir ausstreckt. Aber nicht einmal in meinen schlimmsten Alpträumen wäre es mir in den Sinn gekommen, daß Cybella eine andere für ihre Tochter halten könnte.«

»Wie heißt unsere Hochstaplerin mit richtigem Namen, Miss Hansen?«

»Marina Perry.«

»Sie haben Marina Perry erzählt, daß Sie Cybellas Tochter sind?« fragte Claire.

»Vor etwas mehr als einem Jahr, nachdem meine Großeltern gestorben waren, kam ich hierher. Ich brauchte Geld. Bei Peeps fand ich einen Job. Näher würde ich an ein Leben als Model nie herankommen. Ich nahm den Namen Linda Hansen an. Marina arbeitete in diesem Wäscheladen. Wir trafen uns abends öfter mal auf einen Drink. Manchmal, wenn Marina den Kopf auf eine bestimmte Weise hielt, erinnerte sie mich an Cybella. Nur einen Augenblick lang.« Sie nahm sich eine Zigarette vom Tisch und zündete sie an. »Eines Abends hatte ich zuviel getrunken und erzählte ihr die Geschichte meines Lebens. Sie glaubte mir nicht. Alle Mädchen im Peeps erzählen Lügengeschichten über sich. Ich wollte nicht, daß sie glaubte, ich sei wie die anderen. Deswegen verriet ich ihr immer mehr Details. Ich war eine solche Idiotin.«

»Sie haben ihr von Nora Brown erzählt?«

»Ich habe ihr einen der wenigen Briefe gezeigt, die Cybella mir als Kind geschrieben hatte. In dem Brief erwähnte sie Nora. Ein paar Wochen vergingen, und Marina verschwand. Es kommt öfter vor, daß Leute einfach verschwinden. Ich habe mir nicht viel dabei gedacht.« Sie machte eine Pause und starrte auf die Zeitschriften, auf das Gesicht ihrer Mutter. »Irgendwie war ich sogar froh, daß Marina weg war. Ich hatte zuviel von mir preisgegeben. Ich weiß nicht, wie lange ... vier Monate später komme ich an einem Zeitschriftenstand vorbei, und da sehe ich Marina Perry auf dem Cover von *Bonton.* Nur, daß sie nicht mehr Marina ist. Sie ist Sarah Grange. Sie ist ich.«

»Sie haben Nora Brown angerufen?« fragte Claire.

»Nein. Ich habe bloß der Sekretärin gesagt, Sarah Grange solle Linda Hansen anrufen. Marina war bereit, sich mit mir zu treffen. Sie fährt mit diesem schwarzen BMW vor und sagt, daß er mir gehöre, daß ich eine neue Wohnung haben kann, wenn ich den Mund halte.« Sie sah sich im Zimmer um. »Gefällt es Ihnen, Maggie?«

»Sie haben zuviel dafür bezahlt.«

»Marina Perry ist eine sehr kühne junge Frau«, bemerkte Claire.

»Sie hatte nichts zu verlieren. Wenn ihr Plan funktionierte, großartig. Wenn nicht, dann eben nicht. Dann würde sie eben weiterhin billige Unterwäsche an Frauen wie mich verkaufen.«

»Ich nehme an, das mit dem Video war Goldies Idee.«

»Er sah den BMW und wußte, daß ich in eine bessere Wohnung umgezogen war. Er glaubte, daß ich irgendein Geschäft laufen hatte, an dem er nicht beteiligt war. Goldie konnte einen beschützen, aber er konnte einem auch wehtun. Er brachte mich zum Reden.«

Es klopfte an der Tür. Wir drehten alle gleichzeitig den Kopf und starrten zur Tür. Boulton hatte plötzlich seine Waffe in der Hand. Linda machte einen Satz nach vorne. Doch Boulton riß sie zurück.

»Es ist mein Vater«, sagte sie verzweifelt.

»Ihr Vater ist bewaffnet«, flüsterte Boulton ihr zu.

Wir standen wie versteinert da. Ich war mir des Verkehrslärms bewußt, der von der Straße hereindrang. Der

Kühlschrank ächzte. Wieder klopfte es kurz. Claire drehte sich zu mir um und formte mit den Lippen die Worte: »Machen Sie auf.«

Steifbeinig ging ich zur Tür, legte die Hand auf den Knauf. Er fühlte sich kalt an. Ich öffnete die Tür.

Sein Lächeln war bezaubernd. Aber seine Augen weiteten sich. Er war überrascht, mich zu sehen. Kein Wunder. Ich war schließlich nicht da, wo ich hingehörte.

»Paul Quentin«, verkündete ich.

Er drehte sich um, raste den Gang hinunter und auf die Straße hinaus. Ich war ihm dicht auf den Fersen. Anmutig wie ein Quarterback rannte er auf den Park zu. Ich spurtete zwischen zwei Frauen hindurch. Quentin lief weiter, ohne sich umzublicken. Typisch. Männer wie er blickten sich niemals um. Er überquerte die Central Park West. Die Ampel schaltete auf Rot, so daß ich am Randstein eine Vollbremsung machen mußte. Quentin stand auf der anderen Straßenseite, die Hand erhoben, um ein Taxi anzuhalten. Ich ging ein paar Schritte auf die Straße hinaus, weil ich auf eine Lücke im Verkehr hoffte. Autos wichen aus. Hupen ertönten. Mittelfinger schossen in die Höhe. Ich stolperte zum Randstein zurück. Quentin sah kein einziges Mal in meine Richtung. Ich existierte für ihn überhaupt nicht. Genausowenig wie Jackie. Bald würde auch Alison nicht mehr existieren.

Die Ampel schaltete um, und ich rannte los. Er machte auf dem Absatz kehrt, sprintete auf die Steinmauer zu, die den Park umgab, sprang darüber und verschwand hinter ein paar Bäumen. Die Leute, die auf der Mauer saßen, beobachteten ihn. Jetzt beobachteten sie, wie ich mühsam über die Mauer kroch.

Im Park blieb ich kurz stehen, um zu verschnaufen und

zu sehen, ob ich ihn irgendwo entdecken konnte. Zerbrechlich wirkende Äste reckten sich dem Himmel entgegen. Zwei junge Männer in nietenbesetzten Lederjacken rauchten und tranken abwechselnd aus einer Flasche. Ihr schmutziges dunkles Haar war sorgfältig nach hinten gekämmt und vorne zu einer Tolle geformt. Elvis lebt. Ein paar Jogger liefen an ihnen vorbei. Ein betrunkener Penner torkelte auf mich zu. Sein Gesicht wirkte so ramponiert wie ein altes amerikanisches Auto. Junge Mädchen in Schuluniformen steckten kichernd die Köpfe zusammen. Kein Paul Quentin.

Ich ging tiefer in den Park hinein. Ein paar Eichhörnchen sprangen davon. Ein Vogel sang. Zweige knackten – aber nicht unter meinen Füßen. Ich drehte mich um. Der Penner mit dem ramponierten Gesicht stand hinter mir und starrte mich an. Er torkelte ein paar Schritte zurück, kam dann wieder auf mich zu und streckte die Arme nach mir aus. »Betty? Betty?« heulte er.

Er griff in die Luft und fiel hin.

»Betty, Betty«, stöhnte er in die Erde hinein.

Ich war von lauter Bäumen umgeben, und zu meinen Füßen lag ein Säufer, der den Boden vollsabberte und mich für Betty hielt. Na wunderbar. Ich ging den Wagengeräuschen nach, die ich ganz in der Nähe hörte, und kam auf einer der Straßen heraus, die quer durch den Park führen. Am Straßenrand stand Paul. Er hatte mir seinen breiten Rücken zugewandt und versuchte immer noch, ein Taxi zu bekommen. Ich schlich langsam auf ihn zu. Plötzlich wurde ich an den Schultern gepackt.

»Betty, Betty!« kreischte mir der Penner ins Ohr.

Paul schoß herum. Der Penner ließ die Arme sinken.

»Betty, Betty!« weinte er verzweifelt.

Paul drehte sich um und rannte los. Ich streckte die Arme nach ihm aus und bekam ihn an einem Zipfel seines Mantels zu fassen. Der Mantel glitt ihm von den Schultern, und ein Kuvert fiel heraus. Der Säufer packte meinen freien Arm und riß mich nach hinten, während Paul sich nach vorne warf; der Mantel entglitt mir. Der Säufer zerrte so heftig an meinem Arm, daß ich das Gleichgewicht verlor und wir beide zu Boden stürzten. Ich kam unten zu liegen, er direkt auf mir. Ich konnte Paul davonlaufen sehen. So geschmeidig.

»Betty, Betty!« Sein Atem stank.

»Ich bin nicht Betty.« Ich schob sein Gesicht weg.

»Ich will dich doch nur ansehen«, keuchte er. Sein zerlumpter Körper bäumte sich auf wie der eines Liebhabers nach dem Orgasmus. Seine Hände drückten meine Schultern gegen den Boden.

Eine Frau mit einem bösartig dreinblickenden Dackel kam vorbei. »Warum nehmt ihr zwei euch kein Zimmer?« fauchte sie, während sie den Hund von uns wegzerrte.

Ich zog mein rechtes Knie an und rammte es ihm fest in die Lenden. Seine Augen wurden glasig, und er riß den Mund auf.

»Betty!« stöhnte er. Dann fiel er auf die Seite, den Mund immer noch aufgerissen.

Ich rappelte mich hoch und hob das Kuvert auf. In dem Umschlag steckten die hunderttausend Dollar von Sheridan Reynolds. Ich schob ihn in meine Tasche. Mein Herz raste. Meine Beine schmerzten höllisch. Sheridan Reynolds hatte also seinen Assistenten losgeschickt, um seine Vaterpflichten zu erfüllen.

»Betty, Betty«, keuchte der Säufer.

»Ach, halt doch endlich den Mund!«

»Das hast du früher auch immer zu mir gesagt, Betty.«

»Ich bin nicht Betty. Wir sehen nicht alle gleich aus. Wir haben nicht alle kurze Arme und kurze Beine und große Titten und einen langen Hals und schönes Haar und Model-Klamotten, die sich kein Mensch leisten kann! Wir sitzen auch nicht alle auf Drehstühlen in Plexiglaskäfigen. Wir sind nicht die Objekte eurer Phantasie! Wir sterben jedesmal ein bißchen, wenn ihr uns verlaßt, und wir sterben für immer, wenn ihr uns ein Messer in die Brust rammt.«

Er wimmerte in die Erde hinein. O Gott, ich war dabei, diese Schlacht zu verlieren.

Lautlos und dunkel wie die Nacht hielt der Bentley am Straßenrand. Die Tür ging auf, und Claire lehnte sich heraus. Ich konnte Linda Hansen neben ihr auf dem Rücksitz sitzen sehen.

»Was machen Sie denn da, Miss Hill?«

»Ich weiß es nicht.«

»Wer ist das?«

»Ich weiß es nicht.«

»Sie als Angestellte zu haben ist schlimmer, als einen Pit Bull Terrier zu besitzen. Bitte steigen Sie ein.«

Ich starrte auf den Säufer hinunter, der gerade versuchte, sich aufzusetzen. Ich warf einen Blick in den Umschlag. Der kleinste Schein war ein Hunderter. Ich schob ihm das Geld in die schmutzverkrustete Hand.

»Von Betty«, sagte ich.

»Das ist mein Geld!« schrie Linda.

»Miss Hill!« drohte Claire.

Ich stieg vorne ein, reichte Claire das Geld und lehnte mich zurück. Boulton zupfte mir ein paar Blätter aus dem Haar.

»Zu Nora Browns Büro, Boulton«, sagte Claire.

»Wir lassen Quentin entwischen?« fragte ich.

»Er wird nur bis zur Reynolds-Wohnung laufen, Miss Hill. Er kann sonst nirgends hin.«

»Wer ist Paul Quentin?« fragte Linda.

Ich drehte mich zu ihr um. »Sie kennen ihn nicht?«

»Nein.«

»Er ist der Assistent Ihres Vaters. Der Verlobte Ihrer Halbschwester«, erklärte Claire.

»Vater, Mutter, Halbschwester, Verlobter. Diese Worte haben für mich keine Bedeutung.«

»Mr. Quentin ging gerne ins Peep Thrills, um sich Jackie anzusehen«, fügte Claire hinzu.

»Das heißt nicht, daß ich ihn kenne.« Sie sah aus dem Fenster. »Ich wollte Sheridan Reynolds gegenübertreten und ihm in die Augen sehen, als wäre er auch bloß ein Mann, der etwas von mir will, und nicht mein Vater. Aber er schickt mir seinen Assistenten. Männer sind wirklich Mistkerle.«

»Wie haben Sie herausgefunden, daß er Ihr Vater ist?« fragte Claire.

»Ich hatte Angst. Nicht nur, daß man mir die beiden Morde in die Schuhe schieben könnte, sondern auch, daß ich die nächste sein könnte. Ich wollte die Stadt verlassen, brauchte aber mehr Geld. Deswegen habe ich zum erstenmal bei Nora angerufen und ihr gesagt, wer ich bin, und daß ich Beweise hätte, aber nichts über Marina ausplaudern würde, wenn sie mir behilflich wäre. Nora hatte kein Geld zur Verfügung. Sie brach zusammen. Begann zu weinen. Als hätte sie schon lange über mich Bescheid gewußt. Sie sagte mir, wer mein Vater ist. Nach all diesen Jahren erfahre ich, daß mein Vater kein Franzose war und auch nicht tot ist. Er lebt als reicher Mann und schert sich einen Dreck um mich.«

»Warum haben Sie Marina nicht um Geld gebeten?« überlegte ich laut.

»Ich hatte Angst. Was, wenn sie Jackie umgebracht hat? Sie hat immer noch nichts zu verlieren.«

Wir hatten das Ende des Parks erreicht. Von allen Seiten strömte der Verkehr auf uns ein. Aus der relativen Ruhe des Parks gefegt zu werden war genauso ein Schock, wie aus dem Bett zu fallen.

»Ich habe mir immer Madeleines gekauft«, sagte Linda. »Ich dachte, sie würden mich französischer machen. Dabei war ich nie Französin. Haben Sie schon mal eine gegessen, Maggie?«

»Ja.«

»Sie sind in der Mitte ganz weich.«

23

Boulton wartete am Wagen.

Die *Bonton*-Empfangsdame trug gerade ihren Lippenstift auf. Claire, Linda und ich gingen einfach an ihr vorbei.

»Augenblick bitte! Sie können da nicht hineingehen!« rief sie uns hinterher. Das eindringliche Klingeln des Telefons zog sie jedoch an ihren Platz zurück.

Die Kleiderständer waren verschwunden. Die Frauen arbeiteten in ihren Kabinen. Die zwei Sekretärinnen hatten sich bereits aus ihren Stühlen erhoben, als wir Nora Browns Büro erreichten.

»Haben Sie einen Termin?« fragte die, deren Haar die Farbe von billigem Weißwein hatte. Ihre Finger spielten mit einem teuren Kugelschreiber.

»Miss Brown wird mich auch so empfangen«, antwortete Claire.

»Sie ist nicht da.«

Ich schob mich an ihr vorbei und drückte die Klinke nieder. Die Tür war abgeschlossen.

»Wo ist sie?« fragte Claire.

»Es steht mir nicht frei, Ihnen das zu sagen.«

»Miss Hill, rufen Sie die Polizei an«, befahl Claire.

»Die Polizei?« wiederholten die beiden Sekretärinnen einstimmig.

Ich kann es nicht ausstehen, wenn sie das macht. Ich weiß dann nie, ob sie es ernst meint oder nicht. Ich griff nach dem Hörer.

»Warten Sie einen Augenblick«, sagte die Sekretärin, nahm mir den Hörer aus der Hand und tippte zwei Zahlen. »Miss Brown? Diese Frau, diese Detektivin –«

»Claire Conrad«, kam ich ihr zu Hilfe.

»– ist hier. Sie droht, die Polizei anzurufen.«

Claire nahm ihr den Hörer aus der Hand. »Miss Brown, ich habe Sarah Grange bei mir.«

Die beiden Sekretärinnen starrten Linda an.

Claire legte auf und verkündete: »Sie ist im vierten Stock.«

Wir fuhren mit dem Aufzug in den vierten Stock hinunter, wo graue Türen einen weißen Gang säumten. Claire öffnete die Tür mit der Aufschrift STUDIO.

Scheinwerfer beleuchteten einen Hintergrund aus pinkfarbenem Papier, das wie eine riesige Zunge von der Decke hing und über den Boden zu lecken schien. Ansonsten war der Raum dunkel. Ein Photograph mit silbernen Kettchen an beiden Handgelenken spähte durch eine Kamera, die auf einem metallenen Stativ befestigt war. Hinter ihm hielten sich zwei Assistenten bereit. In der Mitte des pinkfarbenen Papiers stand Marina Perry, eingehüllt in ein knöchellanges, enges schwarzes Kleid. Die Scheinwerfer ließen ihre Haut in vollendeter Reinheit erstrahlen. Ein großer Ventilator blies ihr von der Seite das Haar aus dem sorgfältig geschminkten Gesicht. Irgendeine Art Country-and-Western-Rock dröhnte aus einem CD-Player. Der Sänger schrie seine Liebesqualen mit einer sexy näselnden Stimme hinaus.

St. Rome und Nora thronten in Regiestühlen am Rand des pinkfarbenen Papiers, als säßen sie an einem See und wollten sich die Füße nicht naß machen.

»Ich möchte, daß ihr der Träger des Kleides von der Schulter rutscht«, sagte St. Rome, der uns noch nicht bemerkt hatte. »Als würde ihr das ganze Kleid gleich vom Leib rutschen.«

Und das von einem Mann, der noch nie eine Frau begehrt hatte.

Ein Mädchen mit gefärbtem roten Haar und zuviel rotem Lippenstift schlich auf Zehenspitzen über das pinkfarbene Papier und zog Sarah den Träger über die Schulter. Sie hielt inne und spähte zu St. Rome hinüber. Da sie keine weiteren Anweisungen bekam, huschte sie zurück in die schützende Dunkelheit des Raumes – fast wie ein Tier, das sich vor dem Licht fürchtet.

»Beweg dich zur Musik, Sarah-Darling«, sagte der Photograph mit schmeichelnder Stimme.

Sie begann, verschiedene Posen und Mienen durchzuspielen.

»Lehn dich vor«, säuselte der Photograph. »Einen Hauch mehr Dekolleté, Darling. Vorlehnen, habe ich gesagt! Laß uns die verdammten Dinger endlich sehen!«

Sie lehnte sich vor und enthüllte die prallen Rundungen ihrer kleinen Brüste. Ihre dunklen Augen weiteten sich überrascht, als hätte sie gerade erst entdeckt, daß sie Brüste hatte. Ihre Lippen öffneten sich und gewährten einen Blick auf weiße Zähne und die Spitze einer pinkfarbenen Zunge. Sie hatte fast dieselbe Farbe wie das Papier.

»Beweg dich weiter«, befahl der Photograph. Sie gehorchte. »Sexy. Sexy. Leck dir über die Lippen. Sexy. Die Hüften nicht so weit vor. Das Kinn nach unten, Darling. Wunderbar. Die Arme stimmen nicht ganz. So ist es besser. Das Haar hängt ihr ins Gesicht. Darling, merkst du denn nicht, daß dir das Haar ins Gesicht hängt, in Gottes Namen? Und was ist aus sexy geworden? Ich will sexy. Ich will sexy!« schrie er. »Ist sexy denn so schwer?«

Nora drehte sich in ihrem Stuhl um und entdeckte uns. Ihr Gesicht wirkte in der Dunkelheit so bleich wie ein kleiner Mond. Sie nickte, und wir folgten ihr in einen langen, schmalen, hell erleuchteten Raum. Eine Make-up-Ablage und ein Spiegel zogen sich an der einen Seite des Raums entlang. Elektrische Lockenwickler heizten sich in ihrem Behälter neu auf. Mehrere Föns lagen wie aufgeblähte Revolver herum. Auf der Ablage herrschte ein Chaos aus Make-up-Dosen und -Tuben. Der Boden war mit verschmierten Kosmetiktüchern übersät. Der Geruch von Haarspray und Deo lag noch in der Luft. Ein BH und eine Strumpfhose hingen unordentlich über einem Stuhl. Ein Kleiderständer war mit St.-Rome-Kleidern vollgepackt. Ein dünner Mann mit blondiertem Haar saß kaugummikauend auf einer Haarbürste und las eine Zeitschrift, auf deren Cover Ivana Trump abgebildet war. Auch sie lehnte sich nach vorne und sah aus, als hätte sie eben erst ihre Brüste entdeckt.

»Der Ventilator bläst Sarah das Haar ins Gesicht. Sie sollten bei ihr draußen sein«, sagte Nora.

»Sie wollte nicht, daß ich draußen herumhänge«, klagte er, während er aufstand und nach einer Dose Haarspray griff.

»Seit wann hören Sie auf die Models?« fragte Nora.

Er hatte inzwischen die Tür erreicht.

»Und niemand kommt mir hier herein, bis Sarah sich umziehen muß. Verstanden?«

»Ja, Miss Brown.« Er öffnete die Tür. Die Musik dröhnte in den Raum.

»Und machen Sie die Tür zu.«

»Ja, Miss Brown.«

Er sagte »Miss«, als spielte er einen schwarzen Südstaatensklaven in einem Film aus den Dreißigern. Er schloß die Tür, und die Musik wurde wieder leiser. Claire ging im Zimmer auf und ab.

Ich lehnte mich gegen die geschlossene Tür.

»Nora Brown, darf ich Ihnen Sarah Grange vorstellen? Sarah Grange, Nora Brown«, sagte sie.

Nora streckte zögernd die Hand aus. »Hallo, Sarah.«

Ohne diese Geste zu beachten, setzte sich Linda auf die Ablage, den Rücken an den langen Spiegel gelehnt, als wolle sie die Realität ihres eigenen Spiegelbildes leugnen. »Ich bin Linda.«

»Linda«, wiederholte Nora den Namen. »Ich war bei Ihrer Mutter, als Sie damals in Paris auf die Welt kamen.«

»Ich bin zutiefst gerührt.«

»Entschuldigen Sie. Sie haben natürlich keinen Grund, gerührt zu sein.«

»Hatte ich damals auch schon Pockennarben?«

»Was? Nein, Sie waren ein perfektes Baby.«

»Ich frage mich, was passiert ist.« Linda sprach gegen die Wand vor ihr, ohne Nora auch nur einmal anzusehen.

Nora warf einen flüchtigen Blick auf den Ärmel ihrer blauen Bluse, an dem doch tatsächlich ein Fussel hing. Sie machte sich aber nicht die Mühe, ihn wegzuzupfen. Als fühlte sie sich plötzlich erschöpft, ließ sie sich gegen die Ablage fallen, mit dem Rücken zum Spiegel. Ich glaube, in diesem Augenblick wollte keine von uns ihr eigenes Spiegelbild sehen.

»Ab wann wußten Sie, daß Marina Perry nicht Sarah Grange war?« Claire blieb stehen und stützte sich auf ihren Stock.

»Sie erzählte es mir erst, nachdem Sie mir das Video gezeigt hatten und ich sie zur Rede stellte. Das müssen Sie mir glauben«, antwortete Nora.

»Miss Brown, wenn Sie sie tatsächlich für Sarah hielten, warum haben Sie ihr dann nicht erzählt, daß Sheridan Reynolds ihr Vater ist? Weil Sie wußten, daß sie eine Hochstaplerin ist.«

»Es gab Zeiten, in denen ich zweifelte, aber das war nur so ein Gefühl. Sie antwortete so vage, wenn man sie auf bestimmte Dinge ansprach. Ich nahm an, daß sie nicht über ihre Vergangenheit reden wollte. Jedenfalls hat sie Cybella glücklich gemacht.« Sie wandte sich an Linda. »Es tut mir so leid.«

»Das haben Sie schon einmal gesagt.« Lindas Gesicht war ausdruckslos.

»Ja, nicht wahr? Ich sage das normalerweise nie. Aber jetzt kann ich gar nicht damit aufhören.«

»Marina Perry hat außerdem Ihren Job bei *Bonton* gesichert«, erinnerte Claire Nora. »Vielleicht hat Ihnen das geholfen, eventuelle Zweifel zu verdrängen.«

»Sarah ... ich meine, Marina war sehr gut. Als sie mich das erste Mal anrief, wollte sie bloß Cybella sehen. Sie erwähnte mit keinem Wort, daß sie als Model Karriere machen wolle. Sie überließ es mir, sie zu entdecken. Als sie in mein Büro spazierte, wußte ich, daß sie das Zeug dazu hatte. Sie brauchte eine andere Frisur, Make-up ... aber es bestand kein Zweifel, daß die Kamera sie lieben würde.«

»Und was war mit Cybellas Liebe? Ging das auch so schnell wie mit den Kameras?« fragte ich.

»Als Cybella sie sah«, fuhr Nora fort, »streckte sie die Arme nach ihr aus. Marina nahm ihre Hand und sagte: ›Hallo, Mommy.‹ Cybella wollte es einfach glauben. Ich wollte es auch glauben.«

»Was? Das hier?« Claire hob ihren Stock und schlug damit gegen die Ablage mit den Föns und dem Make-up. Ein Lippenstift und eine Bürste fielen krachend zu Boden. Linda lachte hart auf – oder war es ein Klagelaut?

Ich spürte, wie sich der Türknauf drehte, und trat beiseite. Marina stürmte herein. Als sie uns sah, blieb sie wie angewurzelt stehen. Ihre Lippen öffneten sich, ihre Nasenlöcher bebten leicht. Sie erinnerte mich an ein schönes Vollblutpferd, das Feuer witterte.

»Marina, sie wissen Bescheid«, sagte Nora.

Marina zog die Tür zu und schloß ab. »Du kannst nicht zulassen, daß sie es jemandem sagen, Nora«, antwortete sie. »Das wäre das Aus für dich und deine Zeitschrift. Alles, wofür du gearbeitet hast. St. Rome möchte, daß ich das goldene Kleid anziehe. Er hat schon gefragt, wo du bist.«

»Es ist vorbei, Marina.« Nora klang fast erleichtert.

»Nein.« Marina wandte sich an Claire. »Bitte sagen Sie St. Rome nichts davon. Ich habe niemanden umgebracht.«

»Du hattest aber allen Grund dazu«, entgegnete Linda.

Marina drehte sich zu ihr um. »Ist das deine Art, es mir heimzuzahlen? Ihnen einzureden, ich hätte Jackie und Goldie getötet? Das alles ist bloß passiert, weil du so ein Feigling bist. Du hast nicht mal versucht, mich aufzuhalten. Du hättest Cybella sagen können, daß du ihre Tochter bist, aber nein, du wolltest bloß in Selbstmitleid baden und dein schreckliches Leben beklagen. Wenigstens wußtest du, wo deine Mutter war – was ich von mir nicht behaupten kann.«

Es klopfte an der Tür. »Man wartet auf Sie, Sarah.« Es war die Stimme des Friseurs.

»Ich muß mich umziehen.« Sie nahm ein goldenes Paillettenkleid vom Ständer und warf es auf einen freien Stuhl. Sie ließ ihr schwarzes Kleid zu Boden gleiten. Es schmiegte sich um ihre Füße wie ein zerbrochener Schatten.

»Ab wann wußte Cybella, daß Sie nicht ihre Tochter waren?« fragte Claire.

»Sie hat es nie erfahren. Sie ließ mir keine Luft zum Atmen, ließ mich keine Sekunde allein.« Ohne BH, nur mit einer Strumpfhose bekleidet, lehnte sie sich gegen die Ablage und betrachtete ihr Gesicht. Ihre Brüste reckten sich dem Spiegel entgegen, als wollten sie sich selbst bewundern. »Ich wäre am liebsten wieder ausgezogen, aber das konnte ich mir nicht leisten. Ich mußte ja Goldie bezahlen.«

Jemand klopfte gegen die Tür. »Sarah, was machen Sie eigentlich da drin?« Es war wieder der Friseur.

»Ich komme gleich.«

»Weiß St. Rome irgend etwas?« fragte Claire.

»Nein.« Mit geübter Präzision zog Marina mit einem dunklen Stift die kühne Linie nach, die bereits ihre Augen umrahmte. »Er glaubt, ich hätte das Video gemacht, weil ich eine masochistische Spinnerin bin.« Marina warf den

Stift auf die Ablage, nahm eine weiche Bürste und strich sich damit über die Wangen.

»Sarah? Nora? Wir warten.« Es war die Stimme von St. Rome.

Marinas Körper versteifte sich. »Ich komme schon.« Schnell trug sie mit einem kleinen spitzen Pinsel ihren Lippenstift auf, tupfte sich den Mund ab und warf das Kleenex auf den Boden. »Ich verdiene Geld für Nora und St. Rome. Ich habe Cybella glücklich gemacht.«

»Glauben Sie, daß sie sich deswegen umgebracht hat – weil sie so glücklich war?« fragte ich.

»Wir tragen alle Schuld an ihrem Selbstmord«, sagte Nora und sah zu Marina hinüber. »Ich wollte unbedingt glauben, daß du sie glücklich machst, aber das stimmte nicht. Ich konnte es in ihrem Gesicht sehen. Und doch habe ich nichts unternommen, weil ich die Wahrheit über deine wirkliche Identität gar nicht wissen wollte.«

»Ich gebe es ja zu, sie war unglücklich.« Marina nahm das Kleid vom Stuhl und stieg hinein. Die Pailletten schimmerten. »Sie starrte mich immer bloß an. Ich hatte Angst, daß sie sehen könnte, daß ich nicht ihre Tochter bin – daß sie es in meinen Augen sehen könnte. Ich glaube, sie hat mich gehaßt. Aber das war mir egal. Für mich war es leichter, wenn sie mich haßte.« Das Kleid hing lose an ihrem Körper, weil der Reißverschluß noch offen war. Sie drückte es an sich wie ein goldenes Schild, machte einen Schritt zurück und ließ sich ungeschickt in einen Stuhl fallen. Sie wirkte wie betäubt. Ihre langen Beine ragten in den Raum. Ohne Kamera und Scheinwerfer wirkten ihre Schultern knochig, ihre Hände und Füße zu groß. Ihr Körper zu dünn. Ihr Hals zu lang. Ihr Make-up zu dick. Ihre Haarmähne zu wild. Alles an ihr war eine Übertreibung.

»Ich habe mich nächtelang darauf vorbereitet, ihre Tochter zu sein. Ich sah in den Spiegel und versuchte mich an alles zu erinnern, was Linda mir erzählt hatte. Aber wie kann man eine Tochter sein, wenn man nie eine Mutter gehabt hat?« fragte sie mit wehleidiger Stimme.

»Nora? Was geht denn da drinnen vor?« fragte St. Rome in herrischem Ton durch die Tür.

Marina sprang auf. »Ich muß jetzt raus«, flüsterte sie nervös. »Mach mir den Reißverschluß zu, Nora.«

»Es ist vorbei, Marina.«

»Nora, bitte«, flehte sie.

»Die Uhr tickt, Ladies«, drängte St. Rome.

»Nora, bitte, ich habe doch nichts anderes im Leben. Mach mir den Reißverschluß zu.«

»Sarah, Darling!« rief St. Rome im Befehlston.

Sie erstarrte, als hätte die Stimme auf der anderen Seite der Tür sie hypnotisiert. Die goldenen Pailletten schimmerten, als führte das Kleid ein Eigenleben.

»Irgendwo in den Vereinigten Staaten gibt es ein Mädchen, das sich gerade in diesem Moment vor dem Spiegel bewundert und sagt: ›Ich bin genauso hübsch wie Sarah Grange‹«, spottete St. Rome. »Sie kann schon morgen in die Stadt stolzieren. Also beweg endlich deinen Arsch heraus!«

Nora starrte geradeaus. Linda sah auf den Boden. Claire trommelte mit dem Finger auf dem Knauf ihres Gehstocks herum. Der Lapis schimmerte dunkel.

»Sarah!« St. Rome hämmerte gegen die Tür.

»Ich komme!« rief Marina.

Sie lehnte sich vor und schob ihre Brüste zurecht. Ich mußte an die Kleider mit den leeren Bustiers denken, die in Cybellas Schrank warteten. Dann schlüpfte Marina in ein

Paar hochhackiger Schuhe aus Goldsatin. Sie drehte sich zu Linda um. »Mach mir das Kleid zu.«

Linda schüttelte den Kopf.

Sie wandte sich an Nora. »Bitte.«

»Nein, Marina.«

Marina drehte mir den Rücken zu und nahm ihr langes dunkles Haar hoch. Ihr Körper zitterte. »Helfen Sie mir. Helfen Sie mir.«

Ich zog den Reißverschluß zu.

»Danke.« Tränen liefen ihr übers Gesicht und vermischten sich mit dem schwarzen Eyeliner.

St. Rome klopfte.

24

»Beeilen Sie sich, Miss Hill.« Claire eilte durch die *Bonton*-Eingangshalle. Linda rannte hinter uns her.

»Warten Sie einen Augenblick!« schrie sie. »Was ist mit meinem Geld?«

»Ich dachte, wenn wir verstünden, warum das Model bei dem Video mitgemacht hat«, sagte Claire, ohne sie zu beachten, »würden wir auch verstehen, warum die Morde begangen wurden. Aber die Morde haben mit diesem albernen Video überhaupt nichts zu tun.«

»Aber Marina Perry …«

»Es gibt nur eine einzige Person, die diese Morde begangen haben kann. Aber ich brauche Beweise. Die Polizei hat die Frau außer acht gelassen. Ich habe es bis jetzt vermieden, sie zu befragen, aber das kann ich jetzt nicht mehr.«

»Was für eine Frau? Von wem sprechen Sie?« fragte ich.

»Ich will mein Geld!« Linda holte uns am Bentley ein.

»Nein!« fauchte Claire. »Und ich habe jetzt keine Zeit, darüber zu diskutieren.«

»Es gehört mir, oder bin ich immer noch verdächtig?«

»Nein, das sind Sie nicht. Aber die Polizei wird sich mit Ihnen unterhalten wollen, junge Frau. Wenn ich Ihnen das Geld gebe, machen Sie sich aus dem Staub.«

»Wann bekomme ich es dann?« Ihr Auftreten war jetzt wieder tough.

»Wenn der Fall abgeschlossen ist.«

»Marina Perry war es. Damit sollte der Fall eigentlich abgeschlossen sein. Also geben Sie mir jetzt mein Geld.«

»Sie ist nicht die Mörderin.«

»Aber sie hat ein Motiv«, erwiderte ich.

»Was für ein Motiv könnte sie gehabt haben, Jackie an jenem Morgen zu unserem Hotel zu folgen? Wenn sie sie umbringen wollte, hätte sie sie bloß anzurufen brauchen, um an irgendeinem abgelegenen Ort ein Treffen mit ihr zu vereinbaren. Ich melde mich bei Ihnen, Miss Hansen.«

»Bemühen Sie sich nicht, Sie hören von mir.« Sie warf den Kopf zurück und brachte ein süffisantes Lächeln zustande. »Geld ist Macht. Bis bald, Maggie.« Sie drehte sich um und eilte die Madison hinunter. Ihr lässiger Hüftschwung wirkte sexy wie immer. Zwei Männer, die in ein Gespräch vertieft waren, rissen gleichzeitig den Kopf herum und starrten ihr nach. Linda hatte ihr Publikum, ihre eigene Version einer Model-Karriere auf dem Cover von *Bonton.* Zumindest für eine Weile.

»Ich sage das nur ungern«, verkündete ich, während ich es mir in meiner Ecke des Bentley bequem machte, »aber ich glaube allmählich, daß Cybella doch Selbstmord begangen hat.«

»Sie werden sich freuen zu hören, daß eine schöne Frau ausnahmsweise einmal nicht durch eigene Hand ums Leben gekommen ist. Zum Duke Hotel, Boulton.«

Er drehte sich zu ihr um. »Zum Duke, Madam?«

»Sie hat die Tür nicht aufgemacht. Das war es, was mich störte, als wir Goldies Leiche entdeckten.«

»Die schreiende Frau?« fragte ich.

»Sie sitzt allein in ihrem Zimmer, schreit um Hilfe und lauscht auf die Schritte, die diese Hilfe bringen könnten.« Claires Stimme klang konzentriert und präzise, als riefe sie sich einen Traum in Erinnerung. »Und wenn sie Schritte hört, reißt sie die Tür auf, hält sich ihre zerrissenen Sachen vor den nackten Körper und schreit wieder um Hilfe.«

»Daß sie die Tür nicht geöffnet hat, als wir vorbeigingen, heißt noch lange nicht ...«

»Miss Hill, es handelt sich dabei um ein Ritual, einen Zwang. Sie kann gar nicht anders, als um Hilfe zu rufen und die Tür aufzumachen. Aber an dem Nachmittag, als wir Goldies Leiche entdeckten, war irgend etwas stärker als dieser Zwang.«

»Aber was?« fragte Boulton.

»Ist sie eine verläßliche Zeugin?« fragte ich.

»Ich glaube nicht, daß Sie das tun sollten, Madam.«

Aber Claire hatte zu sprechen aufgehört und die Augen geschlossen. Boulton und mir blieb nichts anderes übrig, als uns im Rückspiegel einen besorgten Blick zuzuwerfen.

Zwanzig Minuten später gingen wir die Seitenstraße hinunter, die parallel zum Hotel verlief. An der kleinen Durchgangspassage blieb Claire stehen. »Es wäre mir lieber, wenn wir nicht am Portier vorbei müßten. Mal sehen, ob die Hintertür inzwischen abgeschlossen ist«, sagte sie.

In der Passage vermischte sich der Gestank von Urin und

Müll mit dem Geruch chinesischen Essens. Ich mußte an die Fliegen denken, die über dem dicken roten Fleisch gekreist waren. Claire stützte sich mit ihrem weißen Handschuh auf den Türknauf des Hintereingangs.

»Ich fühle mich nicht in der Lage, sie zu befragen, Miss Hill«, verkündete sie. »Ich möchte, daß Sie das übernehmen. Ich bezweifle, daß die Frau zusammenhängende Sätze sprechen wird, also hören Sie genau auf ihre Worte, und nehmen Sie sie wörtlich. Vermeiden Sie es, Ihre eigenen Gefühle auf sie zu projizieren.«

»Verstehe«, sagte ich.

»Was ich am meisten verabscheue, ist die Zerschlagung jeder Logik, die Zerstörung des Intellekts durch einen einzigen Akt der Gewalt. Ich verabscheue das Chaos. Das Chaos der Hilflosigkeit, der Schwäche. Sie wissen, daß ich für meine und Ihre Familie nichts tun konnte, Boulton.«

»Ich weiß, Madam.«

Sie lehnte sich gegen die Tür. Sie schwang auf; eine abgerissene Kette baumelte vom Türknauf. »Hier sind immer noch die Mieter an der Macht«, kommentierte sie, während wir auf den Gang traten.

Boulton zog leise die Tür hinter sich zu und schob uns langsam in die Dunkelheit des Hotels.

Wir schlichen unter dem schwachen Licht der Deckenbeleuchtung den Gang entlang. Die Frau wimmerte in ihrem Zimmer vor sich hin. Ihre Tür blieb geschlossen. Claire drückte mit ihrem Gehstock dagegen. Die Tür schwang auf und gab den Blick auf die Frau frei, die auf ihrem Bett kauerte, zerrissene Kleider gegen ihren nackten Körper gepreßt. Das Zimmer roch nach ungewaschenem Haar und schmutzigen Laken. Eine Messinglampe, die wie die Flasche eines Flaschengeistes geformt war, warf einen schwachen Lichtschein auf das gequälte Gesicht der Frau. Falten, die so dick waren wie die Krallen eines Vogels, zerrten an ihren farblosen Augen und zerfurchten die Haut an ihrem Kinn und ihrem Hals. Tränen liefen ihr übers Gesicht und über ihre Brüste. Elizabeth Reynolds weinte in wesentlich gepflegterer Isolation.

Claire trat langsam ans Bett und sah auf die Frau hinunter. Die Frau wich zurück und duckte sich. Claires Schultern wurden steif. Ich spürte, wie sich Boulton hinter mir bewegte. Die Frau riß den Arm vors Gesicht, als wolle sie einen imaginären Schlag abwehren. Claire zuckte zusammen und trat einen Schritt zurück.

Da ließ die Frau den Arm sinken. Sie starrte Claire mit Augen an, aus denen das blanke Entsetzen sprach.

»Ich bin gekommen, um Ihnen zu helfen«, sagte Claire mit hohler Stimme.

»Ja?« Die Stimme der Frau klang rauh, aber trotzdem kindlich.

»Ja.« An Claires Oberlippe hatten sich Schweißtropfen gebildet. Ihre Hand auf dem Gehstock zitterte. Sie sah auf die Hand hinunter, bis sie ganz ruhig war.

Die Frau spähte zu Boulton und mir herüber. Ihr Körper begann zu zittern. Sie hob einen geschwollenen Finger und deutete auf Boulton.

»Nein, nein, nein!« schrie sie. »Nicht schlagen!«

»Ist ja gut«, sagte Claire.

Der Mund der Frau schnappte auf wie eine alte, leere Tasche, und sie brach in lautes Kreischen aus. Das kam so überraschend, daß ich erschrocken zusammenzuckte. Im oberen Stockwerk klopfte jemand, aber die Frau kreischte weiter, und einen Moment lang schien es auf der ganzen Welt nichts mehr zu geben als ihren Schrei.

Claire drehte sich zu Boulton um. »Verlassen Sie den Raum.«

»Miss Conrad, ich glaube nicht ...«

»Boulton!«

Er ging hinaus und zog die Tür hinter sich zu. Das Kreischen hörte auf.

Ich atmete aus. Mein Nacken war schweißnaß. Feuchte Haarsträhnen klebten wie nasse Finger an meinem Hals.

»Ich habe Ihnen geholfen«, sagte Claire beschwichtigend. »Er ist weg.«

»Da sind noch andere.« Die Augen der Frau irrten suchend durch den Raum. »Mit ihren Autoscheinwerfern und ihren schweren, schmutzigen Stiefeln.«

»Die sind auch weg.«

»Sie kommen immer wieder zurück. Immer wieder.«

»Sind sie gestern auch zurückgekommen?« Claire umklammerte den Knauf ihres Gehstocks so fest, daß ihre Hand ganz weiß wurde.

»Gestern?«

»Erinnern Sie sich an gestern?«

»Immer wieder. Immer wieder.« Ihre Worte wurden zu einem Wimmern.

»Erinnern Sie sich an Goldie?«

Sie nickte. Claires Blick richtete sich in die Ferne. Wieder war es, als könne sie durch die Frau hindurch in einen anderen Raum sehen, in eine andere Welt. Ich trat auf sie zu. Die Frau hielt bei meiner abrupten Bewegung die Luft an.

»Nein! Nein!« keuchte sie.

»Claire?« murmelte ich.

»Ich kann ihr nicht helfen.« Claire starrte auf die Frau, ohne sie zu sehen.

»Haben Sie Goldie gestern gesehen?« fragte ich die Frau. Die Schweißtropfen glitten über meinen Rücken wie scharfe Fingernägel.

»Autoscheinwerfer, lauter Autoscheinwerfer. Wegen des Lichts kann ich sie nicht sehen. Aber ich sehe ihre Stiefel auf dem Boden. Sie haben gelacht. Einer hat mich am Haar gepackt. Die anderen an den Beinen. Die Scheinwerfer blenden so!«

»Gehen wir«, sagte ich zu Claire. Als sie sich nicht von der Stelle rührte, legte ich den Arm um ihre Schulter und führte sie zur Tür. Ich streckte die Hand nach der Türklinke aus, aber der Knauf ihres Gehstocks stoppte mich.

»Noch nicht, Miss Hill.« Sie drehte sich abrupt um und blickte der Frau ins Gesicht. »Haben Sie gestern auch Scheinwerfer gesehen?« Ihre Stimme klang wieder scharf.

»Immer.«

»Und das Licht hat Sie geblendet?« fragte Claire.

»Sie wollten es so.«

»Damit Sie sie nicht identifizieren konnten?«

»Ja, ja.« Wieder irrten ihre toten Augen suchend durch den Raum. »Schöne junge Männer. Blendendes Licht. Ich wollte doch nur, daß sie mich begehren.«

»Und Goldie? Haben Sie ihn gesehen? Oder gehört?«

»Er stöhnte.«

»Hat er zu stöhnen angefangen, nachdem Sie das Licht gesehen hatten?«

Sie nickte. »Ich hatte Angst. Ich habe meine Tür nicht mehr aufgemacht. Sie werden mit ihren Autoscheinwerfern kommen.« Sie stieß einen weiteren durchdringenden Schrei aus. Dann schlug sie die Hand vor den Mund. Gelbe Nägel krallten sich in ihre Haut. Das Schreien hörte auf. Sie ließ die Hand sinken.

Claire öffnete die Tür und trat auf den Gang hinaus.

»Ich wollte das Gefühl haben, schön zu sein«, sagte die Frau mit einer Kleinmädchenstimme zu mir, während sie versuchte, ihre hängenden Brüste mit den dünnen Fetzen zu bedecken, die von ihren Kleidern und ihrem Schamgefühl übriggeblieben waren.

Sanft zog ich die Tür hinter mir zu.

Boulton wartete an der Treppe auf uns. Sein Gesicht lag im Schatten. Claire ging an ihm vorbei, ohne ein Wort zu sagen.

»Ist Miss Conrad in Ordnung?« fragte er.

»Ich glaube schon.«

»Irgend etwas Neues?«

»Soweit ich es beurteilen kann, nicht.«

Er trat aus dem Schatten. Seine Augen suchten die meinen. »Was ist los, Maggie?«

Ich mußte mich vergewissern, daß zwischen Männern und Frauen alles in Ordnung war. Ich streckte die Hand aus. Er nahm sie.

Die Frau schrie.

25

»Zur Reynolds-Wohnung, Boulton.«

»Wen hat die Frau gesehen, Madam?« fragte er, während er in den Verkehr einfädelte.

»Nicht wen, Boulton. Die Frage ist, was sie gesehen hat. Licht.«

Ich drehte mich zu ihr um. »Sie sieht doch immer Lichter. Die Autoscheinwerfer in ihrem Kopf.«

»Aber gestern hat sie ein Licht gesehen, das nicht in ihrem Kopf war. Es war real, und es hat ihr zwanghaftes Handeln durchbrochen. Ich möchte, daß Sie uns begleiten, Boulton.«

Der Portier im Avenue 8000 saß hinter seiner Granitkonsole und kontrollierte seine Monitore. »Mr. Reynolds und seine Tochter sind beide nicht da«, informierte er Claire.

»Was ist mit Paul Quentin?« fragte sie.

»Erwartet er Sie?«

»Sagen Sie ihm, daß er sich entscheiden kann: Entweder er erwartet mich, oder er erwartet die Polizei.«

Er nahm den Hörer ab und wiederholte diskret Claires Drohung.

Im Aufzug instruierte mich Claire: »Miss Hill, ich möchte, daß Sie den Film aus Alisons Kamera stehlen. Der Kamera, die sie immer in ihrer Leinentasche mit sich herumschleppt. Wenn noch andere nicht entwickelte Filme herumliegen, nehmen sie die auch mit.«

»Sie hat die Tasche doch immer bei sich«, gab ich zu bedenken. »Aber ich werde nachsehen. Allerdings habe ich von Kameras keine Ahnung. Die von Alison ist auf dem neusten Stand der Technik. Wie bekomme ich den Film aus dem Ding heraus?«

»Ich nehme an, es gibt irgendeinen Knopf, auf den man drücken muß.«

»Warum?«

»Weil es immer einen Knopf zum Drücken gibt. Nicht wahr, Boulton?«

»Ja, Madam. Immer.«

»Ich meine, warum soll ich den Film stehlen?«

»Das blendende Licht, Miss Hill.«

Die Fahrstuhltür ging auf, und Paul Quentin stand da, nach unserem Sprint durch den Park wie aus dem Ei gepellt. Er umklammerte krampfhaft ein Glas Scotch. Seine blauen Augen glänzten wie Eis, aber er war trotzdem noch in der Lage, uns mit seinem exquisiten Lächeln zu beglücken.

»Sie hätten mir nicht mit der Polizei zu drohen brauchen. Ich habe keinen Grund, Sie nicht zu empfangen.«

»Sie haben also doch noch ein Taxi gefunden«, sagte ich. »Warum sind Sie davongelaufen?«

»Ich laufe immer davon. Ich möchte ja nicht unhöflich erscheinen, aber das Geld ...?«

»Wir haben es, Mr. Quentin«, informierte ihn Claire. »Wie lange weiß die Familie schon, daß die Frau, die behauptet hat, Sarah Grange zu sein, eine Hochstaplerin ist?«

»Sie hatten keine Ahnung, bis die wahre Sarah - ich glaube, sie nennt sich Linda Hansen – uns gestern darüber informierte. Nur Elizabeth war von Anfang an mißtrauisch. Sie konnte sich nicht erklären, warum sich das Model nie mit uns in Verbindung setzte. Aber Elizabeth ist immer mißtrauisch.«

»Außerdem wollte Mrs. Reynolds, daß ich meine Aufmerksamkeit mehr auf das Model und weniger auf ihre Familie richte. Deswegen hat sie sich mit mir getroffen und mir erzählt, daß das Model Sheridans Tochter sei. Habe ich recht?«

Er lächelte ein unpassendes Lächeln und nahm dann einen weiteren Schluck von seinem Scotch.

Claire stolzierte ins Wohnzimmer und ließ sich ungeduldig in einen der schwarzen Samtsessel fallen. »Wo sind Sheridan Reynolds und Alison?«

»Ich weiß es nicht.«

»Sind sie zusammen weg?«

»Ja.«

»Eine Hochzeit ist viel besser als Erpressung, finden Sie nicht auch?« fragte sie.

»Wovon reden Sie überhaupt?« fragte er zurück.

»Es ist viel respektabler. Auf diese Weise wird sichergestellt, daß alles, was Sie über den Tod von Cybella, Jackie und Goldie wissen, in der Familie bleibt. Das würde Mr. und Mrs. Reynolds gefallen, nicht wahr? Und Ihnen wäre ein Leben in Reichtum garantiert.«

»Ich habe nie einen Hehl daraus gemacht, daß ich an Geld interessiert bin. Aber das bedeutet noch lange nicht, daß ich über diese Todesfälle Bescheid weiß.«

»Erzählen Sie mir von Jackie.«

»Ich habe Ihrer Assistentin bereits alles gesagt, was ich weiß.«

»Jetzt hören Sie mir mal gut zu, Mr. Quentin.« Claires Stimme klang seltsam ruhig und gleichzeitig bedrohlich. »Ich bin eine Frau, die Gewalt verabscheut. Dasselbe gilt für Miss Hill. Aber Boulton hat eine teuflische Ader. Lassen Sie sich nicht durch seine zurückhaltende Fassade täuschen. Ich sähe es äußerst ungern, wenn Sie irgendwie zu Schaden kämen.«

»Wollen Sie mir drohen?«

»Mit körperlicher Gewalt. Ja.«

Sein Blick richtete sich auf Boulton. »Ich selbst bin auch ein Mensch, der Gewalt verabscheut.« Er nippte an seinem Drink, lauschte einen Moment in Richtung Fenster und starrte in den Himmel hinaus. »Ich war ganz besessen von Jackie. Ich konnte nicht genug von ihr bekommen. Anfangs traf ich sie im Duke, aber die Umgebung gefiel mir nicht. Also begannen wir uns in eleganten Hotelzimmern zu treffen. Sie war auf eine so exquisite Weise billig. So vollendet gewöhnlich. Ich liebte es, sie in solchen Räumen zu beobachten. Der Kontrast faszinierte mich. Sie machte alles, was ich wollte. Alles.« Er drehte sich zu uns um. »Ich habe sie vergöttert. Ich habe sie nicht umgebracht. Und ich habe dafür gesorgt, daß ich am Ende als Gewinner dastehen werde, egal, was in dieser Familie passiert. Selbst dann, wenn nur Elizabeth Reynolds und ich übrigbleiben.«

»Wie eine Küchenschabe«, sagte ich.

»Alison wußte von Jackie, nicht wahr? Sie wußte von den Hotelzimmern.« Claire erhob sich und begann, nervös auf- und abzugehen.

»Möglich, daß ich ihr mal davon erzählt habe.«

»Sie ist Jackie gefolgt. Sie dachte, Jackie wolle sich im Parkfaire mit Ihnen treffen. Aber dem war nicht so«, stellte Claire fest.

»Da müssen Sie Alison schon selbst fragen«, erwiderte Quentin steif.

Sie blieb stehen und fragte: »Wo ist ihre Dunkelkammer?«

Er zögerte. »Warum?«

»Sagen Sie es ihr«, warnte Boulton.

»Den Gang entlang die zweite Tür links.«

Claire nickte mir zu, und ich eilte den Gang entlang. Die Dunkelkammer wirkte so sauber und einladend wie ein Operationssaal. Ich wühlte durch Schränke und Schubladen. Doch ich fand weder die Tasche noch irgendwelche Kameras. Ich lief weiter auf dem Gang und riß Türen auf: ein Arbeitszimmer, das Schlafzimmer eines Mannes, ein Bad. Ein dunkler, muffiger Raum, in dem das Bett und die Sessel mit Tüchern abgedeckt waren. Schätzungsweise Elizabeth Reynolds' Zimmer. Ein hellblau gehaltenes Schlafzimmer mit einer offenen Schuhschachtel auf dem Bett. Weiße Wildlederschuhe mit hohen Absätzen schmiegten sich in weißes Seidenpapier. Schuhe, die zu einem Hochzeitskleid paßten. Die Leinentasche lag neben der Kommode auf dem Boden. Ich nahm die Kamera heraus. Kameras konnte ich nicht ausstehen. Leute, die immer lächelten. Sogar, wenn sie unglücklich waren. Festgehaltene Momente. Lächeln, selbst wenn man gerade einen schrecklichen Urlaub verlebt. Lächeln, und dann ab zur Scheidungsverhandlung. Lächeln ... meine Finger rutschten ab und betätigten einen Knopf. Der Blitz ging direkt in meine Augen. Ich erstarrte. Ich konnte nichts mehr sehen. Goldene Kreise tanzten vor meinen Augen. Verzweiflung stieg in mir hoch. Ich steckte die Kamera zurück und brachte die Tasche zu Claire hinaus.

»Die Richtung, in die sich dieser Fall entwickelt, gefällt mir nicht. Was, glauben Sie, werden Sie auf diesem Film sehen?« Ich reichte ihr die Tasche.

»Die Frau aus dem Duke Hotel. Autoscheinwerfer können einen momentan blenden, Miss Hill. Genau wie ein Blitzlicht. Die Art von plötzlichem, blendendem Licht, wie es aus einer Kamera kommt. Es war eine instinktive Abwehrreaktion. Damit die Frau niemanden identifizieren konnte. Habe ich nicht recht, Mr. Quentin?«

»Woher soll ich das wissen?«

»Was passiert, wenn Sie diesen Film entwickeln lassen, und es ist nichts darauf außer Kaminschloten und Türangeln?« fragte ich.

»Ich glaube nicht, daß das der Fall sein wird. Was meinen Sie, Mr. Quentin?«

Er gab ihr keine Antwort. Er befand sich gerade in der Phase zwischen zwei Lächeln. Kein schöner Anblick. Sie reichte Boulton die Tasche. »Benutzen Sie ihre Dunkelkammer. Wie lange wird es dauern, bis Sie den Film entwickelt haben?«

»Eine halbe Stunde, höchstens vierzig Minuten.«

Claire betrachtete nachdenklich die Tasche. Die Falten um ihren Mund vertieften sich. »Warten Sie einen Moment, Boulton. Hat Alison diese Tasche sonst nicht immer bei sich?« fragte sie Quentin.

»Ich schätze, sie hat sie vergessen. Warum?«

»Wo ist sie? Wo sind die beiden hin?« drängte sie.

»Ich habe es Ihnen doch schon gesagt, sie ist mit ihrem Vater weg. Mehr weiß ich nicht.«

»Sie haben hier gewartet, einen Drink in der Hand. Sie haben vorhin gesagt: selbst dann, wenn nur Sie und Elizabeth Reynolds übrigbleiben. Worauf warten Sie?«

»Darauf, daß Sheridan und Alison zurückkommen.« Die Hand mit dem Drink zitterte. Eiswürfel klirrten.

»Da bin ich anderer Meinung. Ich glaube, Sie hoffen, daß sie nicht zurückkommen. Brechen Sie ihm die Finger, Boulton.«

»Sind Sie verrückt!« Quentin wich zurück und ließ das Glas fallen. Es zerbarst auf dem Steinboden wie ein kleiner Stern, der mit der Erde kollidierte. Boulton packte ihn am Arm. Bevor er seine Finger auch nur zu fassen bekam, gaben Quentins Knie nach.

»Sie sind zu Cybellas Haus gefahren. Sheridan wollte ihre Wohnung ein letztes Mal sehen«, wimmerte er. »Jedenfalls hat er das zu mir gesagt.«

»Das ist jetzt sehr wichtig, Miss Hill. Ich möchte, daß Sie in die Wohnung am Bedford Place fahren. Halten Sie die beiden dort fest, falls wir nicht schon zu spät kommen. Warten Sie, bis ich Sie anrufe.«

»Seien Sie vorsichtig, Maggie«, warnte Boulton. »Denken Sie daran, daß er eine Waffe hat.«

»Was Alison angeht, irren Sie sich«, sagte ich.

»Ich irre mich nie, Miss Hill«, antwortete sie traurig.

26

Während ich auf dem Rücksitz eines Taxis die Park Avenue hinunterbrauste, mußte ich daran denken, wie Alison mich photographiert hatte.

Nicht bewegen, Maggie.

Lächeln, Maggie.

Teure Wohnhäuser wurden von teuren Bürogebäuden abgelöst.

Alison war kreativ. Sie hatte eine Chance zu überleben, eine Chance, etwas anderes zu sein als eine zornige Frau, eine arme, verzweifelte, zurückgewiesene Frau. Eine Frau, die wartete. Eine Frau, die tötete. Claire mußte sich einfach irren.

Als ich aus dem Taxi stieg, blies der kalte Frühlingswind einfach durch mich hindurch, als spielte meine Existenz überhaupt keine Rolle.

Der Türriegel klickte, und wieder einmal schob ich die Tür zu Cybellas Wohnung auf. Bevor ich hineinging, lauschte ich. Keine Geräusche. Ich nahm den Revolver aus der Tasche, ging leise hinein und schloß die Tür. Im Wohnzimmer deutete nichts darauf hin, daß Besucher dagewesen waren. In Marinas Zimmer lagen immer noch die schmutzigen Gesichtsschwämmchen auf dem Boden herum. Ihre Sachen aus einem anderen Leben hingen wohlbehütet im

Schrank. Als nächstes ging ich zu Cybellas Schlafzimmer hinüber. Vor der Tür blieb ich einen Moment stehen, um noch einmal zu lauschen, ob etwas zu hören war. Dann schob ich die Tür mit Schwung auf. Sie krachte mit einem lauten Knall gegen die Wand. Der Luftzug wehte die Rüschen der Leinenkissen hoch. Aber das war auch die einzige Reaktion auf meinen großen Auftritt. Ich ging zum Badezimmer hinüber und spähte hinein. Die Wände und die Badewanne waren aus hautfarbenem Marmor.

Vielleicht waren Sheridan und Alison schon wieder weg. Vielleicht kamen sie gar nicht. Ich setzte mich auf den Drehstuhl vor dem Frisiertisch und wartete. Ich betrachtete mich im Spiegel, wie ich mit der Waffe in der Hand dasaß. Ich hielt die Waffe, als wüßte ich beinahe, was ich da tat, aber meine Augen und mein Mund hatten einen belustigten, ironischen Ausdruck angenommen, als würde ich gleich eine komische Geschichte erzählen. Die Stille ächzte. Ich wartete. Die Stille ächzte ein bißchen lauter. Eine Tür wurde geöffnet und wieder geschlossen.

Schwere Schritte.

Rasch schlüpfte ich ins Bad und bezog hinter der halb geöffneten Tür Stellung.

Sheridan Reynolds kam ins Zimmer. Er sah aus wie ein Mann, der gerade über den Rand einer Klippe späht. Er zog seinen Mantel aus, warf ihn auf einen Stuhl und starrte auf Cybellas Bett hinunter. Zärtlich berührte er die seidige Damastdecke. Seine Finger krallten sich in den Stoff. Langsam zog er die Decke zu sich hin, als ziehe er gerade Cybella in seine Arme. Er vergrub sein Gesicht in der Decke und sank auf die Knie. Er streichelte das Bett so hingebungsvoll, als würde er ihren nackten Körper streicheln. Sein Mund öffnete sich, und er stieß einen tiefen, trockenen Seufzer aus.

Immer noch kniend, lehnte er sich gegen das Bettende und weinte.

Wieder fühlte ich mich in Gegenwart eines weinenden Mannes höchst unbehaglich. Wenn ein Mann weint, klingt das, als würden unsere Väter die Kontrolle verlieren. Es klingt, als würde die Welt auseinanderbrechen. Am liebsten wäre ich geblieben, wo ich war. Ich wollte ihn mit seinem Schmerz und seinem Verlust allein lassen. Aber dann erschien Alison in der Tür, die Arme vor der Brust verschränkt, die Lippen fest aufeinandergepreßt. Sie beobachtete ihren Vater, und aus ihren Augen sprachen Bitterkeit und verletzter Stolz. Sie sah in diesem Moment aus wie ihre Mutter. Ich betrat den Raum, den Revolver fest umklammert.

»Claire Conrad möchte Sie beide sehen«, verkündete ich.

Sheridan fuhr hoch und starrte mich an. Seine Augen waren vom Weinen ganz rot. Alison rührte sich nicht von der Stelle.

»Was haben Sie hier zu suchen?« brachte ihr Vater schließlich heraus.

»Wir drei werden hier auf Claire warten«, antwortete ich. »Setzen Sie sich aufs Fußende des Bettes, Alison.« Sie kam meiner Aufforderung sofort nach.

»Nehmen Sie den Revolver aus Ihrer Tasche und legen Sie ihn auf den Boden«, sagte ich zu Sheridan.

»Ich habe keine Waffe bei mir.«

»Gestern abend hatten Sie eine.«

»Schon möglich, aber jetzt habe ich keine.«

»Dann ziehen Sie Ihr Jackett aus.«

»Nein, das tue ich nicht. Erschießen Sie mich jetzt? Und Alison auch?«

»Wenn Sie Schwierigkeiten machen, werde ich Ihnen in

den Arm oder ins Bein schießen. Dann werde ich den Notarzt rufen müssen, und der ruft die Polizei. Wollen Sie nicht lieber mit Claire Conrad sprechen? Und jetzt ziehen Sie Ihr Jackett aus und lassen Sie es auf den Boden fallen. Langsam.«

Endlich folgte er meiner Aufforderung .

»Setzen Sie sich aufs Fußende des Bettes.«

Langsam setzte er sich hin. Ich griff nach dem Jackett und zog es zu mir herüber. Der Revolver steckte in der rechten Jackentasche.

»Sie müssen mir glauben, Cybellas Tod war ein Unfall«, sagte er. Seine Hand streichelte sanft über die Bettdecke. »O Gott. Ich dachte, ich könnte das regeln, mich um alles kümmern.« Er stand auf.

»Setzen Sie sich wieder hin.«

»Ich möchte mir nur das Gesicht waschen.«

Alison noch immer im Blickfeld, stand ich im Türrahmen des Badezimmers. Er machte ein Handtuch naß und vergrub sein Gesicht darin. Seine Schultern zuckten. »Ich hatte nie die Chance, angemessen um Cybella zu trauern.«

Ich hätte mehr für ihn empfunden, wenn er das Wort ›angemessen‹ weggelassen hätte. Das klang so selbstgerecht. Er kam aus dem Bad, das Handtuch um den Nacken.

»Setzen Sie sich wieder auf das Bett«, befahl ich.

»Lassen Sie mich mit meinem Vater gehen«, sagte Alison schließlich.

Das Telefon klingelte. Sheridan sprang auf.

»Hinsetzen!« rief ich und nahm den Hörer ab.

»Miss Hill?« Es war Claire. »Ich habe hier ein Photo in der Hand, das die schreiende Frau zeigt. Sind die beiden bei Ihnen?«

»Ja.«

»Wir sind unterwegs.«

Ich legte auf.

»Das ist ja lächerlich! Sie haben kein Recht, uns hier festzuhalten. Für wen hält sich diese Claire Conrad eigentlich?«

Ich hörte ihm gar nicht zu. Mich interessierte nur, was Alison zu sagen hatte. »Was für eine Verschwendung! Denken Sie an Ihr Talent! Ihre ganzen Hoffnungen!«

»Hoffnungen?« Die haselnußbraunen Augen blinzelten.

»Erzählen Sie mir von Cybella. Sie erinnern sich doch an Ihre Muse?«

»Du sagst kein Wort, Alison«, warnte ihr Vater.

Ihre Augen verloren ihren wachen Ausdruck. Sie hatte plötzlich den Blick eines mißhandelten Kindes – den Blick, der sagt: Ich bin nicht mehr Teil dieses Augenblicks, dieser Situation. Ich bin in meiner eigenen Welt, wo mich niemand berühren oder verletzen kann. »Ich habe sie über das Geländer gestoßen.«

»Lassen Sie uns gehen«, sagte er. »Bitte.«

»Ich habe hinuntergesehen«, fuhr Alison fort, ohne auf seine Worte zu achten. »Ich sah, wie alle Portiers auf sie zurannten. Dann bin ich mit dem Aufzug nach unten gefahren. Es herrschte ein solcher Tumult, daß niemand bemerkte, wie ich einfach hinausspazierte. Ich wünschte, jemand hätte mich gesehen.«

»Überlassen Sie die Sache mir. Ich werde mich um alles kümmern«, bat Sheridan.

»Wie Sie sich um all Ihre Frauen gekümmert haben?« fragte ich.

Er sprang auf und schlug mir mit dem Handtuch ins Gesicht. Das schwere, nasse Ende traf mich wie eine Peitsche unter dem rechten Auge. Er holte noch einmal aus. Ich riß den Arm hoch, um ihn abzuwehren. Dabei fiel mir der Revolver aus der Hand. Das Handtuch traf mich am Hals. Sheridan beugte sich hinunter und versuchte, in seine Jackettasche zu greifen. Ich trat nach ihm. Er richtete sich auf und schleuderte mir sein Jackett gegen den Kopf. Der Revolver in seiner Tasche traf mich mit voller Wucht. Alisons kleines, zartes Gesicht schien zu erstarren. Er holte noch einmal aus. Meine Knie gaben nach. Seinem Schlag nach zu urteilen, mußte sich Sheridan als Sportler früher großer Beliebtheit erfreut haben. Der weiße Teppich wurde schwarz.

27

Ich öffnete die Augen. Die Dunkelheit drehte sich. Ich schloß die Augen wieder. Alles war still. Kein entfernter Straßenlärm, keine Autohupen, die ihr einstimmiges langes *fuck you* in die Luft trompeteten. Zu still. Mir fehlten diese Hupen. Ich öffnete die Augen. Mein Magen drehte sich. Mein Mund war trocken. Ich leckte mir über die Lippen. Schmerz durchzuckte meinen rechten Backenknochen. Ich fuhr mir mit der Hand übers Gesicht. Die rechte Seite war geschwollen. Kein Grund zur Sorge. Immerhin konnte ich meine Arme bewegen. Und meine Beine? Vielleicht. Ich lag flach auf dem Rücken. Das Bett war weich. Würden meine Beine mich tragen, wenn ich mich hinstellte? Das war die Frage. Was für ein Bett überhaupt? Das von Cybella? Ich setzte mich langsam auf. Die Dunkelheit schwankte. Ich stellte die Füße auf den Boden. Kein Teppich. Also nicht Cybellas Bett. Ich saß da und hechelte wie ein Hund, während ich versuchte, meinen Magen unten und meinen Körper aufrecht zu halten.

Irgendwo in der Schwärze öffnete sich eine Tür. Licht bahnte sich einen Weg direkt auf mich zu. Alison ging auf dem Lichtstrahl entlang wie ein Engel auf einem goldenen Hochseil.

»Maggie?«

Ich blickte den goldenen Pfad hinunter und sah ihren Vater im Nachbarzimmer an einem Schreibtisch sitzen. Männer sitzen immer an ihrem Schreibtisch. Rom brennt. Maggie stirbt. Die Männer sitzen an ihrem Schreibtisch.

Alison sah auf mich herunter, ging dann zur Tür zurück und schloß sie. Wir waren in Dunkelheit getaucht. Panik stieg in mir hoch.

»Schließen Sie die Augen, Maggie, ich mache jetzt das Licht an«, sagte sie.

Das würde ich ganz bestimmt nicht tun. Ich riß sie weit auf. Licht durchflutete den Raum. Ich konnte nichts mehr sehen. Meine Augen schlossen sich ganz von selbst.

»Sind Sie in Ordnung?« fragte Alison.

Ich versuchte, nicht in den Abgrund zu stürzen, sondern auf der Bettkante das Gleichgewicht zu halten. Dann öffnete ich die Augen. Ich blinzelte, bis ich mich an das Licht gewöhnt hatte. Mein rechtes Auge schmerzte.

Alison saß mir gegenüber auf einem Stuhl. Ihr schmales Gesicht wirkte bleich und mitgenommen. Ihre Augen dagegen hatten einen beunruhigenden Glanz. Das mißhandelte Kind war verschwunden. »Ich möchte mit Ihnen reden.«

Ich sah mir den Raum näher an. Die Wände waren mit einer Art von Efeudruck tapeziert. Auf dem dunklen Plankenboden lag ein rot-grün gemusterter Teppich. Auf dem

Bett türmten sich ein Federbett und mehrere Kissen. Alisons Stuhl war mit einem grünen Karostoff bezogen. Nichts paßte wirklich zusammen, aber der Gesamteindruck war perfekt. Ein weiteres teuer eingerichtetes Zimmer.

»Wo bin ich?«

»In unserem Landhaus.«

»Irgendein bestimmtes Land?«

»In der Nähe von Greenwich. Das hier ist mein Schlafzimmer.«

»Wie spät ist es?«

»Gegen sieben.«

»Sieben Uhr abends?«

Sie nickte und zog die Beine an. Wie ein Mädchen, das sich für einen langen Plausch mit einer Freundin bereitmacht. »Ich möchte, daß Sie verstehen, was ich getan habe. Ihre Meinung ist mir sehr wichtig.«

»Haben Sie mich deswegen hierhergebracht? Alison, ich weiß nicht, wie ich aussehe, aber ich wette, ich bin kein schöner Anblick.«

»Es tut mir leid, Maggie. Mein Vater war völlig verzweifelt.« Sie schob einen Schildpattkamm zurecht, der ihr widerspenstiges Haar zurückhielt. Dann streckte sie die Beine wieder aus, öffnete eine Schranktür und zog einen rosa Pulli heraus, den sie sich über die Schultern warf.

»Ist Ihnen warm genug?«

»Ja.«

Als ich meinen Blick ein zweites Mal durch den Raum schweifen ließ, galt mein Interesse nicht der Einrichtung, sondern möglichen Fluchtrouten. Es gab ein großes Fenster. Neben der Schlafzimmertür entdeckte ich zwei weitere geschlossene Türen. Ich nahm an, daß die eine in einen Schrank, die andere in ein Badezimmer führte.

Alison ging zu ihrem Stuhl zurück und setzte sich wieder. »Paul erzählte mir immer von Jackie. Er erzählte mir, wie gern er ihr zusah, wie gern er mit ihr in verschiedene Hotels ging. Es machte ihm Spaß, mir von ihr zu erzählen.«

Sie sprang abrupt auf, als hätte jemand ihren Namen gerufen, und begann, ruhelos im Zimmer auf- und abzugehen. Mit dem rosa Pulli um die Schultern wirkte sie wie eine Sechzehnjährige, die auf einen Anruf wartet. Sie sah so aus, wie jede Mutter sich ihre Tochter wünschen würde.

»Der Schmerz meiner Mutter duldete keinen anderen Schmerz neben sich. Wenn ich weinte, weinte sie auch. Ihre Tränen waren stärker als meine. Eines Tages hörte ich einfach zu weinen auf. Ich hörte auf zu fühlen. Dann fing ich an, Jackie und Paul zu folgen. Und ich begann wieder etwas zu fühlen. Wut.«

»Haben Sie den Mord an Jackie geplant, bevor oder nachdem Sie Cybella umgebracht haben?«

Ihr Kopf flog zurück, als hätte ich ihr ins Gesicht geschlagen. Sie selbst sah sich noch immer nicht als Mörderin. Sie war nur eine Tochter, die versuchte, ihre Probleme mit ihrer Mutter zu lösen.

»Danach.« Ihre Stimme war nur ein Flüstern.

»Daß Sie Cybella getötet hatten, machte es leichter, Jackie zu töten, nicht wahr?«

Sie konnte mir nicht antworten; stattdessen sagte sie: »Maggie, ich habe Cybella erzählt, daß ich mir früher in der Bibliothek immer ihre Photos angesehen habe. Sie legte die Arme um mich; ich kann mich nicht daran erinnern, daß meine Mutter mich je so umarmt hätte. Ich war völlig durcheinander. Ich sagte schreckliche Dinge zu ihr und rannte ins Treppenhaus hinaus. Sie folgte mir.«

Sie nahm ein silbergerahmtes Photo von ihrer Kommode und reichte es mir.

»Mein erstes wirklich gutes Photo.«

Eine junge, fast schon hübsche Elizabeth Reynolds stand neben einem jungen, gutaussehenden Sheridan Reynolds. Ihr Lächeln wirkte argwöhnisch, ihr Blick war auf ihren Mann geheftet. Er sah in eine andere Richtung, als hätte gerade irgend etwas Schönes seine Aufmerksamkeit erregt.

»Wie alt waren Sie, als Sie das Photo gemacht haben?« fragte ich.

»Zehn.«

Sie stellte das Photo zurück. »Mir gefällt die Komposition des Bildes. Schon damals wußte ich, wie wichtig der Raum und die Abstände zwischen den Dingen sind.« Ihre Augen suchten in meinem Gesicht nach irgendeiner Art von Anerkennung. »Ihnen haben meine Photos gefallen, nicht wahr, Maggie?«

»Ja.«

»Ich weiß, daß meiner Arbeit noch der letzte Schliff fehlt. Aber je mehr ich photographiere, desto besser ...« Sie hielt inne.

Wir starrten uns gegenseitig an. »Ihre Arbeit wird nicht besser werden. Sie werden nie den Schliff bekommen, den erst die jahrelange Erfahrung bringt.« Meine Stimme klang wütend.

»Ich weiß, Maggie. Ich habe versucht, Ihnen genau das zu sagen.«

Die Tür ging auf, und Sheridan Reynolds stand vor uns. Er hatte einen Revolver in der Hand.

»Claire Conrad wird nach ihr suchen, Alison. Wir haben nicht viel Zeit.« Sein Körper lehnte schwer im Türrahmen. Seine Augen sahen aus wie kleine Höhlen.

»Was werden Sie tun?«

»Auf meinem Schreibtisch liegt ein Brief, der unseren Tod erklärt.«

Ich rappelte mich auf. »Tun Sie das nicht.« Ich machte ein paar Schritte auf sie zu. »Sie dürfen das nicht tun!« Er richtete den Revolver auf mich. Ich blieb stehen.

»Es würde mir jetzt nichts mehr ausmachen, Sie umzubringen.« Er sah aus wie ein Mann, der meinte, was er sagte. »Es ist am besten so.«

»Alison, lassen Sie das nicht zu!«

Sie drehte sich um und sah mich an. Ihre Augen hatten zu glänzen aufgehört. Sheridan betrachtete sie mit einer Mischung aus Liebe und Bedauern. Mir wurde kalt bei dem Gedanken, daß er seine Frau und seine Geliebte wahrscheinlich genauso angesehen hatte.

»Leben Sie wohl, Maggie«, sagte sie.

»Warten Sie. Bitte, tun Sie es nicht!«

Er führte sie hinaus, die väterliche Hand zärtlich gegen ihren rosa Pulli gedrückt. Ich hörte, wie die Tür abgeschlossen und dann etwas Schweres dagegengeschoben wurde.

Immer noch wackelig auf den Beinen, ging ich zu dem großen Fenster hinüber. Ich zog die Vorhänge auf und spähte hinaus. Der Mond sandte einen kaltherzigen Blick über schwarze Baumwipfel. Das Fenster klemmte entweder, oder es war von außen verriegelt. Ich rüttelte noch einmal daran. Nichts. Ich nahm eine schwere Messinglampe vom Nachttisch und schwang ihren Fuß gegen das Glas. Es krachte; das Fenster hatte einen Sprung. Ich holte noch einmal aus. Das Glas splitterte. Ich klopfte die scharfen Ecken weg und lehnte mich nach draußen. Kalte Luft schlug mir entgegen. Ich befand mich im ersten Stock, etwa fünf Meter über dem Boden. Auf dieser Seite des Haus gab es weder ein Spalier noch geeignete Äste. Die einzige Möglichkeit war ein Sprung, bei dem ich mir vielleicht nur ein Bein und einen Ellbogen brechen würde. Wenn ich Glück hatte.

Eine der geschlossenen Türen führte in einen begehbaren Schrank, die andere ins Badezimmer. Ich fand den Lichtschalter. Keine Fenster, nur mein Bild im Spiegel.

Meine linke Schläfe war blutverkrustet. Unter dem rechten Auge, wo er mich mit dem Handtuch erwischt hatte, hatte sich ein Bluterguß gebildet. Keine Frau sollte so aussehen. Ich drehte das Wasser auf und kühlte mir damit das Gesicht. Dann lehnte ich mich über das Waschbecken und ließ das Wasser von mir abtropfen. Meine Hände umklammerten die Rundung des weißen Porzellanbeckens. Ich wartete. Nichts. Kein Schuß, nur mein Atem. Ich wartete, bis schließlich ein Schuß die Stille zerriß. Der erste Schuß. Jetzt würde es ein paar Sekunden dauern. Vielleicht sogar Minuten. Er würde sie sich erst einmal ansehen müssen. Er würde um den Verlust weinen müssen – um das, was hätte sein können. Ich drehte noch einmal das Wasser auf und klatschte es mir ins Gesicht. Er mußte sich den Revolver an den Kopf oder Hals halten, oder ans Herz. Er würde an den Schmerz denken müssen. Seine Hand würde zittern. Er wollte nicht zusammenzucken; er wollte sich nicht bloß verletzen. Ich drehte den Wasserhahn zu und sah in den Spiegel. Meine Augen waren vor Angst geweitet. Es kam kein zweiter Schuß. Er konnte es nicht. Es war leichter, jemand anderen zu töten, sogar die eigene Tochter, als sich selbst. Er war ein Mann, der alles regeln konnte, ein Mann, der alle seine Frauen sicher verstaut hatte. Er war ein Mann mit einer Waffe in der Hand. Und ich war eine weitere Frau.

Irgendwo im Haus wurde eine Tür geöffnet und wieder geschlossen. Ich schaltete das Licht im Bad aus. Schwere Schritte auf der Treppe. Ich schlich quer durch das Schlafzimmer, packte die Lampe, mit der ich das Fenster eingeschlagen hatte, und schaltete das Deckenlicht aus. Ich wartete neben der Schlafzimmertür, wo die Schritte haltmachten, und hielt die Lampe wie einen Baseballschläger. Das schwere Möbelstück wurde von der Tür weggezogen. Ich hatte einen einzigen Schlag. Eine einzige Chance.

Der Schlüssel drehte sich im Schloß. Die Tür ging langsam auf. Er machte einen Schritt ins Zimmer. Ich holte aus. Sein Arm schoß hoch. Die Lampe wurde mir aus der Hand geschlagen. Das Gewicht seines Körpers drückte mich gegen die Wand. Seine freie Hand legte sich um meinen Hals. Er drückte zu. Keine Luft. Ich versuchte, nach ihm zu treten. Keine Luft. Er schob sein Bein zwischen meine Beine. »Maggie.« Er löste seinen Griff. »Jesus Christus, Boulton.«

28

Claire saß auf der Kante von Sheridan Reynolds' Schreibtisch und ging seine Papiere durch.

»Sie sehen schrecklich aus, Miss Hill.«

»Danke.«

»Mr. Reynolds hat eine Nachricht hinterlassen, die besagt, daß er und seine Tochter Selbstmord begehen wollen.«

»Ich habe nur einen Schuß gehört. Er kam von draußen, nicht weit vom Haus entfernt.«

Ihre scharfen Augen fixierten mich einen Augenblick.

Dann verließ sie eilig den Raum. Boulton und ich folgten ihr ein paar Treppen hinunter in eine große, im Kolonialstil eingerichtete Eingangshalle. An den Wänden hingen lauter Bilder von Stockenten.

Das Licht am Hauseingang beleuchtete eine gemauerte Treppe und einen Teil der gekiesten Auffahrt. Der Bentley war schräg geparkt. Im Wagen entdeckte ich die dunkle Gestalt eines Mannes.

»Wer ist das?« fragte ich.

»Paul Quentin«, antwortete Boulton. »Mit Handschellen ans Lenkrad gekettet.«

»Er hat uns nur äußerst widerwillig hergelotst«, erklärte Claire.

Ich konnte sehen, wie unser Atem durch die kalte Nachtluft wirbelte. Es war, als wollten unsere Seelen entfliehen, als könnten sie das alles nicht länger ertragen. Ich starrte zu Quentin hinüber. Er schien sich im Bentley recht wohl zu fühlen – endlich in der richtigen Kiste.

»Hier, Maggie.« Boulton reichte mir meinen Revolver. »Wir haben ihn in Cybellas Schlafzimmer gefunden.«

»Können Sie sagen, aus welcher Richtung der Schuß kam?« fragte Claire.

»Nein. Aber aus nicht allzu großer Entfernung vom Haus.«

Der Mond folgte uns wie ein unnahbarer Geliebter, als wir zur Rückseite des Hauses gingen. Boulton hielt eine Taschenlampe, die er aus dem Wagen mitgenommen hatte. Wir kamen zu einer großen Terrasse, von der man auf einen Tennisplatz und einen Swimmingpool hinuntersah. Boulton richtete den Strahl seiner Taschenlampe auf den Pool. Ein paar leere Liegestühle warteten auf den Sommer; sie sahen aus wie eine Gruppe alter Männer, die sich erschöpft zurückgelehnt hatten. Wir gingen zum Tennisplatz hinüber. Der schmale Strahl der Taschenlampe wanderte über den Platz. In einer Ecke war Laub aufgehäuft. Es gab kein Netz. Auf der anderen Seite des Tennisplatzes stand eine Gruppe von Bäumen. Wir steuerten auf sie zu.

Genau dort, wo der angelegte Garten endete und der Wald begann, fanden wir Sheridan Reynolds. Der Mond wirkte inzwischen noch weiter entfernt, als versuche er, die Distanz zwischen sich und dem im Gras knienden Mann zu vergrößern. Das Licht der Taschenlampe fiel auf sein erhobenes, verzweifeltes Gesicht.

»Ich konnte es nicht. Alison stand da und wartete. Ich riß den Revolver hoch und feuerte in die Luft. Ich war nicht einmal in der Lage, ihn auf mich selbst zu richten.« Der Lichtkreis glitt von seinem Gesicht und huschte über den Boden neben ihm.

»Wo ist der Revolver?« fragte Claire.

»Sie hat ihn mir aus der Hand gerissen und ist damit in den Wald gelaufen.«

»Holen Sie Paul Quentin, Boulton. Und alarmieren Sie die Polizei von Greenwich.« Er lief zum Bentley zurück.

Ich starrte auf die dichte Wand aus schwarzen Bäumen. »Haben Sie einen weiteren Schuß gehört?«

Er schüttelte den Kopf und stand auf.

»Was tut sie da draußen?« überlegte ich laut.

»Shadow Hills liegt auf der anderen Seite«, antwortete er.

»Manchmal ist Muttermilch besser als gar nichts – selbst wenn sie größtenteils aus Tränen besteht«, bemerkte Claire mit Blick auf Sheridan. »Ich möchte, daß Sie hier mit Paul Quentin warten, bis die Polizei eintrifft. Dann folgen Sie uns mit der Polizei nach Shadow Hills. Haben Sie mich verstanden, Mr. Reynolds?«

»Ja.«

»Wie kommen wir von hier aus zum Sanatorium?« fragte Claire.

Er beschrieb ihr den Weg. Boulton und Quentin kamen über den Rasen gelaufen. »Sind sie tot?« fragte Quentin. »Sind sie tot?« Er war nicht in der Lage, die Ungeduld in seiner Stimme zu verbergen. Seine Arme waren auf dem Rücken mit Handschellen gefesselt. Als er Sheridan entdeckte, blieb er stehen.

»Oh, Gott sei Dank, du bist in Ordnung«, sagte er; er hatte sich schnell auf die Situation eingestellt. »Sag ihnen, daß sie mir diese Dinger abnehmen sollen.«

»Ich verstehe nicht«, murmelte Alisons Vater. »Er hat doch nichts getan.«

»Er hat einen Mann namens Goldie umgebracht«, entgegnete Claire.

»Goldie?« wiederholte Sheridan den Namen.

»Ich schwöre, daß ich es nicht war. Alisons Photos beweisen, daß ich es nicht war«, stieß Quentin hervor. »Alison hat ihn umgebracht. Sie hat sie alle umgebracht.«

»Mr. Quentin.« Claires Stimme klang ungeduldig. »Sie waren mit Jackie im Duke. Sie wußten von der Hintertür zum Hotel und, was noch wichtiger ist, Sie wußten über die schreiende Frau Bescheid. Wenn Alison vorgehabt hätte, Goldie umzubringen, hätte sie nicht ihre Kamera schußbereit gehabt. Sie schon. Weil Sie wußten, daß die Frau die Tür aufmachen würde.«

»Es war Alison!«

»Boulton!«

Boulton trat hinter Quentin, riß ihm die Ellbogen nach oben und zwang ihn so in die Knie. Quentin schrie auf.

»Hören Sie auf«, verlangte Sheridan schwach.

»Er wird Ihnen die Schultern brechen, Mr. Quentin«, sagte Claire.

Quentin stöhnte. Boulton ließ ihn los. »Goldie glaubte, ich hätte Jackie getötet. Er wollte mich umbringen. Alison hatte die ganze Nacht kein Auge zugetan.« Quentins Atem ging schnell. »Sie kam gestern mit dem Frühzug in die Stadt zurück. Sie wollte Ihnen gestehen, daß sie Cybella und Jackie getötet hatte, aber ihre Eltern ließen es nicht zu. Sie ging in ihr Zimmer und legte sich hin. Ich nahm ihre Kamera und ein Küchenmesser und fuhr zum Duke Hotel.« Er blickte zu Sheridan auf. »Sie hatte schon zwei Menschen umgebracht, in Gottes Namen! Was macht da einer mehr für einen Unterschied?« Seine Lippen zitterten. Ich hoffte, er würde den Rest seines Lebens zwischen zwei Lächeln verbringen müssen; für Paul Quentin war das bestimmt mit dem Fegefeuer gleichzusetzen.

Alisons Vater wandte sich von ihm ab und ging mit den unsicheren Schritten eines alten Mannes auf das Haus zu. Boulton riß Quentin hoch, und wir kehrten zur Vorderseite des Hauses zurück, wo der Bentley stand. Quentin und Sheridan gingen die Stufen zum Haus hinauf. Zwischen zwei Jefferson-Säulen blieben sie stehen.

Wir rasten die Auffahrt hinunter. Die Scheinwerfer des Bentleys zerrissen die Schwärze.

»Erzählen Sie mir, was Alison und ihr Vater Ihnen gesagt haben, Miss Hill«, forderte mich Claire auf.

Während ich sprach, konnte ich ihren Ring gegen den Knauf ihres Gehstocks klopfen hören. Als ich fertig war, hörte auch das Klopfen auf. »Miss Hill?«

»Ja?«

»Ich werde diesen Fall seinen natürlichen Verlauf nehmen lassen.«

»Was heißt das?«

»Es heißt, daß Sie tun sollen, was ich Ihnen jetzt sage.«

Ein paar Minuten später brachte Boulton den Wagen vor dem Tor zum Stehen, das die Auffahrt zum Sanatorium versperrte. Wir stiegen aus und gingen um das Tor herum; zu Fuß konnte man das Gelände ungehindert betreten. Wir folgten einem Fußweg, der eine leichte Anhöhe hinaufführte. Die Landschaft jenseits der Anhöhe war mit kleinen Bungalows übersät. Wir gingen hinunter. Plötzlich sahen wir eine weibliche Gestalt vor uns auf dem Weg knien. Wir blieben stehen. Ich konnte nur erkennen, daß sie langes Haar hatte. Ich ließ die Hand in meine Tasche gleiten und umklammerte meinen Revolver, während wir uns näher an die Frau heranschlichen. Sie kroch auf dem Boden herum und schien verzweifelt nach etwas zu suchen. Als der Strahl von Boultons Taschenlampe sie traf, sprang sie erschrocken auf. Ich erinnerte mich daran, sie schon bei unserem letzten Besuch in Shadow Hills gesehen zu haben. Dünn wie ein Skelett, hatte sie sich trotzig geweigert, ihr kalorienreiches rosa Gebräu zu trinken.

Als wir näherkamen, versteckte sie die Hände hinter dem Rücken. Ich fragte mich, ob wir wohl genauso verzweifelt wirkten wie sie.

»Könnten Sie uns bitte sagen, wo der Bungalow von Mrs. Reynolds ist?« fragte Claire, als hätten wir uns alle beim Sonntagsspaziergang getroffen.

»Was habt ihr hier draußen zu suchen?« flüsterte das Mädchen. »Um diese Zeit solltet ihr doch längst in euren Zimmern sein.«

»Was hast denn *du* hier draußen zu suchen?« gab Claire zurück.

»Ich sammle Steine.« Sie zeigte uns, was sie hinter ihrem

Rücken versteckt hatte: eine Handvoll glatter, flacher Steine. »Ich brauche nur noch ein paar.«

Ich beugte mich hinunter, hob einen Stein auf und reichte ihn ihr. »Wo ist der Bungalow von Mrs. Reynolds?«

»Der ist zu groß. Er wird nicht halten.« Sie drehte das lange blonde Haar über ihrem Totenkopfgesicht zu einem Knoten zusammen. »Ich muß sie in meinem Haar verstecken. Sie wollen mich morgen früh wiegen. Ich sollte doch drei Pfund zunehmen«, sagte sie ängstlich.

Ich fand ein paar kleinere für sie.

»Danke. Sie werden es doch niemandem erzählen?«

»Nicht, wenn du uns sagst, wo Mrs. Reynolds wohnt«, antwortete ich.

»Warum wollen Sie das wissen?«

»Weil ich Privatdetektivin bin«, mischte sich Claire gereizt ein.

»Sie meinen, wie Sherlock Holmes?«

»Man hat mich des öfteren mit ihm verglichen, ja.«

»Ihr Bungalow ist da drüben.«

Wir sahen in die Richtung, in die sie zeigte. Ein kleines Häuschen stand ein Stück von den flachen Hauptgebäuden entfernt.

»Danke«, sagte ich.

»Halten Sie sich auch für Sherlock Holmes?« fragte sie mich.

»Noch schlimmer«, anwortete ich. »Ich halte mich für Dr. Watson.«

Sie nickte mitleidig. Wir ließen sie weitersuchen und steuerten auf den Bungalow zu. Ich nahm meinen Revolver aus der Tasche.

Wir umrundeten die Hauptgebäude und näherten uns dem Bungalow von der Seite. Er war dunkel. Wir schlichen zur Vorderseite des Häuschens. Boulton gab uns mit einer Handbewegung zu verstehen, daß er als erster hineingehen wollte. Ich packte ihn am Handgelenk.

»Laß sie leben«, flüsterte ich.

Seine Augen bohrten sich in meine. »Das hängt ganz von Alison ab.«

Er schlich auf die Tür zu. Ich blieb dicht hinter ihm. Hinter mir folgte Claire. Er drehte den Türknauf, und die Tür ging auf.

Mutter und Tochter saßen auf der Bettkante. Die Reste eines Feuers glühten in einem Steinkamin vor sich hin und tauchten den kleinen, quadratischen Raum in ein schwaches Licht. Alison hatte einen Revolver in der Hand. Elizabeth Reynolds starrte ihn an, als hätte ihre Tochter die falsche Gabel erwischt.

»Lassen Sie die Waffe fallen«, sagte Boulton.

»Das wird sie nicht tun«, antwortete Elizabeth Reynolds. »Sie sind an allem schuld! Tun Sie ihr nichts!«

Claire trat in den Raum. »Hallo, Miss Reynolds.«

Alison starrte sie an. Claire stellte sich neben den Kamin und wärmte sich die Finger, während wir alle mit dem Revolver aufeinander zielten.

»Ich bin völlig durchgefroren.« Sie drehte sich um, um sich den Rücken zu wärmen. Ihr Blick war auf Alison gerichtet. »Eine Weile haben Sie mich an der Nase herumgeführt.«

»Ich glaube nicht, daß ich jemanden an der Nase herumführen wollte«, antwortete sie bloß.

»Mir war durchaus klar, warum Sie Jackie umgebracht haben. Aber ich kam einfach nicht dahinter, woher Sie wußten, daß sie an jenem Morgen vor unserem Hotel stehen würde.«

»Sie hat niemanden umgebracht!« mischte sich Mrs. Reynolds ein.

Claire ignorierte sie. »Das heißt, ich kam nicht dahinter, bis Paul Quentin uns erzählte, daß er sich mit Jackie in verschiedenen Hotels getroffen hatte.«

»Ich bin ihr manchmal gefolgt.«

»Sie sind ihr auch an dem Morgen gefolgt, an dem Sie sie getötet haben.«

»Paul war die ganze Nacht nicht nach Hause gekommen.«

»Und am frühen Morgen sind Sie zum Duke Hotel gefahren.«

»Ja, ich dachte, daß Jackie und Paul die Nacht dort verbracht hatten. Ich wollte ihn zur Rede stellen. Als ich am Hotel ankam, sah ich Jackie gerade weggehen. Sie ist in einen Bus gestiegen. Ich bin auch eingestiegen. Sie kannte mich nicht, also war es mir egal, ob sie mich sah oder nicht. Wir stiegen an der Madison aus, in der Nähe des Parkfaire. Ich beobachtete, wie sie mit Maggie sprach. Ich bin ihnen zum Hotel gefolgt.«

»Sie haben auf der anderen Straßenseite auf einer Kellertreppe gewartet. Warum haben Sie Jackie nicht getötet, bevor Maggie zurückkam, um sie zu holen?«

»Ich war der Meinung, daß Jackie auf Paul wartete. Ich wollte die beiden zusammen sehen. Dann kam Maggie wieder heraus. Ich dachte, Paul hätte sie geschickt. Ich dachte, sie würde Jackie zu Paul hinaufbringen.«

»Es war ein Unfall!« schrie ihre Mutter. »Sie wollte bloß mit ihr reden.«

»Mit einem Küchenmesser in der Tasche?« fragte Claire zornig.

»Als Jackie aus dem Hotel kam, ging sie über die Straße

und kam an der Treppe vorbei.« Alisons Stimme klang ruhig. »Ich ging ein paar Stufen hinauf und sagte, ich wolle mit ihr über Paul reden. Dann habe ich mich einfach umgedreht und bin die Treppe wieder hinuntergegangen, und sie ist mir gefolgt.«

»Und nachdem Sie sie erstochen hatten, haben Sie das Geld aus ihrer Tasche genommen, um den Mord wie einen Raubüberfall aussehen zu lassen, und dabei haben Sie den Zeitungsausschnitt mit meinem Photo gefunden.«

»Ja. Daraufhin habe ich meinen Eltern alles erzählt.«

Ich sah zu Mrs. Reynolds hinüber. »Sie wußten über alles Bescheid?«

»Ich habe versucht, eine gute Mutter zu sein. Ich habe es versucht.« Sie wiegte sich vor und zurück. Eine neue Riege Tränen machte sich bereit.

»Bitte, nicht weinen«, sagte Alison mit matter Stimme und streichelte ihr über die Wange. »Ich wollte mich bloß von dir verabschieden.« Sie stand auf.

»Und jetzt möchte ich nach draußen gehen«, sagte sie. »Lassen Sie mich nach draußen gehen.«

Wimmernd zog sich Elizabeth in eine Ecke ihres Bettes zurück.

»Nein, Alison«, sagte ich.

»Ich werde nicht weglaufen. Es ist besser so.«

»Nein, das ist es nicht.«

»Sonst schieße ich auf Miss Conrad.« Sie sah zu Boulton hinüber. »Dann erschießen Sie mich, nicht wahr?«

»Ja«, antwortete er ruhig.

Elizabeth weinte.

»Lassen Sie sie gehen, Miss Hill«, sagte Claire leise.

»Sie haben kein Recht dazu«, erwiderte ich. »Die Entscheidung liegt nicht bei uns.«

»Die Entscheidung liegt bei mir.« Alison ging langsam hinaus, den Rücken zur Tür. »Leben Sie wohl, Maggie.« Die Tür fiel zu.

Elizabeth Reynolds weinte noch etwas lauter. Ich wirbelte herum und zielte mit meinem Revolver auf sie. »Hören Sie auf! Hören Sie auf!«

Sie verstummte.

»Ich möchte, daß Sie das hören«, schrie ich. »Ich möchte, daß Sie es nie vergessen!«

Sie starrte mich an. Ihr Gesicht war tränenüberströmt. Ihre Lippen zitterten. Ihre glasigen Augen schienen die Welt um sie herum gar nicht mehr wahrzunehmen. Alle schwiegen. Boulton lehnte sich an die Tür und untersuchte die Waffe in seiner Hand. Claire drehte sich um und starrte ins Feuer. Der Schuß aus Alisons Revolver zerriß die Nacht. Elizabeth Reynolds schrie auf.

29

Vier Tage später. Wir hatten gerade unser Frühstück beendet, und ich saß im Parkfaire an meinem Schreibtisch. Claire thronte ganz in Weiß in ihrem Sessel und brütete vor sich hin, während McGuire im Wohnzimmer auf- und abstolzierte. Alvarez lehnte am Kamin und tätschelte seinen Schnurrbart.

Nach Alisons Tod hatten Claire und ich vor dem Bungalow gestanden. Die Patienten von Shadow Hills warteten dicht zusammengedrängt; mit ihren bleichen, angespannten Gesichtern wirkten sie wie eine Ansammlung von Zwangsjacken. Sie sahen zu, wie die Außenwelt mit einem

Wirbel aus Blaulichtern und einer Parade von Polizeiwagen in ihre gequälte Isolation eindrang. Elizabeth Reynolds blieb in ihrem Bungalow, wo sie laut vor sich hin schluchzte. Ein Psychiater hielt ihre Hand. Ich hatte zugesehen, wie die Kripoleute Alisons Leiche in den Krankenwagen luden. Jemand mußte ja dabei zusehen.

Wir hatten den Rest der Nacht und die frühen Morgenstunden damit zugebracht, die Fragen eines gewissen Detective Jacobs vom Greenwich Police Department zu beantworten. Die nächsten drei Tage verbrachten wir damit, mit den Leuten vom New York Police Department zu reden. Paul Quentin, Sheridan Reynolds, Marina Perry, Nora Brown und Linda Hansen geborene Sarah Grange wurden festgenommen und verhört. Quentin war der einzige, der nicht wieder auf freien Fuß gesetzt wurde. Nora und Marina Perry prangten auf den Titelseiten sämtlicher Regenbogenblätter. St. Rome verklagte alles, was sich bewegte.

Jetzt stolzierte McGuire vor uns auf und ab, und Alvarez tätschelte seinen Bart.

»Wo sind sie?« fragte McGuire.

»Meine neuen Handschuhe haben mit diesem Fall nichts zu tun«, antwortete Claire, während sie ihn beobachtete, als wäre er eine Taube auf dem Fensterbrett.

»Hören Sie, Lady, Sie haben uns dieses Video vorenthalten. Dafür will ich jetzt die Handschuhe. Es handelt sich dabei um Beweismaterial.«

»Die Bedeutung des Videos wurde mir erst klar, als ich herausfand, wer die wirkliche Sarah Grange war«, erwiderte sie in selbstgerechtem Ton.

McGuire lehnte sich zu ihr hinüber. »Das ist eine Lüge, und Sie wissen es.«

»Beweisen Sie es.« Sie nahm ihren Elfenbeingehstock

und stieß McGuire den Knauf gegen die Brust. »Halten Sie gefälligst Abstand!«

Alvarez lachte leise vor sich in. McGuire warf ihm einen vernichtenden Blick zu. Sein Lachen erstarb. Boulton brachte ein paar Gepäckstücke in die Diele. McGuire sah es und lief rot an.

»Sie bleiben hier. Auf keinen Fall verlassen Sie die Stadt!«

Gerta erschien mit weiteren Koffern.

»Ich habe heute schon in aller Herrgottsfrühe mit Graham Sitwell und Ihrem Polizeipräsidenten gesprochen«, fuhr Claire fort. »Sie haben mir beide versichert, daß ich nach Los Angeles zurückkehren könne. Falls Sie weitere Fragen haben sollten, gibt es ja immer noch Telefon und Fax. Ich nehme doch an, daß Sie mit beidem umgehen können.«

»Ich will die Handschuhe.« Seine Stimme hatte einen gemeinen Unterton. »Wenn Sie Beweismaterial zurückhalten, setzen Sie keinen Fuß aus dieser Stadt.«

»Das ist reine Schikane.«

»Die Handschuhe.«

Sie schloß einen Moment lang die Augen. »Die Handschuhe, Miss Hill.«

Ich stand auf und ging in die Diele hinüber. Gerta öffnete einen von Claires Reisekoffern und nahm beide Paare heraus.

»Wirklich schade. Noch nie getragen.« Sie schüttelte traurig ihr graues Haupt.

Ich reichte sie McGuire, der sie in seine Manteltasche stopfte. Claire schauderte.

»Sie hören von uns«, sagte McGuire.

Alvarez hörte auf, seinen Schnurrbart zu tätscheln, und sie gingen.

Claire brütete weiter vor sich hin. Das Telefon klingelte.

»Conrad Suite«, meldete ich mich.

»Maggie? Linda Hansen. Ich bin in Cybellas Wohnung. Marina hat mir die Schlüssel gegeben.« Sie klang, als hätte sie getrunken. »Ich bin schon seit gestern abend hier. Ich muß mit jemandem reden.«

Ich hatte Zeit. Das Flugzeug ging erst um vier. Warum hatte ich eigentlich immer Zeit? Ach, verdammt.

»Linda Hansen will, daß ich in Cybellas Wohnung komme«, erklärte ich Claire, nachdem ich aufgelegt hatte.

»Hören Sie, Miss Hill. Nichts - ich wiederhole - nichts wird uns davon abhalten, New York zu verlassen.«

»Ich verstehe.«

Ihre Augen wurden schmal. Sie sah nicht aus, als würde sie mir glauben. »Sie finden Boulton und mich im Handschuhladen.«

Zum letzten Mal betrat ich Cybellas Wohnung. Linda saß auf dem gelben Seidensofa. Sie trug Jeans und ein weißes Baumwollhemd. Eine Flasche Jack Daniels – der einzige Liebhaber, der manchen Frauen noch bleibt – stand auf dem Tisch. Im Aschenbecher glühte eine Zigarette.

»Ich traue mich nicht in Cybellas Schlafzimmer.« Die grauen Augen wirkten vom Alkohol umnebelt.

»Kommen Sie.«

Sie folgte mir, blieb aber auf der Türschwelle stehen, die Flasche in der Hand. Sie nahm einen schnellen Schluck. »Shit, ich gehöre einfach nicht hierher. Marina hatte recht. Ich bin ein Feigling. Ich habe zugelassen, daß meine Mutter von allen ausgenutzt wurde, nur, weil ich ihr nicht gegenübertreten konnte.« Sie schwankte, fing sich aber wieder. »Ich bin müde, Maggie.«

»Das ist der Alkohol. Irgendwie schafft er es immer, daß man sich müde fühlt und vor Selbstmitleid zerfließt.«

»Ich bin nicht besser als Jackie. Eines Tages wird mir auch jemand ein Messer in den Bauch rammen. Das weiß ich ganz genau. Irgend so ein Bastard, der nicht zahlen will. Ich weiß es.«

»Dafür sind Sie viel zu schlau. Zwei Collegejahre schlauer.«

Sie sah mich an und lächelte. Es machte ihr Gesicht weicher, und wieder war ich erstaunt, wie jung sie eigentlich war. »Nur ein Jahr«, korrigierte sie mich, »und Sie sind so verdammt spießig, Maggie.«

»Deswegen haben Sie mich ja angerufen. Ich könnte übrigens auch einen Schluck gebrauchen.« Ich streckte die Hand nach der Flasche aus.

Sie zögerte, ehe sie vorsichtig den Raum betrat und mir die Flasche reichte. Ich nahm einen Schluck. Mein ganzer Hals brannte. Sie sah sich vorsichtig um, wie ein kleines Mädchen, das das Zimmer ihrer Mutter eigentlich nicht betreten darf.

Schwankend ließ sie sich auf dem Fußende des Betts nieder. Ich stand auf und öffnete die Schranktüren. Der Duft von Cybellas Parfum war kaum mehr zu spüren. Er hatte bereits begonnen, sich zu verflüchtigen.

»Können Sie das riechen?« fragte ich.

Sie schnupperte. »Ich bin mir nicht sicher. Ich glaube schon.«

Ich zog die teuren Kostüme und Abendkleider heraus und warf sie zu Linda aufs Bett. Sie schob sie weg. »Was machen Sie denn da?«

»Sehen Sie sie an, fassen Sie sie an, riechen Sie daran – sie sind Ihre Mutter«, antwortete ich.

Ich öffnete die Schubladen von Cybellas Frisiertisch, griff mir eine Handvoll Modeschmuck und warf ihn ebenfalls aufs Bett.

»Hier sind ein paar Bücher, die Cybella von Nora Brown bekommen hat. Wußten Sie, daß Nora Ihre Mutter geliebt hat?« Ich warf ein paar von den Büchern aufs Bett hinüber.

»Nein.«

»Ihre Mutter hat sie nie gelesen. Ihnen dagegen würden sie wahrscheinlich gefallen.«

»Hören Sie auf.« Ihr Kopf schwankte. »Hören Sie auf.«

»Lernen Sie sie kennen. Sie war auch nur Fleisch und Blut. Nicht allzu intelligent, aber clever. Ein bißchen oberflächlich, aber schließlich arbeitete sie in einem oberflächlichen Geschäft. Sie liebte einen Mann, den sie nicht hätte lieben sollen. Er liebte sie auch. Sie ruinierte ihr Leben schon lange, bevor sie starb. Vielleicht können Sie es besser machen. Irgend jemand muß es schließlich besser machen. Lernen Sie sie kennen, Linda, so gut Sie können, und lassen Sie sie dann los.«

Tränen schimmerten auf ihren pockennarbigen Wangen. »O Gott, Maggie.« Sie ließ sich auf das Bett zurückfallen, mitten in Cybellas Kleider und Schmuck. Sie rollte sich auf die Seite und zog die langen Beine an. Dann war sie still. Ohnmächtig.

Ich versuchte, einfach aus dem Zimmer zu gehen, aber ich konnte es nicht. Ich nahm den Telefonhörer ab und rief bei den Reynolds an. Ein Hausmädchen hob ab. Ich nannte ihr meinen Namen und bat sie, mich mit Mr. Reynolds zu verbinden. Ich mußte eine Weile warten, aber schließlich nahm er ab.

»Ich bin in Cybellas Wohnung. Ihre Tochter ist auf dem Bett ohnmächtig geworden. Sie versucht, ihre Mutter kennenzulernen, aber sie braucht Hilfe. Ich dachte, Sie könnten vielleicht ...«

»Meine Tochter ist tot.« Seine Stimme klang leer, als wäre sein Inneres völlig ausgehöhlt.

»Ich spreche von Ihrer anderen Tochter.«

»Wieviel Geld will sie denn noch?«

»Ich rede nicht von Geld. Ich dachte, Sie könnten vielleicht herüberkommen. Sie kennenlernen.«

»Das würde Elizabeth bestimmt nicht gefallen.« Er legte auf.

Ich versuchte erneut, das Zimmer zu verlassen, aber ich wußte, daß ich es nicht bis zur Wohnungstür schaffen würde. Ich wählte eine andere Nummer und wurde zu den beiden weiblichen Wachhunden durchgestellt.

»Maggie Hill für Nora Brown.« Sie verbanden mich ohne ein Wort. Nora nahm ab.

»Was wollen Sie?«

»Linda Hansen ist in Cybellas Wohnung ohnmächtig geworden. Sie braucht Hilfe.«

Schweigen.

»Sie ist Cybellas Tochter. Die Tochter der Frau, die Sie geliebt haben. Erinnern Sie sich?«

»Ich bin gerade in einer Besprechung. Das Direktorium hat mich gefeuert.«

»Ich habe das dumpfe Gefühl, daß Sie bald wieder auf Ihrem Stuhl sitzen werden.«

»Geht es ihr gut?«

»Nein.«

»Ich komme, so schnell ich kann.«

Ich warf einen letzten Blick auf Linda, die sich zwischen den schönen Kleidern und funkelnden Juwelen ihrer Mutter zusammengerollt hatte. Alles, was Cybella gehört hatte, lag dort auf ihrem Bett. Ich nahm die hunderttausend Dollar aus meiner Tasche und legte sie auf den Frisiertisch. Obendrauf legte ich die Wohnungsschlüssel. Ich hoffte, Linda würde nicht aufwachen, bevor Nora eintraf. Ich hoffte, sie würde nicht das Geld nehmen und aus der Stadt verschwinden. Ich hoffte.

Ich starrte auf meine *Spectator*-Pumps. Das schwarze Lackleder umrundete mit sanftem Schwung das weiße Leder und glänzte im Morgenlicht. *Wingtips.* Ich dachte an Jackie. Ihre Mutter hatte Träume. Ich dachte an Alison mit ihrer Kamera. Ihre Mutter hatte Tränen.

Zuschauer-Schuhe. Schuhe zum Beobachten.

Ein weiblicher Arm mit einer Menge Silberarmreifen faßte ins Schaufenster und nahm die Schuhe heraus. Sie wurden durch ein Paar hochhackige schwarze Satinschuhe mit goldenen, messerscharfen Absätzen ersetzt. Meine *Spectator*-Pumps. Weg. Ach, verdammt, Maggie, laß der Seele ihre Sehnsucht.

»Hast du vor, dir ein Paar Stilettos zuzulegen, Maggie?« Boulton trat neben mich. »Damit du damit auf meinem Herzen herumtrampeln kannst?«

Ich bedachte ihn mit einem langsamen, schrägen Blick und tätschelte den Revolver in seiner Schulterhalfter. »Dein Herz ist gut geschützt, Boulton.«

»Miss Conrad hat ihre Handschuhe bestellt. Sie wartet«, sagte er mit seiner besten Butlerstimme und deutete die Straße hinunter auf den Handschuhladen.

Unser Flugzeug glitt auf L. A. hinunter. Es warf seinen riesigen Vogelschatten über all die flachen Dächer der Häuser, die hellblauen Swimmingpools, die Wipfel der schäbigen

Palmen, in denen die Ratten lebten, und die Freeways, auf denen die Pendler im Schrittempo nach Hause krochen.

Boulton saß auf der anderen Seite des Ganges, neben Gerta. Er hob seine schönen Finger an seine ernsten Lippen und warf mir eine Kußhand zu.

»Hat Miss Hill vor, uns zu verlassen, Boulton?« fragte Claire.

»Ich hoffe nicht, Madam.«

Ja, dachte ich, während ich ihn betrachtete: es ist gut für die Seele, sich nach etwas zu sehnen.

»Es wird Arbeit für Miss Conrad geben«, sagte Gerta und spähte aus dem Fenster. »Ich spüre es.«

Die Sonne hing so rund wie der Bauch einer schwangeren Frau am Himmel von Südkalifornien und brannte vor Leben. Ich setzte meine Sonnenbrille auf.

GOLDMANN

Frauen lassen morden

»Marlowes Töchter« (Der Spiegel) *schreiben Spannung mit Pfiff, Intelligenz und dem sicheren Gefühl dafür, daß die leise Form des Schreckens die wirkungsvollere ist.*

Liza Cody, Schweres Geschütz, Roman 42171

Elisabeth George, Auf Ehre und Gewissen, Roman 41350

Gillian B. Farell, Auf immer und ewig, Roman 42291

Doris Gercke, Moskau meine Liebe, Roman 9973

Goldmann · Der Taschenbuch-Verlag

GOLDMANN

Lisa Tuttle

Geschichten, die von Frauen handeln. Und von Angst. Stories, die unter die Haut gehen. Romane von Lisa Tuttle, der modernen Queen des Horrors. Leise. Eindringlich. Außergewöhnlich und beklemmend realistisch.

Gefangen 8089

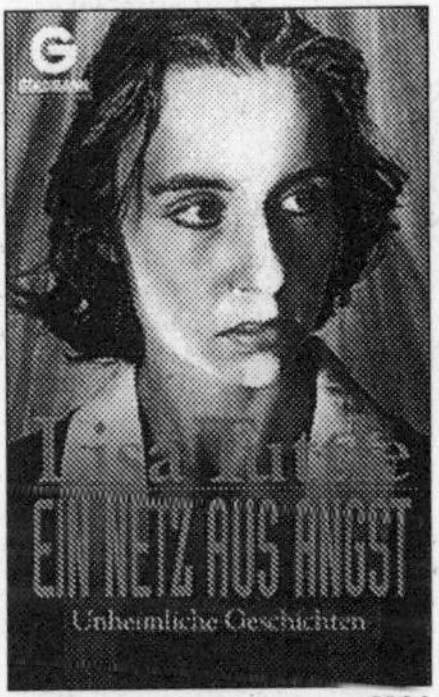

Ein Netz aus Angst 8106

Hexenmond.
Frauen schreiben Horror 8085

Gabriel 8093

Goldmann · Der Taschenbuch-Verlag

GOLDMANN

Tödlich. Teuflisch. Erotisch.

Die neue Generation des Horrors. Nancy A. Collins. Douglas Clegg. Peter James. Richard Laymon. Originell und anspruchsvoll, grell und provokativ, psychologisch präzise und atemabschnürend realistisch.

David Wiltse, Der Wille zu töten 8111

Nancy A. Collins, Der Todeskuß der Sonja Blue 8103

Douglas Clegg, Nimmerland 8113

Robert Vito, Das große Horror-Lesebuch II 42019

Goldmann · Der Taschenbuch-Verlag

GOLDMANN

Bestseller

Tom Clancy und Sidney Sheldon, Utta Danella und Danielle Steel, Heinz G. Konsalik und Marie Louise Fischer, Colleen McCullough und Gillian Bradshaw, Charlotte Link und Irina Korschunow – internationale Weltbestseller garantieren Spannung und Unterhaltung auf höchstem Niveau.

Kurban Said,
Ali und Nino 41081

Lynne McFall, Die einzig wahre Geschichte der Welt 41286

Lawrence Ferlinghetti, Die Liebe in den Stürmen der Revolution 9587

Akif Pirinçci, Tränen sind immer das Ende 6380

Goldmann · Der Bestseller-Verlag

GOLDMANN TASCHENBÜCHER

Das Goldmann Gesamtverzeichnis erhalten Sie im Buchhandel oder direkt beim Verlag.

Literatur · Unterhaltung · Thriller · Frauen heute
Lesetip · FrauenLeben · Filmbücher · Horror
Pop-Biographien · Lesebücher · Krimi · True Life
Piccolo Young Collection · Schicksale · Fantasy
Science-Fiction · Abenteuer · Spielebücher
Bestseller in Großschrift · Cartoon · Werkausgaben
Klassiker mit Erläuterungen

* * * * * * * * * *

Sachbücher und Ratgeber:
Gesellschaft / Politik / Zeitgeschichte
Natur, Wissenschaft und Umwelt
Kirche und Gesellschaft · Psychologie und Lebenshilfe
Recht / Beruf / Geld · Hobby / Freizeit
Gesundheit / Schönheit / Ernährung
Brigitte bei Goldmann · Sexualität und Partnerschaft
Ganzheitlich Heilen · Spiritualität · Esoterik

* * * * * * * * * *

Ein SIEDLER-BUCH bei Goldmann
Magisch Reisen
ErlebnisReisen
Handbücher und Nachschlagewerke

Goldmann Verlag · Neumarkter Str. 18 · 81664 München

Bitte senden Sie mir das neue kostenlose Gesamtverzeichnis

Name: ______________________________

Straße: ______________________________

PLZ / Ort: ______________________________